中学教育教学研究与实践

赵刊 著

西南交通大学出版社
·成都·

图书在版编目（CIP）数据

中学教育教学研究与实践 / 赵刊著. —成都：西南交通大学出版社，2018.8
ISBN 978-7-5643-6312-3

Ⅰ. ①中… Ⅱ. ①赵… Ⅲ. ①中学－教学研究 Ⅳ. ①G632.0

中国版本图书馆 CIP 数据核字（2018）第 176895 号

中学教育教学研究与实践	赵 刊 著	责任编辑 张宝华 特邀编辑 罗凌云 封面设计 严春艳

印张	22.25　字数　399千	出版发行	西南交通大学出版社
成品尺寸	170 mm × 230 mm	网址	http://www.xnjdcbs.com
版次	2018年8月第1版	地址	四川省成都市二环路北一段111号 西南交通大学创新大厦21楼
印次	2018年8月第1次	邮政编码	610031
印刷	成都蓉军广告印务有限责任公司	发行部电话	028-87600564　028-87600533
书号	ISBN 978-7-5643-6312-3	定价	72.00元

图书如有印装质量问题　本社负责退换
版权所有　盗版必究　举报电话：028-87600562

序

　　随着时间的推移,时代的变迁,中国发生了翻天覆地的变化.从计划经济变为市场经济,从过去科技落后的时代变成如今的信息化数字时代,无论在物质上,还是在人文观念上,中国都发生了巨大的变化.教育战线同样也受到了很大的影响.中国共产党第十九次全国代表大会明确指出：优先发展教育事业.建设教育强国是中华民族伟大复兴的基础工程,必须把教育事业放在优先发展的位置,加快教育现代化,办好人民满意的教育.要全面贯彻党的教育方针,落实立德树人的根本任务,发展素质教育,推进教育公平,培养德、智、体、美、劳全面发展的社会主义建设者和接班人.

　　教育改革和创新对国家的发展和社会的进步也具有愈来愈重要的作用,这就对教育工作者提出了更高的要求.只有不断地进行教育教学的研究和实践,创新发展,积累更加丰富的教育教学经验,才能使我们更好地肩负起教书育人的重任.

　　作者赵刊是我的研究生学生,也是成都市金牛区教育专家和有突出贡献的优秀专家.他当过知青也代过课,读过专科、本科、研究生.出版专著27部、公开发表文章280余篇.多年来的教育工作实践,特别是调入我校附属中学后,他越来越深刻地感受到教师是当今提高教育教学质量的关键.要想提高教育教学质量,必须提高教师素质,只有高素质的教师,才能培养出高素质的学生.

　　作者赵刊通过43个教坛的春夏秋冬,在教育这块肥沃的土地上长期地、不断地进行探索、研究与实践,从《中学教育教学管理》《中学数学教育教学》《提高中学师生素质能力》《中学教学中的艺术》《高等数学教学》《中学多媒体教学》《中学数学课堂教学》《中学英语课堂教学》《中学数学竞赛》《中学生错误剖析》《中学数学思想、方法、技巧》《中考数学教学》《高考数学教学》《情感教育》等14个方面，将自己所取得的这些成果出版成《中学教育教学研究与实践》一书，奉献给广大读者，以期引发教育工作者对今天如何当教师、如何把学生教好做出思考，帮助同行们在教育工作中尽可能地少走些弯路，减少些失误，做党和人民满意的教师！做党和人民满意的优秀教师！

西南交通大学副校长、博士生导师蒲云

2018年4月10日

目 录

中学教育教学管理研究与实践 ·· 1
 一、管理的定义 ·· 2
 二、以人为本，科学管理 ··· 2
 三、如何听课 ·· 4
 四、反思听课模式 ·· 6
 五、如何评课 ·· 7
 六、如何帮助青年教师提高业务水平 ·· 9
 七、普通话在课堂教学中的作用 ··· 11
 八、要学会批评学生 ··· 12
 九、如何撰写教研论文 ··· 13
 十、浅论中学校长在学校管理中的地位 ··· 16
 十一、21世纪总务主任素质初探 ··· 18
 十二、利用"互动式"教学法，提高课堂教学效果 ·································· 22

中学数学教育教学研究与实践 ·· 25
 一、中学数学教学中的科学方法教育探究 ··· 26
 二、让阅读在数学教学中闪光 ·· 30
 三、数学教育科研课题研究方案的设计 ··· 32
 四、如何激发学生对数学课的学习兴趣 ··· 35
 五、更新教学观念，提高数学教学质量 ··· 37

六、试论教育对自然科学发展的作用……………………………………39

七、数学研究的对象和特点……………………………………………41

八、浅论数学方法的作用和意义………………………………………42

九、浅论现代科学数学化趋势与数学教育改革………………………44

十、论数学学习的感知和理解…………………………………………47

十一、解决问题的等价与非等价转化策略……………………………51

十二、解决问题的移植与杂交策略……………………………………56

提高中学师生素质能力研究与实践………………………………61

一、素质的定义…………………………………………………………62

二、教师素质的定义……………………………………………………64

三、新时代的教师角色…………………………………………………66

四、教师的行为举止……………………………………………………67

五、教师的言谈举止……………………………………………………69

六、教师的服饰仪表……………………………………………………71

七、教师成功的十要素…………………………………………………73

八、教师应做的20件事和忌做的20件事……………………………75

九、素质教育，势在必行………………………………………………76

十、对素质教育的目标与方法的思考…………………………………77

十一、加强班级管理，培养学生素质…………………………………78

十二、素质教育在课堂教学中的体现…………………………………80

十三、注重学生心理素质的培养………………………………………82

十四、中学生的解题心理………………………………………………85

十五、浅论对优生的培养和对差生的帮助……………………………86

十六、如何提高运算能力………………………………………………88

十七、应用多解与变式培养创造性思维………………………………91

十八、变式课本习题，培养创新能力…………………………………97

十九、在新教材教学中培养学生的阅读能力……………………………102

中学教学中的艺术研究与实践……………………………………………105
　　一、试论课堂教学艺术美……………………………………………106
　　二、再谈数学美与美育………………………………………………108
　　三、如何提高学生对数学学习的兴趣………………………………112
　　四、如何优化课堂教学的气氛………………………………………113
　　五、怎样培养学生的口头表达能力…………………………………117
　　六、教师课堂口语的艺术性…………………………………………119
　　七、课堂板书的艺术性………………………………………………120

高等数学教学研究与实践…………………………………………………123
　　一、非扩张映象的迭代收敛性………………………………………124
　　二、线性规划在经济数学中的应用…………………………………126
　　三、数列通项公式的母函数法………………………………………130
　　四、Lipschitz 严格伪收缩映射的迭代逼近………………………133
　　五、Banach 不动点原理………………………………………………137

中学多媒体教学研究与实践………………………………………………141
　　一、立体几何教学中使用多媒体应注意的问题……………………142
　　二、计算机辅助教学中应注意的问题………………………………145
　　三、计算机在教育教学中的应用……………………………………147
　　四、运用现代化教学手段的基本要求………………………………148
　　五、运用现代化教学手段应注意的问题……………………………150
　　六、多媒体在数学教学中的巧用……………………………………151
　　七、多媒体辅助教学要有"度"………………………………………153

中学数学课堂教学研究与实践 ·············· 155

  一、数学课堂教学中如何落实素质教育 ············ 156
  二、怎样在数学教学中指导学生"三读书" ·········· 159
  三、关于数学教学中德育渗透的几点体会 ··········· 162
  四、建造讨论蓄势，注重讨论引导 ·············· 166
  五、数学课堂教学中应注意板书问题 ············· 169
  六、怎样听课与学习数学 ·················· 172
  七、例说反证法及其应用 ·················· 174
  八、注重学生在数学教学中的参与意识 ············ 177
  九、如何帮助学生积累数学活动的经验 ············ 179

中学英语课堂教学研究与实践 ·············· 181

  一、如何变直接引语为间接引语 ··············· 182
  二、小议 Understand, See, Know ·············· 183
  三、例解及物动词与不及物动词的用法 ············ 184
  四、例谈不合逻辑的句子 ·················· 185
  五、小议 had better ···················· 187
  六、情态动词用法例解 ··················· 187
  七、"用"什么？ ····················· 188
  八、没有 no 或 not 的否定 ················· 189
  九、英语中表示"工厂"的词 ················ 191

中学数学竞赛研究与实践 ················ 193

  一、例谈构图法证明不等式 ················· 194
  二、巧用图表解应用题 ··················· 197
  三、巧构图，妙解题 ···················· 198
  四、巧用参数法，妙解竞赛题 ················ 199

五、巧用辅助圆，妙解几何题……………………………………202

　　六、再证一道 MO 试题……………………………………………206

中学生错误剖析教学研究与实践……………………………………209

　　一、中考几何题的漏解失误分析…………………………………210

　　二、例谈解不等式中常见的错误与辨析…………………………212

　　三、例谈数学中的诡证问题………………………………………215

　　四、解析几何中常见错误剖析……………………………………217

中学数学思想、方法、技巧研究与实践……………………………221

　　一、如何巧取主字母进行因式分解………………………………222

　　二、增元后如何消元………………………………………………223

　　三、利用对称性证明几何不等式…………………………………225

　　四、利用旋转变换，寻找解题途径………………………………226

　　五、分解因式常用的五种基本方法………………………………229

　　六、巧用字母妙解题………………………………………………232

中考数学教学研究与实践……………………………………………237

　　一、初等数学解题策略……………………………………………238

　　二、初等数学中常见的解题方法…………………………………245

　　三、利用直角三角形，妙解中考应用题…………………………250

　　四、列方程（组）解中考应用题…………………………………253

　　五、列不等式（组）解中考应用题………………………………256

　　六、相似三角形在中考中的应用…………………………………259

　　七、如何解中考数学应用问题……………………………………262

高考数学教学研究与实践……………………………………………265

　　一、教材与高考数学试题…………………………………………266

二、高考三角试题特点及复习对策 …………………………………… 269

　　三、用"以新带旧"的方式进行高三数学复习 ……………………… 272

　　四、怎样解答高考试卷中的"陷阱题" ……………………………… 274

　　五、数形结合法在解题中的应用 ……………………………………… 276

　　六、高考中的数列问题及其解法 ……………………………………… 280

情感教育在中学教育中的研究与实践 …………………………………… 289

　　一、情感教育中板书的要求与魅力 …………………………………… 290

　　二、普通话在情感教育中的作用 ……………………………………… 291

　　三、情感教育中，实践探索"创新学习"的新理论 ………………… 293

　　四、在情感教育中，应依照思维规律，设计数学 新课导入 ……… 294

　　五、在情感教育中如何教会学生解决问题 …………………………… 297

　　六、在情感教育中怎样教会学生超前学习 …………………………… 299

　　七、在情感教育中，应注意数学教学、重视非语言艺术 …………… 301

　　八、在情感教育中优化孩子的家庭教育 ……………………………… 303

　　九、我们的情感教育应讲究宽容学生策略 …………………………… 305

　　十、情感教育中提高师德修养，塑造教师形象 ……………………… 306

　　十一、情感教育在转化后进生中的应用 ……………………………… 309

　　十二、情感教育如何从心理角度开展学生思想教育 ………………… 313

　　十三、情感教育中的爱心加耐心的个别教育 ………………………… 313

　　十四、在情感教育中，应注意优等生的心理教育 …………………… 315

　　十五、在情感教育中赏析数学美 ……………………………………… 316

作者荣誉称号 ……………………………………………………………… 319

　　一、出版学术著作（27部） …………………………………………… 320

　　二、发表文章（268篇） ………………………………………………… 322

　　三、参加学术团体 ……………………………………………………… 335

四、获荣誉称号 ·· 335

　　五、主持公开课 ·· 336

　　六、专题讲座 ·· 337

　　七、主持和参与科研课题 ·· 338

　　八、论文、专著获奖情况 ·· 339

参考文献 ··· 343

后　　记 ··· 344

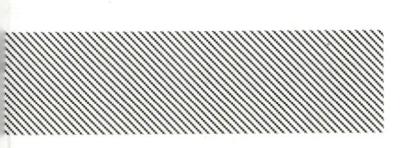

中学教育教学管理研究与实践

一、管理的定义

二、以人为本，科学管理

三、如何听课

四、反思听课模式

五、如何评课

六、如何帮助青年教师提高业务水平

七、普通话在课堂教学中的作用

八、要学会批评学生

九、如何撰写教研论文

十、浅论中学校长在学校管理中的地位

十一、21世纪总务主任素质初探

十二、利用"互动式"教学法，提高课堂教学效果

一、管理的定义

管理活动自古即有．但什么是"管理"，从不同的角度出发，可以有不同的理解．从字面上看，管理有"管辖""处理""管人""理事"等意，即对一定范围的人员及事务进行安排和处理．但是这种字面的解释是不可能严格地表达出管理本身所具有的完整含义的．

关于管理的定义，至今仍未得到公认和统一．长期以来，许多中外学者从不同的研究角度出发，对管理做出了不同的解释，其中，较有代表性的是，管理学家赫伯特·A·西蒙认为的："管理就是决策．"

当前，美国、日本以及欧洲各国的一些管理学著作或管理学教科书中，也对管理给出了不同的定义，如："管理就是由一个或者更多的人来协调他人的活动，以便收到个人单独活动所不能收到的效果而进行的活动.""管理就是计划、组织、控制等活动的过程.""管理是筹划、组织和控制一个组织或一组人的工作."

如果给管理下一个广义而又切实可行的定义，我们可把它看成这样一种活动：它发挥某些职能，以便有效地获取、分配和利用人的努力和物质资源，来实现某个目标．管理就是通过其他人来完成工作．

上述定义可以说是从不同的侧面、不同的角度揭示了管理的含义，或者是揭示了管理某一方面的属性．本书认为，对管理做如下定义能够较全面地概括管理这个概念的内涵和外延，即：管理是指一定组织中的管理者，通过实施计划、组织、人员配备、指导与领导、控制等职能来协调他人的活动，使别人同自己一起实现既定目标的活动过程．

二、以人为本，科学管理

如何以人为本，科学管理好学校，营造校园文化氛围，促进素质教育，可从以下两点做起：

1. 强化环境育人功能

我国古代劳动人民很早就知道了环境对育人的重要作用.如《三字经》中的"昔孟母,择邻处"一语,就强调了环境育人的功能.学校面对的是学生群体,通过环境优化来达到育人的目的,是学校的重要工作之一.

（1）形式多样化.

我们可以通过美化校园环境,培养学生爱美的文明意识.校园里清洁的硬化地面、繁茂的花草树木、雄伟的名人塑像,均以可感的形象化语言,对学生养成讲卫生、守纪律、有理想的良好素养起着潜移默化的作用.

重视安全教育,强化学生的安全防范意识.校园里设置的安全监督岗及走廊安全警示标语,无一不在明确地告诫学生注意安全,以帮助学生养成注意安全的良好习惯.

学校还可通过音乐、体育、自然等兴趣小组活动,强化素质教育,提高学生的整体素质,使学生从小养成良好的学习习惯,热爱科学,并在良好的育人环境中健康成长.

（2）教育网络化.

学校可采取多种手段,加强学校与家庭、社会的教育网络功能.学校通过家访或家庭联系卡与学生家长保持联系,密切关注学生的成长因素,促使学生形成良好的道德习惯.学校还应定期聘请校外辅导员,让辅导员到校为学生进行普法教育,以培养学生的法律意识,让学生树立自觉遵守社会公德的道德理念.

2. 教学管理,紧扣常规

（1）课堂教学,减负增效.

教学是学校的中心工作,对此,学校领导应始终保持清醒的认识.无论学校工作怎样复杂,都应坚持把强化教学管理、搞好教学改革、提高教学质量作为主攻目标,尤其要注重探讨研究课堂教学技巧、减轻学生负担、增强学习效率的方法措施.

（2）精心设计,少讲多练.

教学中,无论语文课还是数学课,教师都应围绕"减负增效"的原则精心备课、设计教学过程.课堂上,教师应以最简洁的语言,抓住知识的关键内容讲解,给学生大量的时间练习,以增强其主动学习的积极性.

（3）明确目的,及时反馈.

对于年龄偏小的学生来说,由于他们贪玩、对学习内容记得快也忘得快的特点，教师应在课堂教学过程中明确教学目的并及时反馈，使学生将学到的知识得到及时运用，加深印象，强化记忆功能，使学生每堂课都学有所得．

（4）适时强化，形成能力．

对于那些关键的知识内容，教师应努力激发学生兴趣，抓住有利时机适时强化，促使其学习能力的形成．例如，通过对学生口头语言表达能力及书面语言表达能力的强化训练，以及对学生数学逻辑思维和形象思维的强化训练，学生的综合素质就会得以逐步提高，这一过程要循序渐进，持之以恒．

（5）创新实践，科研兴校．

学校应支持并鼓励教师开展教学研究活动，开展教学创新实践改革实验．全校教师应积极参与教研活动，多发表教育教学的论文．青年教师应积极好学，要在老教师的辅导下，脱颖而出，争取多获区级以上优质课奖励．教师自身教学技能的提高，受益最大的是学生，他们在教师精心设计的教学过程中，更能品尝到愉快学习的累累硕果．

综上所述，学校管理中应注重人的德能与智能因素，并同发展学生的综合素质紧密结合，为学生创造优越的学习环境，这是实施素质教育的有效途径．

三、如何听课

1. 认真地听

听课，认真地听是首要前提．要听清楚教师的"讲"，即教师在课堂教学中是否讲到点子上，是否重点突出、层次分明、详略得当；要听清楚教师的"导"，即教师指导学生接受的知识是否准确无误，是否调动了学生的主动精神，使学生积极参与探索知识的过程，从中学会学习，学会探究；要听清楚教师的"内质"，即教师在教学过程中表现出的教学素养状况．

2. 仔细地看

听课，仅靠耳朵听是不够的．作为课堂观察，仔细地看也十分重要．听，是对课堂上师生对话的感知；看，是对课堂上师生行为的考察．听和看结合起来，才能更全面、更具体地感受教学活动．看，一是要仔细地看教师在课堂上是否精神饱满，服装是否整洁雅致，仪态是否自然大方，板书是否正确、美观、合理，教具、学具及现代信息技术操作是否适时、熟练，指导学生学习是否得法，师生行为是否活跃、有效．二是要系统地看教学全程师生的双边活动，即看教师引领学生学习、探究、合作的时间与内容是否得当，师生是否平等、和谐地沟通对话，教师是否营造出鲜活的课堂气氛，学生是否全神贯注于学习活动、是否能积极地思考，学生在学习活动中取得的学习效果是否理想，等等．

3. 深刻地想

听课不仅要有感知器官的感受，还要有大脑的积极思考．在听课的过程中，听课者的头脑要始终处于积极活跃状态，针对耳、眼获得的信息做出快速的思考．即想明白师生在教学过程中这么做的情形、效果及理由；想明白教学过程中出现了什么闪光点，并且通过思考给闪光点找到理论依据，找到闪光之源；想明白教学过程中存在哪些教学问题，找出问题的症结之所在，并想出解决问题的策略；想明白在听课过程中受情境的诱发使自己有什么感悟，或引起哪些联想．深刻地想，就是要对课堂教学情况做科学研究，对获得的信息进行加工、改造、分析和综合，从而抓住本质，找到规律．

4. 及时地记

要把听课过程中所见、所闻、所感准确地记在脑海中，这就需及时记录．听课记录应包括课堂实录和教学评析："课堂实录"，即记录课堂教学情形，包括教学环节与时间安排、教学内容、教学方法、教学手段、师生行为、板书及教学效果等．课堂实录有简有繁，根据需要而定．有时，听名师或优秀教师上优质课，为了更好地研究、学习，便把教学过程中的所有内容一点不漏地记下来，使之成为"课堂教学纪实"．"教学评析"，是指听课者对本节教学进行初步分析、评估并提出建议，包括对教学内容和师生行为的思辨过程和结果、自己的点评、联想及在情境触发下的"一闪念"．写教学评析要先写听课时的随机感受，再对教学总的情况做全面分析，形成综合性的意见或建议，并记下来，以备交流、研究．

四、反思听课模式

1. 听课的基本问题

首先，听课姓什么？孟子说："心之官则思，思则得之，不思则不得也."无疑，听课应该姓"思"而非姓"听"。一节课可以折射出一个完整的组织活动，把它看成一个"教育小社会"也不为过. 以系统思考的方式来评价一节课与用线性思维模式来评价一节课有着质的区别.

其次，听课思什么？听课要思"教"，但更要思"学"。小组互动学习的时候，"学"有很多值得关注的因素：小组学习的组织结构是否有效，积极互赖的成员关系是否形成，老师是否注意学生的差异性参与，互助学习的效果是否显著，互动生成的过程是否顺畅，教师的参与形式是否恰当，过程评价的时机是否准确，等等. 如果缺少对学生活动过程的关注，那就很难说你已经把学生当成发展的、独立的、独特的"人". 此外，教师还应注意保证学生独立思考和理解的时间，要酝酿民主的教学氛围，用灵活的方式与学生沟通，努力实现师生间的情感双向交流，达到教、学共振.

最后，听后干什么？听课后应该追求经过反思的行为渐变，而非从课型到媒体技巧的简单模仿. 问题是慢慢堆积起来的，也只有通过行为的渐变才能使问题逐渐得以解决.

2. 听课的三个境界

首先，听课是职业生存驱动的从课堂教学情境中获取信息资料的一种模仿活动，这是较低层次的境界. 职初教师，处于谋生立足阶段，其技能的学习和经验的积累是当务之急，把听课中学来的方法借用到自己的教学体系中去，这也未尝不可.

其次，听课是行政任务驱动的从课堂教学情境中获取信息资料的一种常规教研活动. 这是教师自我中心发展阶段，是现代教育理念下的一般教学境界. 那种只顾埋头拉车不管抬头看路，把教学理解成知识的灌输，努力在"灌输效率"

上下功夫的现象还很严重. 所以说, 在应试教育强势控制学校的局面之下, 要想改变这种类型的教师的生存状态也是一个任重而道远的工作.

最后, 听课是专业成长驱动的从课堂教学情境中获取信息资料的一种心智活动. 把教学当成事业上孜孜以求的教师, 在越过了一般骨干教师的事业境界以后, 就会自觉地把自己的专业成长和学生的终身发展联系起来, 也会自然地将启发学生的智慧与自己专业理念的提升挂起钩来. 这时, 教师就进入了以学生为中心的阶段, 这是教学的最高境界.

五、如何评课

1. 确定鲜明的评课目的

评课要体现目的性, 依目的确定评课的内容和重点. 比如, 评估型评课, 目的在于对某个研究课题进行评鉴, 评课就不必在教师的基本功上大做文章, 要着重评议这样的课堂教学是否体现课题研究的目标、课题研究的基本理念是否贯穿于教师与学生的行为之中, 课题研究有哪些值得完善的地方. 如果是学习型评课, 则不必多谈甚至不谈教学中的不足, 要重点评议其先进的教学思想、高超的教学艺术、扎实的学识功底以及自己的感悟与启发. 评课的目的一定要事先确定好, 评课绝不能临时现定目的, 或游离于目的之外信口开河.

2. 把握具体的评课内容

从新课程实施的趋势看, 当今评课应围绕以下内容进行:

（1）评教师的教学理念.

评课者可依据课堂教学活动实例, 从师生行为中提取教学理念. 要评教师是否坚持以学生发展为本, 是否面向全体学生、面向全体学生的一切; 是否从学生发展的理念出发确定自己的教学行为. 如果教师对教材挖掘得透彻, 讲解得生动明白, 但是不注重引领学生探究, 不给学生更多的实践机会, 只是一味地展示自己的才华, 那么他的教学理念肯定有问题, 这样的课算不得好课.

（2）评对教材的理解与处理.

评对教材的理解，就是评议教师是否准确把握了教材的编写意图以及所处的地位与价值；是否准确地把握住教材的知识点和知识体系. 评对教材的处理，要看教师以什么样的思路去"改造"教材，即对内容所做的增、删及次序的变移是否有道理；重点、难点、关键点是否抓准、抓牢，并有效地体现与突破；各环节内容的定量与时间安排是否妥当.

（3）评教学过程.

评议教学过程时要从两个方面考量：一是教师在当时条件下，是否最优地组织了教学过程；二是时间消耗是否最优. 即教师在教学过程中是否坚持学校所规定的时间消耗标准及效果标准，是否按照标准使课堂教学和学生作业时间达到最优，各教学环节使用的时间是否最合理.

（4）评教学效果.

教学效果的评价要做三方面的工作：其一，选择评价方法，设计评价工具. 其二，收集反映学生学习过程和结果的资料与数据. 这是评价教学效果的客观依据，包括一切能表明学生学习状况的原始材料及对材料的评价，如教师的评价，学生自我评价与互相评价，其他说明学生发展状况的信息等. 其三，分析资料与数据. 要鼓励被评价者参与讨论，这有助于促进被评价者进行反思以及对教学效果的认同.

3. 选择恰当的评课方法

（1）综合法.

综合法就是对一节课或一位优秀教师的全部教学过程做评价，既有对某个细节、片段的评点，也有居高临下的全方位的分析与评价.

（2）片段法.

片段法就是对典型的教学片段进行有针对性的评析. 可以对教学过程中导入、讲授、巩固等诸环节中的某一环节进行评析，可以对教学过程中学生的自学、讨论、自主实践等诸环节中的某一环节进行评析，可以就教学理念、师生关系、教学方法、教材处理、现代信息技术运用、课堂氛围营造等方面中的某一方面的引证片段进行评析.

（3）评点法.

"评点法"与后面的"表格法"都是从评课的技巧与方式上来讲的. 评点法

是指针对授课者实施的教学活动次序情形，及时做分析、点化和评议．这种方法实际是一种对现场行为主体的评点，是对典型教学活动的分解性讲析．

（4）表格法．

表格法就是根据评课的标准，制订一个比较科学、全面的课堂教学评价表，并根据这个评价表评估课的优劣．

使用表格评课，关键在于设计好评课表．评课表分主体与附属两部分．"主体部分"呈现评课的标准与操作要求，是评课者主要填写的内容，包括项目、评课标准、权重、得分、备注等栏目．这部分内容是评课细则的表格化，每一项目要酌定分值．为操作方便，每一项目还细分为若干子项目，并用简明扼要的词语表述基本要求和采分点；要划分不同层次，定好权重，并叙述本层次的教学行为特征．比如，教学过程，设定总分值为 15 分，可包括程序优化、层次分明而紧凑、密度恰当、师生活动积极而活泼、过渡自然、整体协调、按时完成教学任务等 7 个子项目．再设定 A 等次为完全达到标准，权重为"1 分"；B 等次为基本达到标准，权重为"0.8 分"；C 等次为虽基本达到标准，但有一些问题或错误，权重为"0.6 分"；D 等次为达不到标准，错误或问题较多，权重为"0.4 分"．"备注"栏是为评课者提供的简要记录必须说明的事情，记与不记视情况而定．"附属部分"是呈现执教者的自然情况和对评课表所做的必要说明．

六、如何帮助青年教师提高业务水平

提高青年教师的教学业务水平是学校管理工作的重要内容，也是教科室的主要工作职责之一．从长远的发展角度来看，如果不做好这件事，就等于没有抓住学校管理的根本．提高青年教师的教学业务水平，调动青年教师的工作积极性，发挥他们的特长，主要应做好以下几点：

1. 抓语言表达

课堂教学主要是通过教师的语言来进行的，因此教师的语言表达必须准确，以保证授课的科学性；必须精练，以保证一堂课的有效性；还必须生动，以引起学生听课的兴趣，调动学生学习的积极性．而青年教师往往难于做到这些．针对这一问题，管理者应启发他们认真备课，要求他们认真研究词句的逻辑关系，深入体会课文内容；要求他们在给学生读课文时要充满激情，使学生有身临其境的感觉；在讲课文时，语言要流畅、生动、简洁，克服重复啰唆的毛病．管理者要多与青年教师交换意见，给予指点，使他们潜心钻研，勤学苦练，使课越上越好．

2. 抓板书规范

对于语文讲读课，教师最好整整一节课都不擦黑板．要做到这一点，教师备课时就必须做好板书设计，准确地把握教材的重点、难点．好的板书，条理清楚，教师根据板书内容进行总结，才会教得轻松，学生也学得快、记得牢．板书设计得好，一节课的主要内容才会清楚明了、简明扼要地呈现在学生面前，才有助于学生牢固地掌握所学知识．课上不擦黑板，教师不吃粉笔灰，还有助于师生的身体健康．可是对于这种做法，有些新教师却难以做到，他们的粉笔字写得小，学生看不清楚；板书也无计划，有的教师甚至认为板书不必太费事，脑中有数，上课时写写就行了，因此不肯在备课时下功夫设计．针对此类情况，我们要引导他们体会板书不规范对教学效果造成的直接影响，同时要求他们向老教师学习，改变现有做法，使板书字迹工整、重点突出、条理分明，以有效提高课堂教学效果．

3. 抓好教态

在课堂教学中，教师要使自己的感情随着课文内容的变化而自然流露，教态要亲切、和蔼．有的青年教师刚来学校，不肯接受这种观点，他们认为要搞好课堂教学，首先要"镇住"学生，否则怕管不住．因此，多数青年教师上课时会板着面孔，使学生望而生畏，给学生留下不好的印象．针对这种现象，我们要做好青年教师的思想工作，同他们讲清楚，学生在课堂上若处于十分紧张的状态，就不会积极主动地学习，学习效果肯定不好．要使学生上课专心，课堂秩序井然，一靠常规的培养，二靠生动活泼的教学，三靠密切的师生关系．只要坚持这三条，课堂秩序就不会出现混乱．同时应提倡：师生之间如果没有感情的交流，就不会有良好的教学效果，"亲切和蔼""可亲可敬"是教师在学生心目中应有的形象．要做到这一点，教师首先要爱护学生、关心学生，同学生心连心．要知道，在青年教师中提倡良好的教态，也是抓教师基本功的重要方面之一．

总而言之，青年教师是教学队伍中的主力军和先锋队．祖国的未来、四化的实现、赢得市场经济的竞争，都需要科学知识，特别是在21世纪知识占主导的社会竞争中，更显出知识的重要性．教育是传播知识最重要的途径，因而帮助青年教师提高业务水平是学校管理的一个不可忽视的重要内容．

七、普通话在课堂教学中的作用

所谓普通话，是指以北京语音为标准音，以北方话为基础方言，以典范的现代白话文著作为语法规范的现代汉民族共同语．作为教师，理应维护普通话的正规、纯洁和神圣．下面谈谈普通话在课堂教学中的七个方面的作用．

（1）用普通话教学有利于校正汉字语音．

作为教师，只有对学生长期进行普通话训练，才会使他们在汉字读音、会话、阅读方面准确地应用．普通话是以汉语拼音方案来记录语音的，因此，普通话就是学生语音训练最正规、最标准的范例．

（2）用普通话阅读有利于加深理解课文内容，是直达教学目标的最佳途径．

阅读是依据作者的书面语言，分解文章的段落构成、归纳文章的旨意、领会作者的感情、找出线索及提出问题并思考答案的过程．阅读对于辨析文体、写作风格、表达技巧以及理解公理、定理、定义、概念、定律、公式、命题，甚至解题的思路、方法、技巧等，都很重要．教师标准的普通话适用于范读、领读、精读，这对于学生达到上述目标有相当关键的指导作用．

（3）用普通话教学是德育渗透的重要途径．

普通话可以激发学生热爱祖国的语言，培养学生的语言美、心灵美，净化学生的精神世界，对于实现以德治国的方略具有潜在的价值．普通话训练是精神文明建设的一项重要内容．

（4）用普通话教学有利于陶冶学生的情操．

音调和谐、节奏明快、韵律优美的普通话，用以朗读、讲课，可以给学生营造一种富有音乐色彩的美妙意境．在课堂上，用普通话阅读，可以读出作者的情感，更好地体会主人公的思想境界．在美文的熏陶中，学生的崇高理想得以加深，文学修养得以提高，审美体验得以加强，课堂学习兴趣更加浓厚．

（5）用普通话教学能够培养学生的听说能力和社交会话能力．

人际关系的好坏在很大程度上取决于一个人语言的表达能力．抑扬顿挫的普通话会在长期的强化训练中潜移默化地使学生产生语感．用普通话表情达意，以情动人，以理服人，不仅言之有物，还给人悦耳可亲之感．在会话中，学生的语言分辨力也会相应提高．总之，普通话是我们交际中的一种有力工具．

（6）用普通话教学有利于提高全民素质．

"讲好普通话，走遍天下都不怕．"普通话不仅仅作为语言而存在，讲好普通话还是一项过硬本领，对求职谋生、塑造形象、训练气质都有重要作用．同时，讲好普通话也是一个人综合素质的集中体现．

（7）普通话是对外文化交流的重要工具．

改革开放以来，随着我国同国外文化交流的迅速发展，普通话教学更加显示了前瞻性、建设性的作用．普通话作为向外国友人介绍中国文化的语言载体，对中华文化走向世界功不可没．另外，随着汉字在计算机上的输入速度超过英文，将使汉文在互联网上捷足先登，这对于让国际友人正确而熟练地掌握普通话，对于各国文化取长补短、互相学习，对于外国友人了解中华民族五千年文化的博大精深，意义重大．

八、要学会批评学生

"你这是在写字吗？简直就是'鬼画符'！"这是一位教师对一名书写差的学生的批评．

"你的记性被狗吃啦，这么丢三落四的！"这是一位教师对一名老是忘带课本的学生的批评．

"你真是胆大妄为，竟敢在老师的眼皮底下开小差！"这是一位教师对一名坐在第一排中间位置，在教师讲课时玩魔方的学生的批评．

然而，就同样的情形，有的教师却做出了这样的"批评"：

"你长得那么漂亮！要是你再认真一些，你的字也会像你人一样漂亮的."

"你想尝试一下不带课本也能把课学好吗？那好，下次班队活动，你可以把自己的体会和经验和同学们交流交流."

"你真聪明，知道最危险的地方就是最安全的地方！"

两种不同的批评，得到的效果自然是不言而喻的，这也给我们很多启示. 首先，批评要充满爱心和希望. 传说古希腊有一位著名的雕刻家叫皮格马利翁，他十分钟情于自己雕刻的一尊女神像，于是把她当成有生命的姑娘而日夜守护，后来，这件雕刻竟真的变活了，而且女神还做了雕刻家的妻子. 后来，心理学家借用了这个神话故事，把对别人寄予深爱和期望，使之成为对方的内在动力，从而收到变期望为现实的神奇效果，称作"皮格马利翁"效应或"期待效应".

其实，教师批评学生，无不出于爱的目的. 那么，只有让学生得到被爱的体验，教师的批评才真正达到目的和效果. 曾经有一位教师给学生写过这样一段评语："第一次见到你，老师就被你那双黑珍珠似的大眼睛吸引住了，虽然那里充满顽皮和任性，但我更看到了热情和聪慧……如果你能在纪律方面再严格要求自己一点，那你还会赢得更多老师和同学的喜爱与信任……"如此充满情感、激励和期待，怎能不让学生感到春风化雨，信心倍增呢？

其次，批评要讲究方式和方法. 如果说，严厉的批评效果不好，那是因为它伤及了学生的自尊心. 试想，学生能接受自己的书写是"鬼画符"吗？能接受自己的记性是"被狗吃了"吗？能接受自己的一时错误是"胆大妄为"吗？而同样的情形，第二种批评却不失幽默地避免了因严厉而带来的逆反心理，从而使学生获得一种情感的滋润，让本来紧张、沉闷的气氛变得轻松. 因此，幽默是批评的最好方式. 批评是一门艺术，学会批评，将会使你和你的学生终身受益.

九、如何撰写教研论文

撰写教研论文本无什么限制，从积累资料、确定课题、提出观点、选择论据到安排篇章结构，都应因人、因时、因地、因题而异. 事实上，也只有这样，才能写出百花齐放、百家争鸣的好文章来.

教研论文在写作方法上需将规范性和灵活性融为一体. 所谓规范性，即由于人们对客观事物的认识和改造的方法不同, 文章结构形式也会各有差异. 鉴于此, 论文的结构没有严格的规定, 但人们习惯于按照一定的形式写作, 即：标题、摘要、绪论、本论、结论、致谢、附录. 一份好的教研论文, 应该做到如下几点：

1. 认真选题

不少中学青年教师常问, 我们很想写教研论文, 但找不到论题, 不知从何处立论. 我认为, 论题就在眼前、手边, 关键是看你是否真的注意到了. 除了有关教研会议、组织、杂志列出的一些教研论题外, 还应注意, 教研论文题目要简洁、鲜明、确切而有特点. 也就是说, 标题尽量简短, 可有可无的字应删去, 一般以不超过 20 个字为佳; 突出作者要强调的思想、观点, 使标题醒目; 能简扼反映论文的主要内容; 有一定的新意, 能引起人们的阅读兴趣.

标题下面, 是作者的单位和姓名. 署名一般用原名, 一方面表示对文章内容负责, 另一方面也便于同行间的联系与交流.

2. 有教学内容

有人说, 写教研文章还会脱离教学吗？其实不尽然. 我们从解题研究、教材教法分析等文章看, 确实不可能没有教学内容. 但那些侧重于教育学、心理学原理探讨的论文, 有时还真得忽视了这一点. 失去了教学特色, 即使是一篇很好的大教育文章, 也还是不宜称为教学教研论文的. 当然, 对于"教学内容"的理解, 不能仅仅局限于具体的教学例题、习题、定义、定理、证明、计算、公式、符号等教材内容, 还应包括引导作用、动机作用、方法论指示、价值判断、规范概念等, 包括师生在教学过程中的实际活动的全部.

3. 讲教育问题

所谓教育研究论文, 当然是研究教学中的教育问题, 在今天更需要着重探讨各学科如何为素质教育服务.

从各中学教学杂志刊发的一些优秀论文来看，它们都有以下两个特点：一是简单地移植教育学、心理学的原则，呈现出"教育学（心理学）+教学例子"的现象．因此，应努力倡导教学教研人员搞调查、做实验，并特别注意在一般教育（心理）理论指导下，从实践中提炼教育理论．二是在撰写论文时讲一条教育（心理）原则或思想，举一个教学例子来简单说明．

4. 具备论文形态

初写教学教研论文，我们常常容易写成经验总结或工作报告，但这些都不是真正的教研论文，它们往往不具备论文形态．"论文形态"至少应包括：讲清所研究的是一个什么样的问题；别人已经做了哪些工作，我的工作是什么，还有哪些问题需要研究．论文作者必须既尊重历史又注意现实，恰如其分地评估自己的工作，不要只讲成绩不讲问题，要实事求是．

5. 要短而精

教研论文应反对东拼西凑，空谈泛论，力争把文章写得短而精炼一些．我主张教研论文应本着一事一议的精神，少重复已有的共识，多陈述自己的真知灼见．"短而精"是信息社会的需要，浪费别人的时间读无关痛痒的东西也可以算作另一种不正之风．目前，有些单位在晋职评奖时，对著作动辄要求几十万字，对论文要求填多少千字，这已造成了严重的误导．

6. 借鉴别人的东西

（1）多读别人的文章．在阅读的时候，不断提出疑问，促使自己开动脑筋、认真思考：这篇文章的主题是什么？结论是什么？这篇文章的观点、结论有没有道理？论据是否真实可靠？论证是否充分、是否符合逻辑？文中所用材料是否符合实际？例证是否正确有效？数字、计算是否准确？

（2）将甲文的方法，移用于乙文论题的论证；或将乙文的观点，移用于甲文论点的论说．如解题研究中，甲文举例说明构造法的运用，乙文论说解析法，我们可否考虑将甲文中原用构造法来解的某些典型题，改用解析法来解？又可否考虑将乙文中原用解析法来解的题，改用构造法来研究？当然，改用以后求简化为好.

（3）把关于同一论题的若干篇文章集中起来，加以综合研究，写出一篇"综述". 这也是立论的一个方法. 当然，写综述文章很不容易. 首先，要拥有大量资料，搜集得越全面越好；其次，你本人要有研究心得；其三，分类整理要有纲有序，不能过长. 因此，对于初学写文章的朋友，不宜用"综合法"立论.

7. 必要的文字色彩

教研论文可以少一点"严肃"的面孔，多一些"活泼"的气氛. 给教研论文增加文字色彩不仅是可行的也是必要的，因为可读性强的文章必然会抓住更多的读者，从而产生更大的社会效益. 不必讳言，我们有些教师的语言功底确实稍差了些，但这主要不在基础薄弱而在锻炼不够，即非不能而不为也. 如果每一位青年教师、每一位作者都能勤学习、多思考；都能在写作时、撰稿前经常提醒自己，不写"急就篇"，不粗制滥造，那么教学教研论文的百花园从内容到形式都将会不断地有所提高，有所改进.

综上所述，只要我们青年教师立志要写好文章，就要扎扎实实去做，而不是只想一想；不要怕失败，在继承前人的先进经验的同时，加一点创新意识，你就会写出一篇较好的文章. 亲爱的朋友，你要想写出一些好的文章，还要在平时多思考、勤动手. 那么，我相信，我们的教育战线上必将涌现出一大批文章写作高手，这无疑对中学教育质量的提高又是一大助益. 长江后浪推前浪，愿立志写作的青年教师们努力吧！

十、浅论中学校长在学校管理中的地位

校长是一所学校的指挥者，是校园的主旗手. 一名优秀的校长，带领训练有素的领导班子，就可以奏出动人的教育乐章，就可以夺取一个又一个教改的成果，就可以使学校教育教学工作上新台阶，就可以使学校达到更高的办学水平. 在一定的客观条件下，一位好校长带领一套好的领导班子，就会创建一所好的

学校. 校长的领导不要靠强力,而要靠管理. 在管理过程中,校长必须明确和正确处理好自己在学校管理中的地位,必须正确处理好自己与校各级领导班子之间的关系. 下面谈谈笔者的一些看法,供读者参考.

1. 校长与党支部书记的关系

校长与党支部书记的关系,是政党分工关系,这种关系是平行的. 因此,双方都应各负其责、各尽其能、互相配合、团结一致,在党性原则基础上,共同努力办好学校. 校长在做决策前,应主动与党支部书记商量,党支部书记当参谋; 校长在决策后,党支部书记要动员党团组织,通过思想政治工作帮助克服困难和解决问题,促使决策的实现,起好保证监督作用. 校长与党支部书记分工的两个交叉点要处理好. 一是人事问题,教职工的调动、干部的选拔考核,应采取协商一致的办法处理;二是师生的思想政治工作,谁都应该管,但也应各有侧重. 校长与党支部书记如果在工作中有了矛盾,则应提出意见,共同研究,争取求得统一. 允许保留意见,但在行动上必须互相支持,不能袖手旁观,更不能互相拆台.

2. 校长与副校长的关系

从责权关系看,实行校长负责制,校长与副校长之间不是平行的关系,而是领导与被领导的关系,副校长对校长负责. 虽然校长拥有决策权,但校内一应大小事务不是校长个人说了算. 英明的校长在重大问题的决策上,必定会组织一班人集体研究,而后做出决定,再交给主管领导去执行. 如果执行中出现问题,校长应主动承担责任. 在集体研究讨论时,如果意见一时难以统一,一般不必急于部署执行,可以再议. 校长之间的职责分工要明确. 校长要授权副校长去独当一面,在分管的工作中有决策权和指挥权,以充分发挥副校长的主观能动性,充分调动其工作积极性. 同时,这样也可以使校长减少忙乱,有时间去调查、思考、研究学校的一些全局性的问题.

3. 校长与行政领导班子内部的关系

办好一个学校,领导班子十分重要. 学校行政领导班子的问题首先是团结问题，是集体威信问题．这与班子成员的个人修养有关，与职责分工处理好相应的关系有关．就校长而言，要有协调和平衡班子成员的能力，要像爱护眼珠一样爱护班子的团结和集体威信．尽量根据班子成员的特长安排工作、下达任务，并支持他们的工作，当好后盾．在班子内部要互相信赖、互相支持，要经常见面、沟通信息、交流情况．校长在做某些重要决策时，应主动听取班子其他成员的意见和建议，争取全体成员达成共识．要严肃开展批评与自我批评，不能搞无原则的一团和气；要严格禁止里应外通，更不允许拉帮结派．这样，在校长的领导下，才能形成一个可以统一认识，可以解决矛盾和处理问题的领导集体．

4. 校长与中层干部的关系

校长与中层干部的关系无疑是领导与被领导的关系．但需要注意的是，对中层干部的直接领导应该是分管该部门工作的校级领导负责．校长要按分级管理和职、责、权统一的原则，建立起一个层次公开的管理系统．校长与那些不属于自己分管的中层干部之间是间接的领导关系．在一般情况下，校长不应越级指挥，但可越级检查．中层干部和教职工群众可以越级反映情况，但不应该越级请示处理问题．切不可打乱层级，事无巨细，集大权于一身，那将会使校长处于非常被动的局面，不利于管好学校．

综上可知，校长在学校管理中如果正确处理好上述四种关系，明确在这四种关系中的地位，就会对学校的发展和管理带来极大的帮助．学校管理是办学的关键，校长在其中的地位更是十分重要．校长必须把主要精力用于抓关键点上．这样，校长就可以带领全校领导班子、教职工创建一所名校，而不是名校养育出一个名校长．

十一、21 世纪总务主任素质初探

总务主任是总务处工作的领导者和组织者，是校长管理学校后勤工作的主要助手.在学校工作中,总务主任将协助校长全面贯彻国家的教育方针,全面安排好相关的各项工作,全面提高教育教学质量.

总务主任能不能履行好自己的职责,与其自身的素质密切相关.因此,在进入21世纪的今天,加强对总务主任素质的研究,对于提高总务主任的工作能力和水平,履行好自身的职责,有效开展创新教育,全面提高学校后勤管理质量,实现学校的培养目标,是非常必要的.

1. 什么是总务主任素质

科学的总务主任素质的定义应符合以下几点:

(1)总务主任素质直接表现在学校后勤管理工作之中,是以实现学校的培养目标为目的的.

(2)总务主任素质是动态发展的,要符合21世纪初叶中国基础教育的发展对总务主任群体素质的要求.

(3)总务主任素质类似于一个相对稳定的有机结构,这个有机结构由多方面的要素综合组成.

(4)总务主任素质要适应总务主任的"复合型""创造型"发展方向.

因此,我们把总务主任素质定义为:所谓总务主任素质,是指总务主任在学校后勤管理工作中表现出来的为实现学校的培养目标所应具有的相对稳定的综合要素的总和.

2. 总务主任素质的主要特点

(1)功能的教育性.

总务主任素质的教育功能,一方面表现在总务主任担任的管理工作中.总务主任的素质高,总务主任的能力和水平就高,这样就能有效地组织学校后勤工作,提高学校工作的教书育人效能.另一方面表现在总务主任为人师表的形象中.总务主任对学校工作认真、严谨的工作态度,客观公正、实事求是的工作作风,端庄、高雅的言谈举止,无不对后勤人员产生潜移默化的教育影响,有利于进一步开展总务工作.

(2)整体的效应性.

总务主任的素质不是孤立的,而是一个多侧面、多层次的整体结构,具有全面整体性的特点，其构成要素之间是相互作用、相互制约的，是总务主任德、智、体的有机结合．总务主任的素质结构越全面，越有利于总务主任在学校的总务工作实践中，发挥好对后勤工作影响的整体效应．

（3）相对的稳定性．

总务主任的素质，是按照一定的规律，由量变到质变，从不完善到比较完善，从不成熟到比较成熟，从较低水平到较高水平，不断发展、深化而逐步形成的．它一经总务主任个体的内化形成，就会在总务工作的各个方面经常地稳定地表现出来．但是，这种稳定性又是相对的．因为总务主任的素质是一个随着社会经济发展、科技进步而不断发展的可变量；同时，总务主任的个体素质和群体素质不是一成不变的，它可以通过教育、环境的影响而加以改变．由此可见，总务主任素质的稳定性是相对的，它的结构处于动态发展和不断完善的过程中．

3. 总务主任的素质结构

（1）坚定的政治方向．

总务主任的政治素质，在总务主任的总体素质中居于主导地位，它决定着总务主任工作的方向和态度．当前，总务主任的政治素质主要表现在：坚定不移地贯彻执行党的"一个中心，两个基本点"的基本路线，即以经济建设为中心，坚持四项基本原则，坚持改革开放；要以马克思列宁主义、毛泽东思想、邓小平理论、"三个代表"重要思想、科学发展观、习近平新时代中国特色社会主义思想的精神作为办学的指导思想，始终坚持学校总务工作的社会主义方向，把德育渗透于学校后勤工作中，不断提高后勤人员的社会主义觉悟，努力把学生培养成为德、智、体、美、劳全面发展的社会主义事业的建设者和接班人．

（2）高尚的思想品德．

高尚的思想品德，是总务主任进行总务工作的基础及成功的前提，是总务主任履行好自己工作职责的保证．总务主任这方面的素质主要表现在：要以辩证唯物主义的科学世界观和方法论来认识和分析总务工作中的问题；要具有良好的职业道德，并以此来规范自己在总务工作中的言行；要树立为教师和学生服务的思想，做到廉洁奉公，遵纪守法，作风正派，无私奉献，努力使总务工作得以健康地开展.

（3）过硬的业务本领.

过硬的业务本领,是总务主任履行好自身职责必备的基本条件.这个方面的素质主要表现在：总务主任必须学习和掌握普通教育学、学校心理学、学校管理学和马列主义教育理论等课程知识；能够熟练地掌握一两门专业学科知识,能现身说法；具有比较广博的文化科学知识,并继续刻苦学习、更新知识,使自己的知识结构臻于完善；要有一定的后勤工作经验和管理经验,努力形成过硬的业务本领.

（4）勇于创新的精神.

现代化的学校必然要求人的现代化,而创造力是作为现代人在现代化转型期中的一项基本指标.总务主任要符合这一要求,就要对后勤工作进行创新.这种创新精神主要表现在：总务主任应有独立意识,不唯书、不唯上,勇于抛弃自己头脑中积淀的陈腐落后的观念和思维方式；要有时效观念,守时惜时,讲求总务工作的快节奏、高效率；在总务工作中,不因循守旧,墨守成规,要有开拓进取精神,敢于创新,形成自己的总务工作特色.

（5）较强的管理能力.

总务主任是总务处的管理者,这种角色决定了他们必须具有较强的管理能力.这种管理能力具体表现在：制订并实施总务工作、计划,开展总务工作的能力；联系并协调校内外上下左右各方面的关系的能力；合理安排日常总务工作并建立总务工作常规的组织能力.较强的管理能力,是总务主任建立正常的总务工作秩序、提高后勤工作质量的重要条件.

在新的历史时期,社会的发展、知识经济的浪潮不断冲击着教育领域,如教育对象、教育内容、教育方法等都将随着社会的发展而发生变化.当然,后勤工作的服务对象、服务内容、服务方法等也要随之而发生变化.这种变化趋势,给每一位总务主任提出了新的挑战.随着国际间经济文化交流的广泛影响,随着学生的物质生活条件和生活方式的巨大变化,将不断给总务主任带来新的任务和新的研究课题.

总之,总务主任应该顺应社会和教育发展的趋势,遵循其发展的规律,健全自身的素质,出色地搞好总务工作,努力实现学校的培养目标,为国家培养出更多的符合21世纪要求的合格人才.

十二、利用"互动式"教学法，提高课堂教学效果

青少年是我国的未来和希望，他们能否健康成长关系到国家的前途、命运，以及民族的荣辱和兴衰成败. 中学时期是青少年人生观、世界观、价值观的塑造和形成阶段，是教育的"黄金时代". 中学教育必须贯彻党的教育方针，全面实施素质教育. 由于传统教学模式的束缚，学生往往觉得课堂教学枯燥、乏味，成了死记硬背的工具，无从谈及兴趣的培养、能力的提高、觉悟的升华. 2007 年以来，通过我校（西南交通大学附属中学，后面提及皆指于此）承担教育部子课题《新课改下提高课堂教学质量的策略研究》的研究，探索出了一种既能激发学生学习积极性，又能提高学生记忆、理解、运用所学知识能力的教学模式，即"互动式"教学法.

1. "互动式"教学法的提出及主要内容

（1）兴趣是开启成功大门的钥匙，是攀登成功顶峰的阶梯. 只有让学生成为教学活动的主体，自主地进行学习，充分发挥他们的积极性、主动性、创造性，才能提高学习效率. "尺有所长，寸有所短"，每个人都有自己的优势和劣势，考虑问题难免有不全面的地方，这就需要同学之间、师生之间互相学习、取长补短. 和谐的人际关系也是成功的一个重要因素. 在互相交流、合作、互励的过程中，不仅有利于同学之间自然地建立深厚的友谊，同时也有助于师生之间形成平等的、伙伴似的融洽关系.

（2）"互动式"教学法的主要内容是：师生之间、同学之间互相学习、互相配合、互相补充、互相鼓励、互相监督、互相检测.

2. "互动式"教学法的主要实施方法

（1）组内互动：把班内同学分成若干个小组，以相邻为原则，每组至少 4 人，至多 6 人. 课堂讨论活动以及一些课外活动（新闻评述、办手抄报、做好人好事，辩论赛等）均以小组为单位进行. 例如，办手抄报，擅长美术的同学负责

画面，爱好时事的同学负责搜集时事材料，阅读面广的同学负责撰写文字内容……组内同学集思广益，各抒己见，发挥优势，取长补短．

（2）班内互动：班内各组之间在小组讨论的基础上，就所学内容可以互相进行问答，也可以举行比赛．对同一个问题，不同小组可以提出不同的解答方法．大家也可以互相评判，选出最佳答案．比如，在讲数学平面几何问题时，我提出了"黄金分割法"与美之间的关系，让同学们讨论 $\frac{\sqrt{5}-1}{2}$ 在日常生活中的作用，有的说装饰门面，有的说人体美的比例……从而激发了同学们学习数学的积极性，拓展了思维，开阔了视野，丰富了知识层面．

（3）师生互动：教师不再是课堂的"主宰"者，必须实现心理换位和角色换位，从过去的"一言堂"变为"启发式"教学，实现学生的自主学习．为此，应努力为学生创设机会，使他们能够积极、主动地学习．如提倡学生每天坚持收看新闻联播、焦点访谈、今日说法等节目，定期开展新闻评述、模拟法庭、辩论赛、办手抄报等活动．在课堂教学中，首先组织学生进行小组讨论，分析课本、发现问题、初步解决问题，然后班内互相问答，及时更正、评判，对优胜者给予鼓励．教师针对学生们未及时发现的问题，应适时提出，并加以解决．学生也可以问老师相关的课内、课外问题，如果解答不了，就相当于学生给老师布置了课外作业．例如，当学生们问到古今中外著名的数学家至今尚未解决的一些猜想等，课下我们的老师就必须查阅相关资料，如《数学趣味史话》《今天如何教学生》等，给学生以明确的答案．这样，教师只有不断地学习，才能满足学生的求知欲．

3. "互动式"教学法应注意的问题

（1）小组讨论时，教师要注意观察，防止个别学生借讨论说闲话，以促使其逐渐养成良好的学习习惯．在各组要设立小组长，既可以由教师指定，也可以由学生选出，且小组长应该品质良好、成绩优秀，有一定组织能力，能以身作则．

（2）班内互相问答时，教师要把握好时间和节奏，不能就同一个问题无限制地讨论、扩充，否则会影响教学进度．同时，对于学生的问题要有一个明确的答案，不能模棱两可，似是而非．对于优胜者要及时鼓励，以调动他们的积极性．

（3）教师要不断提高自己的理论水平、业务素质和应变能力，这样才能满足学生的要求，树立自己的威信，以不变应万变，做到胸有成竹．尤其作为一名中学教师，更要有敏锐的洞察力、崇高的责任感、丰富的知识层面．

4. "互动式"教学法的实施效果

通过近两年的实践，我校大多数学生对课堂教学有着浓厚的兴趣，既提高了应试能力，又提高了灵活运用所学知识，分析问题、解决问题、辨别是非的能力．同时课堂教学气氛活跃了，师生关系融洽了，既教了书又育了人，收到了很好的教学效果，从而提高了课堂教育质量．

中学数学教育教学研究与实践

一、中学数学教学中的科学方法教育探究

二、让阅读在数学教学中闪光

三、数学教育科研课题研究方案的设计

四、如何激发学生对数学课的学习兴趣

五、更新教学观念，提高数学教学质量

六、试论教育对自然科学发展的作用

七、数学研究的对象和特点

八、浅论数学方法的作用和意义

九、浅论现代科学数学化趋势与数学教育改革

十、论数学学习的感知和理解

十一、解决问题的等价与非等价转化策略

十二、解决问题的移植与杂交策略

一、中学数学教学中的科学方法教育探究

在科技迅猛发展、知识日新月异、科技竞争日益激烈的今天，现代科学数学化发展趋势，特别是新教材的改革，令大多数教育人士已普遍认识到，能力的高低，在一定程度上表现为掌握方法的多少和熟练程度．因此，数学教学中既应该让学生掌握数学的概念和规律，更应该让学生重视科学的态度和科学的方法．所谓科学方法，是研究自然科学和社会科学的一般规律性理论．在中学数学教学中，科学方法教育的内容有：一是数学的研究方法的教育；二是数学学习方法的教育．在数学教学中，教师在完成传授知识的同时，有意识、有目的地进行科学方法教育和指导，有利于促进学生智能的发展，培养学生科学的态度，使学生在学习中不仅掌握了数学知识本身，而且掌握了研究和学习数学的方法，以及探索数学的精神．

1. 指导阅读课本，培养自学方法

在教学中充分利用教科书，指导学生读书的方法，是培养学生自学能力的有效途径．一是通过读书使学生掌握数学的科学语言；二是通过反复读书，使学生掌握的知识更加全面、系统、准确；三是通过读书提高学生的自学能力，让学生在学习上变被动为主动，变要我学为我要学，充分发挥学习的主动性和积极性．那么，怎样正确指导学生读书呢？

（1）基本概念、基本定理、公式要着重读，对其中的重点数学语言更要深入体会、准确理解．因为这些字句或揭露了概念的本质，或指出了定理、公式成立的范围和条件，或反映出定理与定理、公式与公式之间的区别与联系．教学时，必须指导学生把这些重点字句"抠"出来搞清楚、弄明白．如异面直线公垂线是指夹在两条异面直线之间的公垂线段，而不是公垂线；加法原理与乘法原理的共同之处是研究完成某件事情的方法数，不同之处是一个是分类，另一个是分步；教材中"任意一个""每一个""某一个""存在一个""至少""至

多""都是""都不是""不都是""任意一个的否定""某一个的否定"等字眼很多,切不可轻视.要养成"抠"字眼的习惯,正确理解概念和规律的数学意义、适用条件.

(2)指导学生识图、读图、画图.数学上的图形很多,如立体几何中的二面角、线面角、两点间的球面距离、异面直线间的距离、简单几何体的组合图形;解析几何中的椭圆、双曲线、轨迹图形等.学会识图、读图、画图是一种基本功,决不能忽视.通过对图形的理解,可以提高学生的空间想象力,增强学生的数学综合能力.

2. 在数学知识的教学中渗透科学方法教育

科学方法教育既需要潜移默化的熏陶,也需要有目的的训练.脱离数学知识对中学生大讲科学方法,犹如建设空中楼阁;埋头讲数学知识而不注意方法教育,犹如给学生一堆砖瓦.因此,科学方法教育应渗透在数学知识教学之中,只有根植于数学知识沃土之中的科学方法教育,才会结出丰硕的智慧之果.在数学知识的教学中,处处蕴涵着科学方法.数学概念、数学定理、公式的建立常常运用观察和实践、比较和分类、分析和综合、逻辑和推理、理想化等科学方法.如在概念教学中,要注意数学语言的理解与翻译.数学符号和公式等语言的发明对数学的发展产生过巨大的影响,数学符号化也是它本身的一大特点,如有理数中的正负号运算、代数式等.学习数学的活动实际上包含着一种或数种数学语言的积累和应用的过程.因此,要学好数学语言,首先要正确理解数学语言,然后积累数学语言.理解数学符号的意义往往成为学生们学习数学的心理障碍.数学语言的贫乏和语言错误导致审题、解题困难.初中数学刚从小学数学转变到数学符号(字母表示数),这是学习数学的一次飞跃.因此,学好数学语言是较为重要的一种科学方法教育.

将加法原理与乘法类比、将椭圆与双曲线类比,指出它们的联系与区别,学生很容易接受.用电脑程序化思想结合数学推理的方法来研究解题,就是对学生进行科学方法训练的好例子.这种训练可将教学过程组织为较完整地体现科学研究一般方法的过程,使学生受到了科学方法的训练.这样,在传授知识的同时,使学生感受科学方法在建立概念、发现定理及公式中的作用,从而激发学生自觉的学习和运用科学方法解决实际问题的积极性.

3. 注重情感方法教育的目标

教师应以"尊重学生主体，培养学生数学意识，提高学生数学素养"为指导，考虑如何培养学生数学意识的方法、途径和措施，这对转变教学思想、更新教学观念、改革教学方法具有重要意义．同时还应注意吸收成功教育、创造教育、愉快教育、创新教育等体现数学和谐文化的教学模式和教改的成果，让科学教育更具现实性．

（1）在课堂教学中，根据教学内容的不同，选择不同的教法，使主导与主体达到动态平衡．教师在教法选择上，为了激发学生的学习兴趣和求知欲望，使学习成为学生的自觉行为，要注意"问题情境"的创设，使学生思维得以启动；要进行相机诱导，使学生的思维得以顺利发展；要进行学习方法的指导，使学生学会自己思考、自己理解、自己消化、自己吸收；另外，还要让学生在学习上进行自我评价，及时调整．

（2）教学中，应使学生的认知过程和心理活动过程达到动态平衡．因为认识过程起着接受、加工、处理、储存知识信息的作用；情感过程起着调节认知过程，强化学习行为的作用；意志过程起着调节认识过程并对情感过程确定调控方向、排除干扰、实现预期的学习目标的作用，因此，要让学生在学习过程中，使认识过程、情感过程、意志过程得到协调发展，这样才能收到好的学习效果．

（3）在教学过程中，应使课堂教学与课外活动达到动态平衡，使掌握数学已有知识与了解现代数学发展的潜力协调发展．要让学生在数学学习活动和实践中，形成并发展数学能力，在数学发现和研究中培养数学修养，开发智慧潜能．即在学习过程中，如果多让学生独立获取知识、独立地处理和解决问题，他们的数学能力就会得到发展；如果让学生走出校园，走进工厂、乡村，对身边的实际问题，通过对大量特殊事例的观察比较、联想、分析、综合、抽象和概括，让他们经历研究过程，恢复数学来源于生活的属性，增加原有的生动性、形象性、创造性，学生的智慧潜能就能得到进一步开发．

4. 重视数学史，体会科学方法教育

数学教学改革的目的之一，是把科研人员应具有的素质和能力早一点对学生进行培养和训练，使教和学的思路尽量去接近科学家认识过程的思路，这就要求我们将数学教学和数学史结合起来．当然，教学过程不同于科学研究过程，

但在必要时，结合重要的数学史料用模拟科学认识过程的方法进行数学教学，是数学教学实质性改革的途径和方向，是实现上述教学目的、培养创造型人才的一条有效途径. 而模拟科学认识过程的方法，就是让学生遵循前人科学发现和发明的思路来学习，学会科学研究的方法. 这就要求我们将数学史溶于数学教学之中，将科学方法教育溶于数学史教学之中. 具体来讲，就是善于把学生推到若干年前的情景当中，让他们从当时的科学背景出发去重温科学家们在什么问题上、什么环节中、什么情况下、用什么方法和思路做出了科学发明和发现，从而把这些关键的步骤联系起来. 如，我在教学中，结合我编著的《数学趣味史话》，对学生进行数学发展史方面的教育，让他们崇拜数学家，并从数学家身上学到许多学习方法. 华罗庚在谈学习数学时说：要学好数学就要常练、苦练、活练. 这句语对我们的学生的帮助很大，可激励他们吃苦耐劳、奋发向上的进取精神，树立为祖国而努力学习的信心.

5. 巧妙设计习题，训练科学方法教育

科学方法教育的目的在于发展学生分析问题和解决问题的能力. 实践表明，教师生动精辟的讲述，学生对于知识只能达到理解的水平，要达到运用的水平，就必须让学生本人参与分析解决新问题的实践. 因此，教师要创设情景，强化习题教学和训练，引导学生运用科学方法解决具体的数学问题，使学生实现由知识向能力的转化.

在习题教学中进行科学方法教育，主要是进行思维方法的训练，提高学生的思维能力和分析解决问题的能力. 因此，教师要站在科学方法论的高度，认真研究题型、分析归类、精选典型例题和习题，对学生进行逻辑思维与非逻辑思维、集中思维与发散思维、正向思维与逆向思维、局部思维与整体思维、类比思维与联想思维等专项训练. 在教学中有些习题明显要运用科学方法来求解，此是，教师要点明这种科学方法，以便让学生学会这种方法的应用.

总之，在数学教学中有意识地加强科学方法教育，是实现学生增长知识、发展能力、提高素质的一条有效途径. 如何把我们的学生教好，如何提高他们的能力和层次，面对新教材的改革，如何扬弃旧教材中的不足之处，用好新教材，把教改搞好，让学生得到继续教育和终身教育方面的锻炼，是每一位教师和领导都需要认真讨论和探究的问题.

二、让阅读在数学教学中闪光

谈起阅读，人们只会想到语文和英语的阅读理解，不屑于数学的阅读．其实，数学教学也离不开"阅读"。但数学老师往往忽略了这一点，始终认为，理解能力的培养是学好数学的关键，殊不知理解能力的培养是建立在阅读基础上的，否则好比"巧妇难为无米之炊"．没有读懂题目，谈何理解，因此数学教学同样需要阅读．

1. 数学阅读的重要性

第一，阅读是人类获得知识的主要手段和认识世界的重要途径．未来的文盲指的是不会学习的人，而会学习的前提则是会阅读．现代社会也要求人们具有包括语文阅读能力、外语阅读能力、数学阅读能力、科技阅读能力等在内的综合阅读能力．

第二，从教材的作用来看，教材是教师执教的根据，更是学生学习数学的主要材料．它是无数数学专家集结过去的经验，在充分考虑学生的心理和生理特征、教育教学质量、数学学科特点等诸多因素的基础上精心编写的，具有极高的阅读价值，是任何教辅用书取代不了的．

2. 数学阅读的内容

数学教材的阅读主要分为以下几类：

第一类，"读一读""你知道吗""阅读理解""数学史话"等阅读材料的阅读．在教学不同的知识时，由于所涉及的知识内容不同，就会有不同的课后阅读材料．新课程一般就是这样设计的．这一部分阅读内容，和我们的日常生活息息相关，和所学知识的联系也很紧密，它主要是开拓学生的视野、拓展学生的知识面，内容一般都生动有趣，有一定的前瞻性和拓展性．

第二类，习题的阅读．新课程背景下的习题更加贴近社会生产、生活的实际情况，呈现形式更多样化，除文字叙述外，还采用了表格、图画、对话等方式. 教师应适当增加有多余条件和开放性的问题，向学生提供鲜活的、真实的、有趣味的和具有探索思考价值的数学问题，以凸显习题的问题特征，培养学生搜集信息、处理信息的能力和分析问题、解决问题的能力.

3. 数学阅读的指导策略

（1）搭建平台，让学生阅读.

阅读需要时间，而学生的时间主要有两部分：课堂内、课堂外. 当前，课堂内时间全被教师的讲解和学生的练习占用，学生很少有机会阅读；而课外时间则全部被大量的试卷、讲义、练习所包围，因此，教师需要留出时间，每周开设一节数学阅读课. 我们可以试着这样操作，如把赵刊编著的《数学趣味史话》发给我们的每一位学生，让他们每天腾出 20 分钟的时间专门用于数学阅读. 如果给了学生阅读的机会，形成让学生阅读的大环境，相信收效会十分显著.

（2）巧妙引导，让学生会读.

① 以"读"理解. 古人推崇"好读书，不求甚解"，但作为数学的阅读则应该是不理解不罢休. 从某种意义上说，理解是数学学习的通行证. 对于一些关键性的字、词、句，要进行圈点划批、咬文嚼字，正确理解数学语言，掌握数学概念. 如"同一平面内，不相交的两条直线互相平行，其中一条是另一条的平行线."对平行线的概念的理解必须抓住关键词语，"同一平面内"是前提，"互相平行"则告诉我们平行是互相的. 另外，在解决问题时阅读显得更为重要，如：甲乙两地相距 400 千米，一辆客车每小时行 80 千米，这辆客车在甲乙两地之间往返一次要多少小时？往往有学生列成算式：400÷80. 对于这类题目，学生常常是粗略地读题，忽略了"往返"这个词. 试想如果学生解决问题时，能抓住重点仔细多读，认识到"往返"也是一个要求，那么就不会出现上面的错误了. 像这样抓住教学关键的词、句来读，通过多读来理解，肯定能收到事半功倍的效果.

② 以"读"质疑. 以"读"质疑就是带着问题读，在阅读中发现问题、提出问题. 数学语言简练、叙述严谨，对学生来说比较枯燥，不易理解. 因此，指导阅读时，设疑要有层次性和启发性，要贴近学生的最近发展区. 质疑就是要鼓励学生"标新立异"，要主动，要教会学生从不同的角度思考、质疑，以便让学生养成爱问、好问、会问的好习惯.

总之，作为数学教师，应该充分认识到阅读是我们数学教学中不可缺少的重要环节．只有重视数学阅读教学，才能为学生的主动发展提供可能，才能为学生的数学自主学习提供基础，才能让数学教学因阅读而闪光！

三、数学教育科研课题研究方案的设计

教育质量是教育事业的生命，提高教育质量离不开教育科研这一把金钥匙．当前，教育领域正如火如荼地开展研究性学习，教育科研也步入神秘殿堂，走入中学课堂，给数学教育带来了无限生机，也给广大数学教师提出了巨大挑战．广大教师因此普遍热情高涨，但也有少数教师因缺乏科学方法的指导，茫然不知所措，这严重阻碍了教学质量的提高．鉴于此，我们可以通过对如何设计数学教育科研课题研究方案的研究，来提高课堂教学的实效性．

什么是教育科研课题研究方案？教育科研课题研究方案，也叫教育科研课题研究计划，它是如何开展课题研究的具体设想，它初步规定了课题研究各方面的具体内容和步骤．

教育科研研究方案对整个研究工作的顺利开展起着关键的作用．尤其是对于科研经验较少的人来说，一个好的方案，可以使其避免在课题立项后，开展研究时，无从下手的现象，它可以保证整个研究工作有条不紊地进行．可以这样说，研究方案水平的高低，是一个课题质量与研究者科研水平的重要反映，这是科研管理部门是否批准课题立项的关键，也是科研管理部门进行课题中期检查和结题鉴定的重要依据．

教育科研课题研究方案的设计是研究者在选定并申报课题的同时，为达到研究目的，验证研究提出的假设，并经过深思熟虑、审慎周密的思考，将有关研究活动的构思条理化、具体化的过程．也就是说，它是在课题正式实施前对问题的提出、验证假设、所做的周密而详细的安排计划（包括操作过程、对象选择、采取的方法措施、资料的收集、成果的形式、组织管理等方面），所形成的综合相关的合理系统．当然，课题方案设计毕竟不是研究的终结，可随着研究进展的需要对原有方案进行调整，以趋逐步完善．

"万事开头难"．教育科研应从课题研究方案开始，方案内容如下：

1. 课题的名称

课题的名称即课题研究的主题. 课题名称表达要简明扼要，不拖泥带水、冗长烦琐，应使人一目了然；字数以不超过 20 字为宜，如《如何提高课堂教学质量的有效性》《今天如何教学生》《今天如何当教师》《新课改下，应该如何教》，等等.

2. 问题的提出

爱因斯坦曾经说过，提出一个问题往往比解决一个问题更重要. 在传统教学中，教师和学生只局限于学校，社会阅历不深，教学时着眼于培养学生的解题技能与技巧，至于如何提出问题则是难上加难. 因此，要改变这一现状，必须转变传统的教育观念，应以先进的教育理念为指导，把科研落到实处. 虽然教育科研的立足点是教育、教学问题，但生活是丰富多彩的，因此，要让学生把所学知识用之于实践，努力寻找结合点，广泛猎取知识，不断提高能力. 这就要求教师要有意识地培养学生将所学知识与所经历的生活有机结合起来，发挥敏锐的洞察力，要多角度、全方位地提出问题，并从中选取一个主题为切入点，开展研究.

3. 理论依据与理论假设

理论假设是表述该课题在理论上的可行性，指出通过研究要实现的目的或要达到的目标，是课题研究任务在客观现实中的具体化.

牛顿说："如果说我比别人看得远些，那是因为我站在巨人的肩膀上". 理论依据是开展课题研究的前提，因此，要以理论依据为依托，如哲学、教育学、心理学、学科教学等，以及指导该项课题研究的有关理论，如系统论、控制论、信息论等，同时结合有关经典、法规等方方面面进行课题研究. 只有探明课题的理论和实践依据，研究时方可方向明、思路对、站得高、看得远，工作起来才能有的放矢、得心应手、事半功倍.

开展研究时都期望得到一定的结果，这就是理论假设. 提出理论假设时，必须做到：一要明确肯定，不能含糊其词或模棱两可；二要具体显性，即提出的假设应有一定质和量的规定性，以便于检测；三是不把必要的结果与理论假设混为一谈，否则研究将失去意义.

4. 课题研究的主要方法和途经

（1）制订计划：对研究内容、对象、过程、时间、成果形成等制订切实可行的计划.

（2）实施行动：按计划开展研究工作，要注意收集资料.

（3）跟踪考察：要制订考察内容、方法、步骤，对教师、学生开展调查，以了解进度和效果.

（4）反馈与调整：对收集的资料、调查的结果及时进行总结，及时反馈、调整计划和内容.

（5）评价结果：实施行动结束后，要应用教育统计的方法，将研究所得的数据进行科学处理，写成研究报告，并邀请专家进行评价.

5. 课题成果呈现

由于不同类型的课题采用不同的研究方法，而不同的研究方法也就决定了科研成果的不同呈现形式. 数学科研成果的表现形式大致分为几类：研究报告、成果报告、调研报告、科研论文、案例，其次还有经验总结、反思记录、教育故事、教育日志、教育随笔、示范课、教具、校本课程研发等.

6. 课题研究保障措施

课题研究的组织领导、经费保证等都是成功的重要条件. 对小课题，一般只需设课题组；对内容多和区域广的大课题，需设立课题领导小组，统一思想和步骤，形成"一盘棋"，有条不紊地开展研究工作. 同时，研究者要认真做好经费预算和使用，在方案设计阶段，要主动争取上级有关部门的大力资助和支持，以保证课题研究的顺利进行.

总之，全面落实教育方针、全面提高学生素质，依靠的是教育科研，科研兴校、科研兴教已成为一种社会共识. 数学教师必须紧紧抓住这一契机，积极大胆探索课题研究. "好的开头是成功的一半"，即把握课题研究方案设计是整个课题研究中最重要的一环，继而还要持之以恒地开展研究工作，努力实现由"教书匠"向"科研型教育工作者"转变.

四、如何激发学生对数学课的学习兴趣

数学课是中学教学的重要学科之一，在素质教育中占有极其重要的地位，它关系到人才培养的重要素养．长期以来，由于多方面的原因，有相当一部分学生对数学课不感兴趣，甚至产生厌倦情绪，这种状况令人十分担忧．因此，如何激发学生对数学课的学习热情，使学生由厌学到爱学，成为广大数学教师应该探讨的问题．

1. 明确学习的意义、作用，增强学习兴趣

人们做任何事情，只有明确了它的意义、作用，了解了它的价值，才能为之努力，付出心血．在学习过程中，学生只有体会到所学课程的最大价值，明确认识到当前所学与将来所用之间的紧密联系，才能激发出对所学学科的热情，进而产生浓厚的学习兴趣．如通过学习《数学趣味史话》《趣味数学天天谈》，可使学生懂得只有掌握好数学这一知识学科，才能较好地择业、就业，并为自己今后的职业生涯规划做好准备，打好基础；只有掌握了数学教材，才能掌握好分析问题和解决问题的思想方法，才能为走向工作岗位或升入高一级学校学习打下坚实的基础．

2. 注意搞好数学课中的情感教学、增强情趣氛围

当前，中学数学教学面临着一个十分严重的问题，那就是课堂教学气氛沉闷，教师板着面孔机械地照本宣科，学生埋着头呆板地死记硬背，使得师生之间缺乏一种平等、融洽的关系，更谈不上情感的沟通与交流，导致学生对数学课丧失信心，缺乏兴趣，严重影响了教育教学效果．因此，数学课堂教学中必须要注意搞好情感教学，增强情感氛围．

教育活动是人的活动，人都是受情感支配的．在过去，课堂教学活动过分强调教师的绝对权威和"师道尊严"，把学生看成接受知识的机器，压制了学生的情感，使学生对学习感到枯燥无味，其效果往往是事倍功半．事实证明，在教学中，若充分利用师生的情感因素，能极大地调动师生双方的积极性和创造性，达到最大限度地提高教育教学效果之目的．对于中学数学课而言，情感教学尤为重要．一方面，当前一些中学生受到来自各方面消极情绪的影响，对数学课教学

不够重视，又由于数学课的教学内容不像其他学科那样生动有趣，学生中一般难以形成高涨的学习情绪；另一方面，中学生的可塑性强，他们往往是带着情感去学习．因此，如果教师注重仪表，树立端庄的外表形象，具有良好的师德修养和较高的知识水平；教学中善于利用现代化教学手段，通过多媒体等创设情景，增强情感色彩，营造课堂气氛；发扬民主作风，放下教师的架子，努力创设一种浓厚的民主氛围，让学生觉得你不仅是他的良师，更是值得信赖的益友，就会使师生产生情感上的共鸣，从而激发学生对数学课的学习热情，使学生变被动学习为主动学习，变厌恶学习为喜欢学习，从而提高学习效率．

3. 改进教学方法，增强教学艺术

传统的教学模式是一本课本、两支粉笔，注重教师的主导作用，忽视了学生的主体地位，导致教学活动十分呆板，教学语言枯燥、干瘪、平铺直叙，令人乏味．因此，为了激发学生的学习兴趣，教师需改进教学方法，优化教学语言．教学活动是传道、授业、解惑，数学课教学不仅要给学生传授数学理论知识，还要对学生进行思想教育，培养其崇高的思想政治觉悟，因而教学任务更加艰巨，教学过程更加复杂．这就要求数学教师更要讲究教学方法和艺术，充分运用幽默语言、书中插图、乡土材料等营造教学气氛，以增强数学课的趣味性，化枯燥为生动、化干瘪为丰满、化呆板为有趣，从而激发学生的好奇心，培养学生的求知欲，营造出轻松愉快的学习氛围．也只有这样，才能有效地改变数学课的课堂状况，增强学生的学习兴趣．

4. 理论联系实际，做到因材施教

部分学生之所以对数学课不感兴趣，不愿学数学，其中一个重要原因就是数学课的理论抽象．若教师在课堂上又照本宣科，没有将理论知识与现实生活中的实际结合起来，学生自然会感到枯燥无味，并且认为数学课与实际沾不上边，学一些空洞的理论毫无意义．因此，数学教师应注意把教学内容与学生实际结合起来，根据学生的思想实际和社会热点增添一些乡土标杆，引导学生用数学理论思想来分析和解决现实生活中的实际问题，使学生感到数学课与现实生活中有着密切的联系，不可不学，也就乐意学习了．

5. 采用现代教学手段激发学生的学习兴趣

随着科技的不断进步，教学手段的不断更新，多媒体作为一种现代化的教

学手段，有着其他教学手段不可替代的作用，已较多地应用于教学活动中．多媒体技术能集文字、声音、图像于一体，可以突出数学教材图文并茂、活泼新颖的特点，具有强烈的感染力，因此，将多媒体技术引入数学教学，并且在其他教学环节中也注意不断改进教学方法，优化教学语言，增强教学艺术，方可在更加生动、直观的知识传授中，吸引学生的注意力，提高学生对数学课的学习兴趣，这必将起到事半功倍的效果．

兴趣是最好的老师．学生学习兴趣的培养是提高教学效果的关键，而激发学生学习兴趣的途径是多种多样的，其根本问题就是怎样进行科学的选择和运用．数学教师只要根据课堂教学实际进行灵活的处理，大胆地尝试，必定能够激发学生对数学课的学习兴趣，取得良好的教学效果．

五、更新教学观念，提高数学教学质量

当前，数学教学在很大程度上受高考、中考的形式所制约，若照搬过去的老模式、老教法，将极大地影响数学教学的质量．

九年义务教育中学数学教材中指出：教学时应着重进一步提高学生的思想道德水平、文化科学知识水平以及审美情趣和身体心理素质；培养学生的创新精神、实践能力、终身学习的能力和适应社会生活的能力；促进学生的全面发展，为高一级学校和社会输送素质良好的合格的毕业生．那么，怎样使学生养成良好的学习习惯，以便为进一步学好数学打下初步的基础，这是许多教师十分关注而又棘手的问题．要解决这一难题，教师必须更新教学观念，寻求新的教学方法，提高学生学习数学的兴趣，方可收到良好的教学效果．

1. 创设情景，提高学生学习数学的兴趣

情景是指交际活动的社会情景，语言常常是伴随着一定的情景被理解的，寓教于乐、寓教于用，势必能激励学生学习的积极性．

（1）强化课堂用语．

数学教学是语言、符号的学习，语言、符号产生于实践中，因此，教学时要强化课堂用语．教师上课时尽量使用数学语言，以使学生有种身临其境的感受，同时也训练了学生的听说能力．

（2）根据教材内容创设教学情景．

教学中，可采用投影仪、图片、录音及实物来创设情景，这样既方便、幽默、直观，学生又便于接受．如在讲自然数时，可结合课外读物介绍 0 与 1 的小故事，以激发学生学习数学的积极性．课本中潜在的教学情景非常丰富，教师备课时必须深入挖掘，精心设计，才能收到事半功倍的效果．

（3）指导学生订阅数学杂志．

为了扩大学生的数学学习视野，可给学生订阅《中学生数学》《初中数学教与学》《高中数学教与学》《数理天地》等刊物，适时适量地指导学生阅读，以增强学生的阅读能力．

（4）讲数学故事，进行数学趣味活动比赛．

为了提高学生们学习数学的兴趣，使其学有所用，教学时，要经常给学生介绍历史上的著名数学家及数学家的故事，介绍一些数字速记方法，开展一些数学趣味活动比赛等，以调动学生参与数学学习的兴趣，提高学生的听说能力．

2. 利用多媒体教学，提高学生的听、说、读、写能力

（1）投影仪：

利用投影仪教学可以节省教师更多的时间，同时也比较直观．比如有时课时紧张，可把练习题定投到投影胶片上，大大节省了教师的上课时间，也增大了教学容量，从而增加了学生操练的时间，提高了讲课效率．

（2）电脑与电视机的配套使用：

如果是录像带上没有的内容，比如说，想设计一些图表，如何通过电视展现给学生？教师可采用在电脑上插入 U 盘或者在电脑上根据要求事先制作好的图表，通过电脑展现给学生．这样可大大增强讲课的效果，提高教学效率，所以这种媒体很受学生和教师的欢迎．

3. 抓知识反馈，及时进行查漏补缺

美国著名心理学家布鲁姆认为，"学生学不好在很大程度上是教师不善教造成的．"因此，为了了解学生掌握知识的程度，就必须了解学生对知识掌握情况的反馈信息，及时进行查漏补缺．在这里，主要抓好以下三个环节：

（1）课前抓前提反馈．其目的在于出现问题及时补救，为准备讲授的新课打下伏笔．

（2）课中抓操作反馈．新教材要求学生学以致用，因此，当堂学的内容要当堂掌握，这就需要口头操作，也便于教师了解学生的掌握程度，便于当堂补漏．

（3）课后抓测试反馈．在每次作业、测试后进行评比，对于共性问题，可在班上订正；对于个别错误，可分别指导，这体现了有教无类、因材施教的教学原则，同时防止了两极分化．通过小步子、快循环、强矫正，面向每个学生、每个学生的每个方面，激励学生积极参与，教学效果将会事半功倍．

总之，在数学教学中，要与时俱进、开拓创新、积极寻求有效的教学方法，为学生的终身学习奠定良好的基础．

六、试论教育对自然科学发展的作用

教育是根据一定的社会需要而进行的培养和造就未来人才的活动．它是要把社会长期积累下来的文化、知识和技能有目的、有计划地传授给后代，以便使文化知识技能得以继承下来，延续下去．因此，教育对科学的作用，主要通过传授和继承科学知识和科学技术以及培养科学人才体现出来．

通过教育把大量的自然科学问题传播给受教育者，其中前一代人提出的许多悬而未决的难题，以及在生产实践中亟待解决的一些问题，就可以期望后一代人通过科学活动去解决．自然科学就是在解决一代又一代遗留下来的问题的过程中发展的．问题不断获得解决的过程，正是推动自然科学发展的过程．而且，还可通过教育使人类将一代又一代获得的知识积累起来，不断地增加人类知识宝库的总量，从而为科学的加速发展奠定坚实的基础，使后人站在前人的肩膀上去攀登科学高峰．

我们需要明白，教育既不是在一切细节上重复前人已获得知识的整个过程，也不是把所有形形色色的知识都传授给受教育者的简单过程，而是在现有的知识基础上经过挑选、提炼、浓缩和升华，再传授给受教育者的一个繁复的过程．因此，自然科学知识通过教育传授以后，就具有了"真、广、新、深"的特点．由此，教育不断完善和发展着科学要领和知识体系，让科学知识更加准确、深刻完整地反映自然界的客观规律.

从科学的认识过程看,科学和教育实际上是同一个过程中的不可或缺的两个方面. 当某个科学研究项目完成以后,并取得了科研成果,就意味着一个科研项目的具体认识阶段结束了,但作为人类科学认识的整个过程来说并没有结束. 即旧阶段的终点只是新阶段的起点,每从前一个旧阶段到后一个新阶段,都必须通过教育把旧阶段中取得的科学成果继承并传播开来,从而使得全社会科学文化水平的基础不断提高. 因此,科学不能简单地重复,而需要创新,需要一代一代的人们在一阶一阶更高的水平上去进行新的探索. 如果没有教育这个环节,科学的认识过程就要中断,自然科学也不可能再有新的发展.

科学需要人才,人才需要教育,只有通过教育才能培养合格的科研人才. 科研人才素质的要求比较高,作为科研人才,不仅要有丰富的科学知识、高超的实验技能和现代化的组织管理才能,而且还要有敏锐的洞察力、开拓进取的精神和高尚的道德情操,而这一切只有通过学校多方面的教育和综合培养才能造就. 教育的普及、规模的扩大、水平的提高,可以大大提高全民族的科学文化素质,使科学人才具有广泛的社会基础. 所以今天的教育,是为明天的科学劳动做准备,学校是科学能力再生产的"工厂".

当今世界上,凡重视教育、有良好教育传统的国家,也正是科学人才辈出、科技加速发展的国家. 如当代美国之所以能成为世界科技中心,原因就在于它有发达的教育,其中,受高等教育的人数占国民总数的比重较高,而且业余教育也很发达,许多企业就有自己的职工大学. 因此,如果全社会具有较高的科学文化知识水平,在这样的基础上,就可以源源不断地培养出大批优秀科学人才. 据统计,仅20世纪50年代到60年代全世界获诺贝尔奖的51人中,美国就占27人. 又如,德国在100多年前就普及了初等教育,并创办了大量高等科技院校,因而其科技实力很快超越了英国,实现了科学现代化,也使其科学技术跃居世界领先地位. 日本从明治维新时期就把振兴教育作为国策,即使在十分困难的情况下也要大量投资教育,尤其是20世纪50年代到60年代期间,它的教育投资增长了22倍,也因此培养了一支强大的科技队伍,同样也成为当代世界经济科技大国. 可见,发达的科学教育事业推动着自然科学的加速发展,这已是科学技术发展过程中常见的具有规律性的问题,我们必须十分重视这个问题.

值得一提的是,自1949年以来,我国教育事业得到了迅速发展,已培养出大批优秀的科技人才,我国也因此取得了许多重大的科研成果,如在高能物理、宇宙探测、自动控制、遗传工程等学科领域里,已接近和赶超世界先进水平. 但是和西方一些发达国家相比，我国在教育水平上还有很大的差距，因此为了实现科学技术现代化，我们必须重视和发展教育，必须强调"百年大计，教育为本".

七、数学研究的对象和特点

数学是一门最古老的综合性科学之一，数学所提供的理论、方法和技巧，是其他各门科学不可缺少的一般研究方法. 原则上它适用于一切科学,特别当科学发展到现代，数学几乎在其他所有科学领域中得到了广泛、深入的运用. 科学数学化是现代科学方法论的一个显著特点.

数学是研究现实世界空间形式和数量关系的科学. 它研究的对象是客观世界中的数和形，而数和形又是遍及客观世界的所有领域的. 也就是说，无论是自然界、人类社会，还是思维领域，无处不存在数与形的问题. 所以，数学在现代生活和现代生产中的应用非常广泛，是学习和研究现代科学和技术必不可少的基本工具. 在中学阶段，数学是重要的学科之一，让学生学好中学数学，对于在新的历史时期把我国建设成工业、农业、国防和科学技术现代化的伟大的社会主义国家具有十分重要的作用和意义. 数学有以下几个特点：

1. 精确的量化性

现实世界中，客观对象的空间形式和数量关系，都是"量"的表现形式，所以研究量及其相互关系，始终是数学的职能. 数学的外形是一些图形、符号、公式，但它们都是反映客观世界的量的侧面的，哪里有"量"，哪里就有数学. 数学最初研究的对象是现实世界中能够直接感知的一些图形、数量及其相互关系，如应用算术、代数、几何等，发展到现在，其研究对象已扩大到了集合、函数等，以至于任何用符号来表示的东西及其之间的关系. 表面来看，这似乎已超出了客观对象数量的范围，但对客观对象进行定量分析仍然是数学方法最基本的特征，这是数学区别于其他科学方法、广泛适用于科研各个领域的主要原因.

2. 高度的抽象性

恩格斯指出："数学是一种研究思想事物（虽然它们是现实的摹写）的抽象的科学。"数学的抽象性特点表现在其完全撇开了客观对象的运动形态及其质的特征，只抽取其各种量、量的变化及量之间的关系，并在抽象的纯粹的形态上加以研究．数学方法就是通过各种符号、方程、图形等的"思想事物"对客观对象的量及其关系的把握．数学方法研究对象的逻辑结构，就意味着它对感性的、具体的事物要进行抽象，从而使客观对象的量及其关系在思维中具体化．正是由于数学方法这种高度的抽象性，才使数学有着广泛的应用．

3. 严密的逻辑性

数学一开始就表现出较强的逻辑性．公元前3世纪，古希腊的欧几里得就运用了亚里士多德的演绎逻辑，建立了完整的几何学理论体系．

以上的一切，说明数学远远不只是一门理论性学科，它还对社会有巨大的推动作用，它不仅在高新技术及各个学科的发展中起着重要的作用，而且还有逐步扩展为广大人民群众在日常生活和工作中所需要的一种通用技术的趋势，这种趋势将在21世纪得到更快地发展．所以，作为一名中学生，更应该学好数学，更要争做跨世纪的有用人才．

八、浅论数学方法的作用和意义

数学方法作为一种辩证的抽象思维工具和表现形式，为科学研究提供了重要的研究和认识手段，它在科学研究中起着十分重要的作用，对促进科学的发展具有重大的意义．

1. 数学方法为科学研究提供了一种表现形式——简洁、精确的形式化语言

数学是通过抽象的一致的符号化语言形式来反映和描述事物的本质及规律

的. 在数学中，无论是对概念和理论的表述、定量的逻辑推导和证明，还是量和量的关系的比较和演算，都是在某种规则符号系统中，运用一整套形式化数学语言进行的. 这种形式化语言较之自然语言、陈述语言具有明显的优越性. 首先，符号语言具有一致的结构，有利于进行逻辑推导；其次，符号语言具有无歧义性，能够准确地表达思想；最后，符号语言具有简洁性，能够使复杂的问题在简化和纯化的形式下进行研究，特别是在自然科学研究中，运用数学语言，将给科学研究带来极大的方便. 如用函数 $y = f(x)$ 来表示不同因素之间量的依赖关系，用导数 $y' = \dfrac{dy}{dx}$ 来表示各种量在相互依赖中的变化程度，用微分方程 $dy = y'dx (y' = \lim\limits_{\Delta x \to 0} \dfrac{\Delta y}{\Delta x})$ 来描述变量之间的变化关系，等等. 自然科学中的许多定律都是通过简洁的数学公式或方程表达的，如麦克斯韦用一组偏微分方程，就概括了经典电磁理论的全部基本定律. 在流体力学、相对论和量子力学中，更复杂的问题都可以通过复变函数、黎曼几何、泛函分析、群论等数学语言来明晰地描述它们的规律. 可见，只有通过数学语言的符号公式来表达科学上的认识，才能简明而准确地告诉人们有关客观事物的具体内容和规律，才能在科研中进行严格的定量描述、抽象的理论概括和简洁自足的逻辑推理，从而达到对客观事物更加准确、深刻的认识.

2. 数学方法为科学研究提供了建立科学理论体系的有效手段

在科学研究中，理论思维必须遵守逻辑推理，使科学理论合乎逻辑. 而数学具有严密而鲜明的逻辑性，数学中的命题、公式都必须经过严格的逻辑证明后才能确立，数学的推理必须遵循逻辑法则，从而确保数学结论的可靠性. 数学的严谨逻辑性特点，是使其成为科学研究中有效地建立理论体系的手段，在这方面，特别是数学中的公理（不需要证明而可采用作为证明根据的原理），成为数学逻辑证明的依据. 以公理为依据进行逻辑证明，可便于建立科学理论的形式化、公理化体系. 例如，牛顿就是用公理方法，从运动三定律和万有引力定律出发，按数学的逻辑推理，把力学的其余定律逐个推导出来，从而在他的《自然哲学的数学原理》中建立了历史上第一个完整的力学体系. 所以，用数学公理方法把某个领域的知识建构成一个演绎的逻辑体系，已成为自然科学研究中普遍使用的方法.

3. 数学方法为科学研究提供了精确的量化分析手段

因为,只有在对事物定性分析的基础上,再进一步通过对事物的定量分析,才能更准确、更简洁、更深刻地认识事物的本质和规律.而数学方法为科学研究向更高的定量水平发展提供了有效的量化分析和理论计算手段.要论把实验方法和数学方法结合起来,伽利略才是最出色的旗手.其后,力学、物理学都迅速发展为"精密科学".科学研究从定性描述到定量分析和理论计算的发展,标志着科学水平的提高.一门科学理论的成熟和完善程度,取决于它对发现事物的变化规律能否做出定量分析.科学史上的许多重大发现,都是借助于对研究对象的量化分析完成的.例如,麦克斯韦对电磁波的预见、狄拉克对正电子的预见、爱因斯坦对原子能的发现、加勒根据亚当斯和勒维烈的计算结果对海王星的发现以及刻卜勒行星三定律、伽利略自由落体定律、牛顿力学三定律和万有引力定律,等等,都是数学定量分析和理论计算的结果.又如,在现代科学研究中,现代分子生物学和遗传工程学与传统生物学的根本区别就在于它引入了数学方法,采用了量化分析工具,因而取得了新成果.如有关遗传基因的理论,就是根据两个具有不同性状的个体杂交实验所获得的大量数据,再进行数理统计推导出来的.

总之,对于现代各门自然科学的分支学科和新兴的横断学科的发展,数学方法已成为其理论研究的首要武器,数学已经不像过去传统科学研究中那样仅仅作为简单的辅助手段了.但是,数学方法的应用也不是孤立的,它和控制方法、信息方法和系统方法以及许多其他个别方法有着密切的联系,完全可以说,数学方法与其他现代科学方法具有直接同一性.也正因为如此,才使数学具有广泛的应用性,因而也就更有必要与其他科学方法共同运用,才能更好地发挥数学方法的作用.

九、浅论现代科学数学化趋势与数学教育改革

数学化趋势是 20 世纪以来科学技术发展的又一重要特点.所谓"数学化趋势",是指日臻丰富和成熟的数学理论与数学方法,作为具有普遍意义的科学研究工具,在科学技术的发展进程中日益得到广泛运用的现象.马克思曾经说过:

"一种科学只有在成功地应用数学时，才算达到真正完善的地步."这种科学的完善，其实质也就是科学在充分认识其研究对象的实践过程中，不断形成有关研究对象的系统化、理论化和知识概括.这种知识概括，又表现为逻辑完备的概念、范畴和理论体系.这其中，相关的数学语言、数学模型和数学方法的运用是必不可少的.

进入 20 世纪以后，在科学技术综合辩证发展的大背景下，随着数学以及各门科学技术的高度发展，科学技术数学化趋势比起以往任何时期都要显著和强大.这其中，一个十分鲜明的特征就是现代数学理论、公理化方法、数学模型以及计算数学在物理学、生物学、化学、地质学等基础科学以及工程技术的发展过程中，得到了淋漓尽致的发挥和表现.另外，在 21 世纪，数学已经深入到科学、技术和社会生活的各个方面，这些都迫使我们不得不对 21 世纪的数学教育做一番认真的思考与研究.

我们需要明白以下几点：

（1）懂数学就是"做"数学，即将书本上的数学知识经过资料收集、发现创造，化为自己的思想，再用自己的语言将它重新组装起来.

（2）过去学数学是背定理、记公式、心算和笔算，现在学数学主要是理解数学模式和构造，用计算机处理信息并学会应用.

（3）过去学数学重在理论，现在学数学重在理论和实践的应用.

（4）过去学数学是为高一级的学习做准备，现在学数学是为每个人未来的学习和工作做准备.

众所周知，21 世纪的经济竞争，归根结底是人才的竞争，而人才的培养应着重在应用能力方面的训练.在人才培养方面，数学教学是关键的一环.在每个人的整个学习过程中（幼儿园—小学—中学—大学—硕士以至博士），学得最多的是数学，它不仅仅是一种文化素养的教育，更重要的是一种科学的思维和组织构造知识的方法，是训练我们科学地总结各种系统的大脑思维的有效方法.但是由于各种原因（这与当前的高考体制有很大的关系），数学教学在一定程度上日益背离了我们的实际生活与工作，成为纯形式地从定义到定理、公式的思维方法、推理计算能力的教学与培养.从小学到中学再到大学培养出来的学生大多数偏重于理论知识，纸上谈兵是内行，谈到应用则是外行.许多学生一旦出国留学归来，应用动手能力就提高了，就可以独当一面，可以独立主持一个实验室或主持一项科研项目了.这在中国是一种普遍的现象，需要我们的宏观决策人去慎重考虑.

尽管人们常说"高技术本质上是一种数学技术"，但在我国仍有相当多的人，不了解数学与经济发展的密切关系，甚至认为数学仅仅是"一种思维、推理的体操",并没有多大实际用处,致使理论数学研究处于一种不为人理解、经费日益减少的困境中. 表面上看这些现象之间彼此并无联系,实际上它却关系到今后我们培养的人才具有多大竞争力的大问题. 而当前我们的数学教育正是解决这个问题的关键环节,如果不分清楚数学教育的优、缺点,是很难真正进行数学教育改革的. 事实上,我国教育专家现在正深入探讨这一问题.

在已过去的20世纪,科学技术有了空前的发展,而数学在推动这个历史进程的过程中,自身也得到了空前的发展. 时至今日,数学在高新技术中的应用,以及在自然科学、工程技术、管理学和经济学等方面的应用中都在不断地深化和扩展,而且还有逐步发展成广大群众日常生活和工作中所需要的一种通用技术的趋势,预料这种趋势在21世纪会得到更快地发展. 因为从根本上看,现代社会和生活是高度社会化的,而高度社会化的一个基本特点和发展趋势就是定量化和定量思维,定量化和定量思维的基本语言和工具就是数学. 可以预见:数学将成为21世纪每一位合格的社会成员必备的素养和知识技能. 因此数学教育必须进行改革.

数学教育改革是十分重要的. 但它也是一个复杂的系统工程,需要有配套的措施. 万丈高楼平地起,首先应该从升学考试上(包括大学、研究生入学考试)进行改革,因为入学考试是我国数学教育改革的一个至关重要的约束条件,可以说,按现在的办法,数学教育改革几乎不可能进行. 因此,急需研究一个妥善的办法,既能保障高考选拔的正常进行,又有利于高等数学教育和初等数学教育改革的进行. 制订一个好的方案很不容易,即使有一个好的方案,要想成功地施行,仍需要各方的协同配合,努力地创造条件,而要完成这个工程,教师才是关键.

从根本上说,数学教育改革的关键在于提高教师的业务水平. 这个大前提是一致的. 许多教师在高一级的学习中得到了本科、研究生毕业证书,然而却觉得学的那些高等数学对于实际生产和自己从事的工作没有什么用. 师范院校数学系毕业的学生也是感同身受. 之所以出现这样的现象,主要是教学大纲和教材的原因. 对于数学教师,进一步系统地学习数学理论和方法是完全必要的,这是教好数学的基础,但是我们高一级的数学学习仍然停留在数学本身的理论探讨方面,偏重于追究其实质,至于如何提出问题、如何由直观推测出可能有的数学结论、如何构造证明方法、如何从问题的要求提出适当的计算和推导方法,等等则没有学习. 也就是说,在深入研讨数学理论和方法的基础上,对数学的应用、"来龙去脉"、各科的联系与交叉、数学思想以及数学发展的道路等的研讨显得相对薄弱. 其结果是尽管学了高一级的数学,但仍不能从全局或高处来看待和处理所讲授的内容,很难提出自己恰当的见解. 另外,对于外界的观念也很难有鉴别能力,比较容易囿于己见,对于改革的需要更不敏感,甚至抵制.这些都说明了老师只是教学方法好还不行,还应该有较高的数学修养,不仅要知道数学发展的前景、了解数学思想的发展,还应对它的应用以及与其他学科的联系有所了解,这样才能保证我国的数学教育能够不断改进,不断升华,迈上新台阶.

简言之,数学和数学教育非常重要.但是它又不像技术那样对生活和生产有直接可见的影响,甚至不像某一以具体物质为对象的学科(如物理学、化学、生物学等)那样,可以有一些具体的演示和讲解让人们了解,致使人们常常不能具体地感受到它的作用.这就要求我们除了在数学教学中向学生讲解其应用外,还应该通过各种方式广泛地宣传应用数学的社会地位并积极地去应用它,让那些不重视应用数学的领导也注意发挥数学人才的作用.另外,家长也要鼓励孩子积极地学习数学、学好数学.如果在社会舆论方面能向这个方向迈进,那么我们的数学和数学教育就会受到重视,具有"科学皇后"之称的数学就会在社会主义现代化的建设中发挥出更大的作用.

十、论数学学习的感知和理解

数学学习是一个较为复杂的心理过程,有的学习规律还有待于心理学实验揭示.尽管从学校学生的学习中反映出数学学习有别于其他学科,但它同样是人类知识、技能和思想方法的学习,同样适用于一般的学习心理规律.数学学习的一般心理过程可以从数学材料的感知、数学知识的理解、记忆、应用与迁移来分析.从信息加工的观点也可理解为数学知识的接收、编码、储存、检索、转换与反馈,等等.下面我们对数学材料的感知、数学知识的理解进行论述.

1. 数学材料的感知

我们知道,各种学习观,不论是"行为"的还是"认知"的,都离不开对学习材料的感知.实验证明,不给予感觉器官以任何刺激,就不能通过感觉器官获得任何经验,不能产生任何学习.一切复杂的心理过程都源于感知,感知是学习的开端.

（1）数学学习的感知对象.

一般来讲，数学学习的感知对象有经验材料和数学材料（或数学知识的信息）.其中，前者是指我们周围的现实生活中具有一定性质并且处于一定关系中的事物，或者是属于其他学科（物理、化学、生物等）的各种对象和关系体系.学生学习也包括教师所使用的教具、直观模型等（概念刺激物、物质化的摸象）.后者是指数学对象的体系，包括数学概念、公理、定理、公式、法则，以及数学符号语言、数学信息构成的体系等.例如，学习平面几何时，对直线概念的感知既有"直线"的经验材料，也有平面几何体系中的"直线"概念即数学材料.

（2）数学材料的感知过程.

① 数学材料感知的特点：学习数学，有时可能感知的是经验材料和数学材料，有时也可能是直接感知先前学习的数学材料.如学习正负数时，先感知到一些生活中具有相反意义的量，然后才感知到数学中的正负数.学生感知有时不需经验材料，而是直接感知数学材料.如学习复数概念，先感知 $x^2=-1$ 无实数解，而引入虚数单位 i 后，才感知虚数的形式符号；另如，对零次幂也是直接感知数学材料.

② 感知过程的规律：感知过程要遵循感知规律，即强度律、差异律、组合律、奇新律，也就是刺激物对学习者产生的心理效应.

感知规律对数学学习的影响既有积极的一面，也有消极的一面.例如，差异律中，强弱成分对比可对学习产生负定向或正定向，如学生在学习了具体的负数如-1，-2，-3，…等之后，往往认为-a 也是负数，这就是，"-"号在感知过程中对学生来说是强成分，因而产生了负定向（消极作用）.又如，"互为余角"这个概念有三个本质属性："两个角""和""90°"，其中，后两个属性对学生的刺激较强烈，也容易被感知，而第一个属性则常常被学生忽视，从而造成"90°"的角是余角的错误概念.

虽然感知几何图形可促进学生对空间形式的概括，但也会对几何概念的形成产生消极的影响.例如，学生习惯于标准图形，把图形中概念的非本质属性当成本质属性，如认为图1中"水平"直线才是直线，而图2中的"斜线"不是直线.另外，关于"垂直"这一概念，也存在类似的情况.

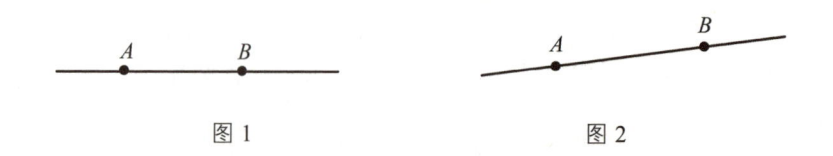

图1

图2

还有，在复杂的图形中，如果对象与背景差异较大，那么该对象也容易被精确感知，因为差异大的图形有更大的刺激和吸引力．向学生呈现变式图形，有利于学生感知本质属性，而非本质属性被变异了．因此，组织数学材料的感知模式有助于学生学习数学知识．

当然，知觉也有片面性．如学生在分解因式 $a^2-b^2+c^2-2ac$ 时无从下手，即使知道要用分组分解法，但仍不会做．其原因在于，知觉上把相邻的 a^2-b^2 或 $-b^2+c^2$ 认为是一个整体，而没有把被 $-b^2$ 隔开的 a^2+c^2-2ac 三项认为是一个整体，这种知觉上的片面性使学生无法想到分组后利用完全平方公式．

2. 数学知识的理解

学生在学习过程中，只对材料产生感知还不够．也就是说，虽然经过感知过程对数学材料已有一定的理解，但要达到真正地理解，还要通过大脑的整理加工，因为知识的记忆、应用和迁移等与知识的理解密切相关，尤其是数学知识，只有在理解的基础上才能记得牢固．

（1）数学概念、命题、数学符号语言的理解．

① 数学概念的理解．

首先，要将新概念与原有概念相联系，如"直角"概念要与头脑中的认知结构"角"相联系，才能把"直角"纳入角的系统中去．

其次，把所学新概念与原有概念加以分化（找出共同点和差别），如应将"直角"概念与钝角、锐角、平角等概念加以分化，找出共同点：一个顶点，两条射线，差别是角的"度数"不同．

再次，对于数学概念的理解还表现在能识别概念方面，如学习几何时，理解一个概念还要能在复合图形中识别出符合该概念的图形来，并且能区分该概念的肯定例证和否定例证．

最后，理解数学概念应把原有概念组成整体结构（系统化），再有序化．如理解"角"的概念，要把角进行分类：锐角、钝角、直角、平角、……，再有序化，即进行编码组合，以便储存和提取．

② 数学命题的理解．

数学命题的理解就是要获得命题所反映的数学内容和意义，如对概念之间的关系，要判别其真假．

理解数学命题要通过它们的证明过程来进行．证明的过程就是把新命题与已有的认知结构中的有关命题和概念联系起来，通过将它们重新组合，再综合各种推理形式而使新命题获得意义。学生能从证明中获得系统的理论知识，从而使逻辑思维得到了发展，同时也并掌握了必要的数学思想方法。理解命题主要是将新命题与原有认知结构中的有关命题以特殊方式结合，并产生相互作用。数学学习中，对定理的理解，除掌握其证明过程外，还要能把定理特殊化、一般化、推广和类比等。如余弦定理的理解，应知余弦定理是勾股定理的推广，此命题可类比到一些图形或空间中。

③ 数学符号语言的理解。

数学中符号的使用是数学的一大特点，它标志着数学发展的水平。数学史表明，一种新数学符号的发明会给数学本身带来较快的发展。数学知识似乎是一群符号的组合，而符号有其深刻的内涵。数学符号是数学知识的载体，是描述各门现代科学的语言。

一般来讲，每一个数学概念都有与其相应的数学符号，理解时要掌握符号表达式的意义。如函数概念在中学是用 $y = f(x)$，$x \in A$ 表示，它是指对 A 中任意 x 有唯一的实数 y 与之对应。要注意符号的形式意义，如 $y = f(x)$，$x \in A$ 与 $s = f(t)$，$t \in A$，尽管字母不尽相同，但具有同一语法结构，所以是同一函数表达式。

数学公式、法则等是数学符号表达式，要理解公式中符号的"变元"意义，如公式 $(a+b)^2 = a^2 + 2ab + b^2$ 中，a, b 不仅表示数，而且还表示一个整式或代数式。因此，要学会对公式符号进行转换，只有这样，才能在具体的应用中不会被形式符号所束缚。如勾股定理公式 $a^2 + b^2 = c^2$ 在具体的直角三角形中，边又可用别的字母表示；许多学生总认为 $-a$ 是负数，在学了 $(a+b)^2 = a^2 + 2ab + b^2$ 后还不能计算 $(x+2y)^2$，就是对符号的"变元"意义没有理解。要形成对数学知识的理解，要能使数学知识结构内化为学生的数学认知结构，数学符号在其中起着媒介的作用。

在学习某一章时，首先要介绍本章的知识结构，这些结构构成链状或网络的形式，常常也是用数学符号来表征的。符号语言便于联结符号概念，有助于数学知识的储存和提取。

另，我们可用"树形图"（网络）建立二次函数、二次三项式、一元二次方程、一元二次不等式之间的逻辑关系。"树形图"揭示了二次函数的图像和性质，揭示了一元二次不等式、一元二次方程的解与判别式之间的联系，"树形图"还建立了函数、方程、不等式三个体系之间的横向联系。

十一、解决问题的等价与非等价转化策略

人们在解决问题时，对未解决的问题作等价或非等价转化，使之逐步转化为已解决的问题，达到化繁为简、化难为易、变"正面强攻"为"侧翼进击"的目的，这就是转化的思想策略.

数学中充满着矛盾，其对立面无不在一定的条件下互相转化，已知与未知、异与同、多与少、一般与特殊，等等，在一定的条件下都可以互相转化. 从某种意义上讲，解决问题的思想策略是从未知领域，通过事物之间的固有联系向已知领域转化. 其关键是善于发现事物之间或明或暗的内在联系，选择有创造性的恰当的手段来实现有效转化. 转化如同"翻译"，应把同一问题用不同的"语言"、在不同的思维水平上反映出来. 如果是等价转化，即"翻译"真实，那么所得的解就是原问题的解，如对方程、不等式的解的同解变形；如果是非等价转化，即"翻译"失真，必须对"失真"部分另做处理，才能获得原问题的完全解. 在解方程、不等式中，如果进行了非同解变形，那就有可能产生增根或失根，需对定义域扩大或缩小部分另行处理，以便排除增根或找回失根. 数学中之所以特别重视充要条件，就是为了使它用作等价转化. 数学中定义的概念与被定义的对象的外延相等，两者互为充要条件，所以利用定义作等价转化是常用的思维方法之一. 这里将介绍一些常用的转化方法.

1. 已知与未知

当人们面临一个未知的新问题时，常常是通过联想，寻找出将之转化为已知问题的途径.

例 1 设 $y = ax^5 + bx^3 + x + 5, x \in (-\infty, +\infty)$，当 $x = -3$ 时，$y = 7$. 试求当 $x = 3$ 时，y 的值.

分析 如果使用待定系数法，由于只有一对 (x, y) 的对应值，无法求出两个待定系数 a 和 b. 又注意到函数 $f(x) = y - 5 = ax^5 + bx^3 + x$ 是奇函数，即 $f(-x) = -f(x)$，则可利用适当的变换进行转化，使问题获解.

略解 因为
$$C = \{(x,y) \mid y = ax^5 + bx^3 + x + 5, x \in (-\infty, +\infty)\},$$
所以
$$C = \{(x,y) \mid y - 5 = ax^5 + bx^3 + x, x \in (-\infty, +\infty)\},$$
$$C_1 = \{(u,v) \mid v = au^5 + bu^3 + u, u \in (-\infty, +\infty)\},$$
其中 $u = x$，$v = y - 5$（相当于平移变换）．

由 $f(-3) = 7 - 5 = 2$，可知，
$$f(3) = -f(-3) = -2,$$
所以由 $(-3, 7) \in C$．得
$$(-3, 2) \in C_1, \quad (3, -2) \in C_1,$$
从而 $(3, 3) \in C$．即 $x = 3$ 时，$y = 3$．

2. 异与同

数学学习中，求"同"寻"异"是一种非常重要的思维方法，化"异"与"同"也是一种重要的转化方法．它们之间的转化，都是有条件的，忽视转化的条件，往往是失误的根源．

例2 证明：若 $\alpha > 0$，$\beta > 0$，$\alpha + \beta \leq \pi$，$0 \leq \lambda \leq 1$，则
$$\cos^2 \lambda\alpha + \cos^2 \lambda\beta - 2\cos\lambda\alpha \cos\lambda\beta \cos\lambda\pi \geq \sin^2 \lambda\pi.$$

分析 欲证
$$\cos^2 \lambda\alpha + \cos^2 \lambda\beta - 2\cos\lambda\alpha \cos\lambda\beta \cos\lambda\pi - \sin^2 \lambda\pi \geq 0,$$
要将左式转化为负数之和或积，可通过"和差化积""积化和差""因式分解"作恒等变形．

$$\cos^2 \lambda\alpha + \cos^2 \lambda\beta - 2\cos\lambda\alpha \cos\lambda\beta \cos\lambda\pi - \sin^2 \lambda\pi$$
$$= 1 + \frac{1}{2}(\cos 2\lambda\alpha + \cos 2\lambda\beta) - [\cos\lambda(\alpha+\beta) + \cos\lambda(\alpha-\beta)]\cos\lambda\pi - \sin^2 \lambda\pi$$
$$= \cos^2 \lambda\pi + \cos\lambda(\alpha+\beta)\cos\lambda(\alpha-\beta) - [\cos\lambda(\alpha+\beta) + \cos\lambda(\alpha-\beta)]\cos\lambda\pi$$
$$= [\cos\lambda(\alpha+\beta) - \cos\lambda\pi][\cos\lambda(\alpha-\beta) - \cos\lambda\pi]. \qquad ①$$

因为 $\alpha > 0$，$\beta > 0$，$\alpha + \beta \leq \pi$，$0 \leq \lambda \leq 1$，所以
$$|\lambda(\alpha+\beta)| \leq \lambda\pi \leq \pi.$$

根据 $y=\cos x$ 在 $[0,\pi]$ 上是减函数，所以

$$\cos\lambda(\alpha+\beta)\geqslant\cos\lambda\pi,\ \cos\lambda(\alpha-\beta)\geqslant\cos\lambda\pi.$$

所以①的两个因子都是非负数.

3. 多与少

多与少是一对矛盾，在一定的条件下也可以互相转化. 对于条件比较多的命题，往往要抓住主要条件，突破一点推动全局. 反过来，将复杂问题通过划分，转化为若干个简单问题，予以各个击破，则是少转化为多. 不论是多转化为少，还是少转化为多，其目的都是化繁为简、化难为易. 解题过程中，要注意问题的本质与矛盾各方的内在联系，通过转化逐步迫近目标，直至获解.

例 3 若 x_1,x_2,x_3,x_4,x_5 满足方程组：

$$\begin{cases} 2x_1+x_2+x_3+x_4+x_5=6,\\ x_1+2x_2+x_3+x_4+x_5=12,\\ x_1+x_2+2x_3+x_4+x_5=24,\\ x_1+x_2+x_3+2x_4+x_5=48,\\ x_1+x_2+x_3+x_4+2x_5=96, \end{cases}$$

试确定 $3x_4+2x_5$ 的值.

分析 将 5 个方程相加，得

$$x_1+x_2+x_3+x_4+x_5=31. \qquad ①$$

最后两个方程分别减去①，即可求出 $x_4=17$，$x_5=65$，所以

$$3x_4+2x_5=181.$$

4. "进"与"退"

华罗庚先生说过："把一个比较复杂的问题'退'成最简单原始的问题，把这最简单原始的问题想通了，想透了，然后再来一种飞跃、上升，问题就解决了". 这是一种非常精辟的思维方法. 这里的"退"是为了"进"，"退"够了，"退"到"起始点"，也就看清问题的一般规律，就会有左右逢源、水到渠成的效果.

例 4 假设四面体的每组相对棱的长分别是 a,b,c，求此四面体的体积.

分析 如同探求三角形面积那样，即"将三角形'装入'它的外接长方形

中，利用长方形的面积间接地求三角形的面积"来解这道题. 因为四面体的相对两棱长相等，所以可以把此四面体"装入"一个长方体中，使得长方体相邻的对角线长分别等于四面体的各组棱长，于是将求四面体的体积问题转化为求相应的长方体的体积问题. 如图1，设长方体的长、宽、高分别为 x, y, z，那么

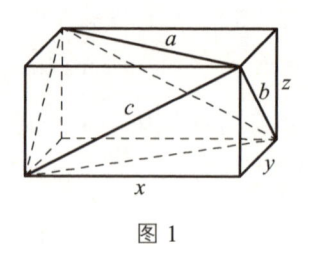

$$x^2 + y^2 = a^2, y^2 + z^2 = b^2, z^2 + x^2 = c^2.$$

图 1

解由以上方程构成的方程组，得

$$x^2 = \frac{a^2 - b^2 + c^2}{2}, y^2 = \frac{a^2 + b^2 - c^2}{2}, z^2 = \frac{-a^2 + b^2 + c^2}{2}.$$

所以

$$V_{长方体} = xyz = \frac{1}{2\sqrt{2}}\sqrt{(-a^2 + b^2 + c^2)(a^2 - b^2 + c^2)(a^2 + b^2 - c^2)}.$$

所以

$$V_{四面体} = \frac{1}{3}V_{长方体} = \frac{\sqrt{2}}{12}\sqrt{(-a^2 + b^2 + c^2)(a^2 - b^2 + c^2)(a^2 + b^2 - c^2)}.$$

5. 一般与特殊

由"特殊"到"一般"或由"一般"到"特殊"是人类认识世界的普遍规律，它在数学学习中有着十分广泛的应用. "一般"与"特殊"总是相对的. 对于"一般"问题来说，"特殊"问题的解决往往是比较容易、比较简单的，可利用"特殊"中内含的本质的联系，通过归纳思维来引出"一般"问题的解法.

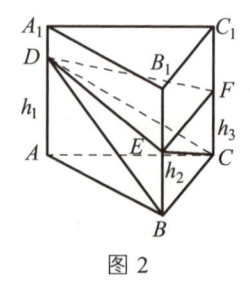

图 2

例 6 如图 2 所示，一个直三棱柱 $ABC - A_1B_1C_1$ 被一平面所截，截面为 DEF，

$AD = h_1$，$BE = h_2$，$CF = h_3$. 求证：所得斜截棱柱 $ABC-DEF$ 的体积为

$$V = \frac{1}{3} S_{\triangle ABC}(h_1 + h_2 + h_3).$$

分析 斜截棱柱相对于直棱柱来说，是"一般"与"特殊"的关系.

如果 h_1, h_2, h_3 是等差数列，则可采取"退"的转化方法. 在棱 AD 上接补 h_2, h_3，在棱 BE 上接补 h_3, h_1，在棱 CF 上接补 h_1, h_2，从而将斜棱柱化为 3 倍于它的直棱柱. 而后者的体积为

$$S_{\triangle ABC}(h_1 + h_2 + h_3).$$

于是取算术平均值即得斜棱柱的体积为

$$V = \frac{1}{3} S_{\triangle ABC}(h_1 + h_2 + h_3).$$

如果 h_1, h_2, h_3 不是等差数列，则应采取"移"的转化方法. 将斜棱柱作适当的分割，在保持等积的条件下，化"积"为"直". 连接 DB, DC, CE，则斜棱柱 $ABC-DEF$ 由三部分组成：

$$V_{ABC-DEF} = V_{D-ABC} + V_{D-BCE} + V_{D-CEF},$$

其中 $V_{D-ABC} = \frac{1}{3} h_1 S_{\triangle ABC}$. 因为 DA // 平面 BCE，所以

$$V_{D-BCE} = V_{A-BCE} = V_{E-ABC} = \frac{1}{3} h_2 S_{\triangle ABC}.$$

又 BE // FC，所以 $S_{\triangle EFC} = S_{\triangle BFC}$，从而

$$V_{D-CEF} = V_{A-CEF} = V_{A-BFC} = \frac{1}{3} h_3 S_{\triangle ABC}.$$

综上可得 $V = \frac{1}{3} S_{\triangle ABC}(h_1 + h_2 + h_3).$

以上五方面，很好地说明了"转化"思想应用之广泛."转化"思想是辩证逻辑的精髓，应用中要特别注意以下两点：

（1）一切"转化"都是有条件的，若忽视转化的条件，漫无边际地转化下去，不但容易失误，而且也达不到转化的目的. 如果发生循环转化，则难以自拔.

（2）对于数学中的非等价转化，应特别注意方程与不等式的非同解变形，要防止增根与失根. 参数方程与普通方程、直角坐标方程与极坐标方程的相互转化也应注意等价性. 解析几何里的轨迹题，更应该注意轨迹方程的曲线与轨迹本身之间的等价性，防止轨迹纯粹性与完备性遭到破坏.

十二、解决问题的移植与杂交策略

近代科学技术飞速发展，交叉学科不断产生，数学工具与数学思想日益向自然科学渗透．控制论、信息论、系统论的诞生更加速了这一发展趋势．这些新学科的产生，有的是运用旧学科的工具来解决研究对象中的新问题．如运用数学工具来解决生物学、地质学的问题，从而形成生物数学和地质数学．这种运用旧学科的工具来解决另一学科中的新问题、形成新学科的思维方法称为"移植"．当然，有一些新学科的产生不单纯是运用旧学科的工具来解决面临的新问题，而是运用旧学科的思想方法和基本观点，并将其渗透到新问题的研究中去，从而诞生出新概念、新思想方法，这种思维上的飞跃称为"杂交"．例如，代数中的方程观点、映射观点与几何相结合，产生了坐标系（一种特殊的映射）和曲线与方程这样的新概念，从而产生了解析几何．这就是杂交的典型实例．此后，数学分析与几何杂交又产生了微分几何．在高等数学以至近代数学中，这类杂交思维的运用就更多了．在数学发展史上，有许多运用代数工具解决几何问题的例子．如利用代数方程解决三角问题、利用函数图像解方程与不等式、平面几何问题的代数解法、三角解法以及以代数理论为基础的尺规作图理论、向量工具步入几何、复数与三角的相互渗透等都是移植的实例．下面以中学数学各科的横向联系来说明移植、杂交这两种思想方法及其简单应用，以进一步提高学生的思维能力．

1. 把几何渗透到三角中

例 1 从托勒密（ptolemy）定理——"圆内接四边形两双对边乘积之和等于两条对角线的乘积"如何导出两角和的加法定理：

"$\sin(\alpha+\beta) = \sin\alpha\cos\beta + \cos\alpha\sin\beta$"．

分析 这两条从表面上看似乎缺乏联系的定理，如果运用正弦定理，就可挂起钩来．

如图 1 所示，若取 $\triangle ABC$ 的外接圆 O 的直径为单

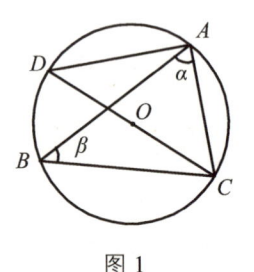

图 1

位长度，令 $\angle BAC = \alpha$，$\angle ABC = \beta$，则 $BC = \sin\alpha$，$AC = \sin\beta$，而
$$AB = \sin(\pi - \alpha - \beta) = \sin(\alpha + \beta).$$

为了利用托勒密定理，需要构造圆 O 的一个内接四边形．现以 AB 为一条对角线，由于另一条对角线必须是圆 O 的直径，所以连接 C,O，并延长 CO 交圆 O 于点 D，则 CD 可作为另一条对角线．在四边形 $ABCD$ 中，已有 $BC = \sin\alpha$，$AC = \sin\beta$，$AB = \sin(\alpha+\beta)$，$CD = 1$，又有
$$BD = \sin\angle BAD = \sin(90° - \alpha) = \cos\alpha,$$
$$AD = \sin\angle ABD = \sin(90° - \beta) = \cos\beta,$$

因为 $BC \times AD + AC \times BD = AB \times CD$，所以
$$\sin(\alpha + \beta) = \sin\alpha\cos\beta + \cos\alpha\sin\beta.$$

2. 把三角渗透到几何中

例2 已知锐角 $\triangle ABC$ 内接于圆 O，证明：$\triangle ABC$ 的周长大于圆 O 的直径的 2 倍.

分析 三角形三边 $a = 2R\sin A$，$b = 2R\sin B$，$c = 2R\sin C$，所以原命题等价于"$\sin A + \sin B + \sin C > 2$."故可从证明三角不等式入手.

证明 设 $\triangle ABC$ 的三内角分别为 A,B,C，外接圆半径为 R．不失一般性，不妨假设 $C \leq B \leq A < \dfrac{\pi}{2}$，则

$$\begin{aligned}
&\sin A + \sin B + \sin C \\
&= \sin A + 2\sin\frac{B+C}{2}\cos\frac{B-C}{2} \\
&= \sin A + 2\cos\frac{A}{2}\cos\frac{B-C}{2}.
\end{aligned} \quad ①$$

因为 $\dfrac{B-C}{2} < \dfrac{B}{2} \leq \dfrac{A}{2}$，余弦函数在 $(0,\pi)$ 上是减函数，所以
$$\cos\frac{B-C}{2} > \cos\frac{A}{2}.$$

由①式有
$$\sin A + \sin B + \sin C > \sin A + 2\cos\frac{A}{2}\cos\frac{A}{2} = \sin A + 1 + \cos A > 2$$
（因为 $\sin A + \cos A > 1$）．

所以

即
$$2R\sin A + 2R\sin B + 2R\sin C > 4R.$$

$$a + b + c > 4R.$$

3. 把代数渗透到几何中

例3 设 $\triangle ABC$ 的周长为 $2p$，则 $S \leqslant \dfrac{\sqrt{3}}{4}\left(\dfrac{2p}{3}\right)^2$，也就是 $a+b+c \geqslant 2\sqrt[4]{3}\sqrt{S}$，其中 S 表示 $\triangle ABC$ 的面积.

证明 因为 $x_1 x_2 x_3 \leqslant \left(\dfrac{x_1+x_2+x_3}{3}\right)^3$，所以

$$\begin{aligned}
S &= \sqrt{p(p-a)(p-b)(p-c)} \\
&\leqslant \left[p\left(\dfrac{p-a+p-b+p-c}{3}\right)^3\right]^{\frac{1}{2}} \\
&= p^{\frac{1}{2}}\left(\dfrac{p}{3}\right)^{\frac{3}{2}} = \dfrac{\sqrt{3}}{4}\left(\dfrac{2p}{3}\right)^2.
\end{aligned}$$

4. 把几何渗透到代数中

例4 用几何方法证明："已知 a, b, c, d 均为不大于 1 的正数，则 $4a(1-b)$，$4b(1-c)$，$4c(1-d)$，$4d(1-a)$ 四数中至少有一个不大于 1."

证明 取单位正方形 $ABCD$，四边上分别有四点 E, F, G, H，使 $AE=a, BF=b, CG=c, DH=d$，如图 2 所示. 由于正方形周长为 4，故将这些线段分为四类，共直角顶点的两线段为一类，根据抽屉原则，至少有一类的两线段之和不大于 1，即其积不大于 $\dfrac{1}{4}$. 所以，$4a(1-b)$，$4b(1-c)$，$4c(1-d)$，$4d(1-a)$ 四数中至少有一个不大于 1.

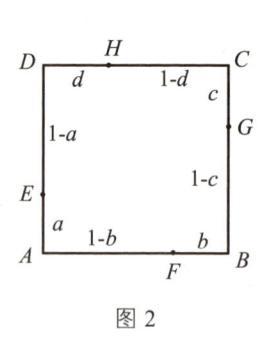

5. 几何与反证法在实际问题中的应用

例5 设有 n 个机场，每一机场起飞一架飞机，飞到离出发机场最近的机场降落，且任两机场之间的距离都不相等. 试证：任一机场降落的飞机不能超过 5 架.

证明　设有一机场降落的飞机超过 5 架，譬如有 6 架，以 O 表示此机场所在地，A, B, C, D, E, F 分别表示 6 架飞机原来所在的机场，如图 3 所示，因为 A 到 O 的距离小于 A 到其他机场的距离，所以 $OA < AB$.

同理 $OB < AB$.

所以在 $\triangle ABC$ 中，AB 是最大边，故 $\angle AOB > \dfrac{\pi}{3}$.

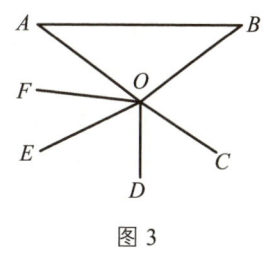

同理

$\angle BOC > \dfrac{\pi}{3}$，$\angle COD > \dfrac{\pi}{3}$，$\angle DOE > \dfrac{\pi}{3}$，$\angle DOE > \dfrac{\pi}{3}$，$\angle EOF > \dfrac{\pi}{3}$，$\angle FOA > \dfrac{\pi}{3}$.

从此可得

$\angle AOB + \angle BOC + \angle COD + \angle DOE + \angle EOF + \angle FOA > 6 \times \dfrac{\pi}{3} = 2\pi.$

但 $\angle AOB + \angle BOC + \angle COD + \angle DOE + \angle EOF + \angle FOA = 2\pi$，这一矛盾，证明了任一机场降落的飞机不能超过 5 架.

6. 把代数应用于立体几何中

例 6　如图 4 所示，四面体 $S\text{-}ABC$ 中，在 S 处的三个面角都是直角，六条边长的总和为 l，试证这个四面体的体积为 $V \leqslant \dfrac{5\sqrt{2}-7}{162} l^3$.

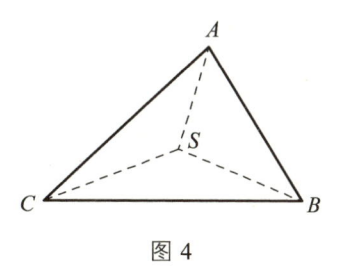

图 4

证明　设 $SA = a$，$SB = b$，$SC = c$，则

$$l = a + b + c + \sqrt{a^2 + b^2} + \sqrt{b^2 + c^2} + \sqrt{c^2 + a^2}$$

$$\geqslant a + b + c + \sqrt{2ab} + \sqrt{2bc} + \sqrt{2ca}$$

$$\geqslant 3\sqrt[3]{abc} + 3\sqrt{2}\sqrt[3]{abc}$$

$$= 3(1 + \sqrt{2})\sqrt[3]{abc}.$$

所以
$$V = \frac{1}{6}abc \leqslant \frac{1}{6}\left[\frac{1}{3(1+\sqrt{2})}\right]^3 = \frac{5\sqrt{2}-7}{162}l^3.$$

以上提出移植与杂交这两种思想方法，主要是想启发人们能从多角度来思考问题．在研究移植与杂交时应首先考虑在什么条件下才是可行的，同时应和数学的基本知识与数学思维的基本观点相结合，这样才能思路开阔、运用自如．

提高中学师生素质能力研究与实践

一、素质的定义

二、教师素质的定义

三、新时代的教师角色

四、教师的行为举止

五、教师的言谈

六、教师的服饰仪表

七、教师成功的十要素

八、教师应做的20件事和忌做的20件事

九、素质教育，势在必行

十、对素质教育的目标与方法的思考

十一、加强班级管理，培养学生素质

十二、素质教育在课堂教学中的体现

十三、注重学生心理素质的培养

十四、中学生的解题心理

十五、浅论对优生的培养和对差生的帮助

十六、如何提高运算能力

十七、应用多解与变式培养创造性思维

十八、变式课本习题，培养创新能力

十九、在新教材教学中培养学生的阅读能力

一、素质的定义

1. 素质的几种定义

定义 1 《辞海》对素质一词的定义是：① 人的生理上的原来的特点；② 事物本来的性质；③ 完成某种活动所必需的基本条件.

定义 2 所谓素质，本来含义是指有机体与生俱来的生理解剖特点，即生理学上所说的"遗传素质"，它是人的能力发展的自然前提和基础. 据此，可将素质定义为：当你将所学的一切知识与书本忘掉之后所剩下来的那种东西.

定义 3 素质是指个人的才智、能力和内在涵养，即才干和道德力量. 历史学家托马斯·卡莱尔就特别强调作为英雄和伟人的素质方面. 在他看来，"忠诚"和"识度"是识别英雄和伟人最为关键的标准.

定义 4 素质是指人的体质、品质和素养.

定义 5 素质又称能力、资质、才干等，是驱动员工产生优秀工作绩效的各种个性特征的集合，它反映的是可以通过不同方式表现出来的员工的知识、技能、个性与驱动力等. 素质是判断一个人能否胜任某项工作的起点，是决定并区别绩效差异的个人特征.

2. 素质的来源

素质，其本源为沟通的层次和传达的印象品位，分为专业素质和社会素质.

素质一词本是生理学概念，指人的先天生理解剖特点，主要指神经系统、脑的特性及感觉器官和运动器官的特点，素质是心理活动发展的前提，离开这个物质基础是谈不上心理发展的. 各门学科中对素质的解释不同，但有一点是共同的，即素质是以人的生理和心理实际做基础，以其自然属性为基本前提. 也就是说，个体生理的、心理的成熟水平的不同决定着个体素质的差异. 因此，对人的素质的理解要以人的身心组织结构及其质量水平为前提.

人的素质包括身体素质、心理素质和文化素质. 素质只是人的心理发展的生理条件，不能决定人的心理内容与发展水平，人的心理活动是在遗传素质与环境教育相结合中发展起来的. 人的素质一旦形成, 就具有内在的相对稳定的特征. 所以, 人的素质是以人的先天禀赋为基质, 在后天环境和教育影响下形成并发展起来的内在的、相对稳定的身心组织结构及其质量水平.

3. 素质的分类

素质可分为三类八种. 三类是指自然素质、心理素质和社会素质; 八种是指政治素质、思想素质、道德素质、业务素质、审美素质、劳技素质、身体素质、心理素质.

4. 教育和素质教育的关系

素质教育, 从某种意义上来说, 是针对应试教育而提出的. 教育要避免步入应试教育的轨道, 就必须认识到素质教育与应试教育对立的诸多方面. 归纳起来, 主要有:

在教育目的上, 素质教育追求学生素质即德、智、体、美、劳的全面发展; 应试教育旨在应付考试, 片面追求升学率.

在教育对象上, 素质教育强调面向全体学生; 应试教育则把学校工作放在少数所谓优秀的即有升学前途的学生身上.

在教育内容上, 素质教育重视德育、智育、体育、美育、劳动技术教育的"全面开花", 把几项教育有机结合起来; 应试教育则只重智育, 片面强调对知识的掌握, 忽视了教学生学习如何做人等方面.

在教育方法上, 素质教育注重在一定共同要求的基础上对学生因材施教; 应试教育则只是对少数学生提出"升学"的统一要求, 并没有实现因材施教.

在教育评价上, 素质教育要求从德、智、体、美、劳等各个方面来评价学生的素质水平; 应试教育则把考试作为唯一的评价方法, 将分数作为唯一的评价标准.

在教育结果上, 素质教育"不求个个升学, 但愿人人成功", 倡导每个学生"及格＋特长"的教育模式; 应试教育则只有少数人升学, 获得成功, 大多数学生的才能被忽略, 以失败者的心态走向社会.

从上述两种教育的"对立"中我们不难看出, 正是由于应试教育存在着如此众多的负面消极因素, 所以才激发、推动了素质教育的发展.

二、教师素质的定义

所谓教师素质，就是教师在教育教学活动中表现出来的、决定其教育教学效果、对学生身心发展有直接而显著影响的心理品质的总和．教师素质是实施素质教育的关键．作为一名教师，应具备"对人民教育事业无限忠诚，有高度的事业心和献身教育事业的精神，有正确的教育思想，有科学的教育管理能力和方法，有公正廉洁的品质，有实事求是的思想作风"这些基本素质．

随着科学技术的飞速发展和社会的日趋进步，教育本身也发生着深刻的变化．基础教育课程改革的启动，《中共中央关于基础教育改革纲要的决定》《基础教育改革纲要（试行）》的颁发对教育目标提出了新要求，特别是新课程标准的出台，使教师面临许多新情况、新问题．如何将课程理念落实到具体的教学实践中，如何用教学实践去验证新课程标准的指导思想，这些问题都是现代教师面临的严峻挑战．新的教育形势对教师素质提出了更高、更全面的要求．在现代教育改革的背景下，教师必备的素质主要表现在以下几方面：

1. 课程开发意识

随着三级课程管理体制的建立，课程开发能力已成为教师最重要的专业素质之一．教师只有培养和增强自己的课程意识，实现从单纯的课程执行者到课程研创者的角色转变，提高其课程开发能力和相关技术，才能不断获得专业成长．

2. 科研能力

苏霍姆林斯基说过："如果你想让教师的劳动能够给教师带来乐趣，使天天上课不至于变成一种单调乏味的义务，那你就应当引导每一位教师走上从事研究这条幸福的道路．"教育科研能力是教师教育所必备的能力．现代教师要从经验型转向科研型，要成为新的教育思想、教育理论、教育内容、教育对象、教育方法的实践者和研究者，要努力提高教学水平，让自己具备适应社会发展的创造性人才的能力，那种"教教材"的"教书匠"的传统做法已不适应现代教育的需要。因此，要高效率地提高学生素质，就要迫切地呼吁教师创新智慧，教师必须以研究者的姿态进行教育教学，而且还要在不断地研究与探索中有所发现、有所创造．

3．合作交流能力

教师的教育对象是人，这就需要教师与学生之间进行精神上的沟通，情感上的交流，以引导学生健康活泼地成长．同时，教师也是工作群体中的一员，要有与同事融洽相处、合作共事的能力．教育不仅涉及学校，同时还涉及家庭及社会，所以教师还应具备与家长、社区有关人员沟通与合作的能力，从而开创全面有效的教育工作的局面．

4．现代信息技术掌握情况

当今社会，科学技术日新月异，计算机和信息科学技术智能化、信息网络全球化、国民经济信息化的时代已经到来，将信息技术作为现代教学手段势在必行．21世纪，文盲的概念将发生根本性的变化，不会使用计算机、多媒体等或不会检索、处理和利用信息资源的人将成为信息时代的新文盲．科技的现代信息技术已走入校园为现代教育服务，教师必须迅速适应科学发展的形势，学习、掌握一定的现代教育技术手段，一本书、一张嘴、一支粉笔等一堂课的教学模式已不适应现代教育的要求．

5．学习能力

未来社会是一个学习型的社会，它要求教师成为终身的学习者．瑞士学者查尔斯·赫梅尔曾指出："终身教育是唯一能够适应现代人，适应生活在转变中的世界和变动社会中的人的教育。这样的人必须使自己能够不断地适应新情况。"为了把握时代的脉搏和教育改革的方向，教师必须树立终身学习的观念，提高自己的学习能力．教师也只有时时充电，不断地更新自己的教育观念、知识结构，才能掌握科学的教育方法，提高教学效率，适应现代教育的需要．

三、新时代的教师角色

随着时代的变迁，社会对人的要求愈来愈高，教师要完成传道、授业、解惑的职责已变得更加不易.现在的学生生活在一个拥有更多自由和想法的时代，他们不再是唯命是从的年轻一代，因此，为人师者的角色也应在不知不觉中发生变化，他们应该同时具有如下几种身份：

（1）永不自满的学生.

信息时代是知识大爆炸的时代，这也就要求师者们要与时俱进.师者首先应是一个优秀的学习者，因为只有终身学习者方能培养出终身学习者，只有站在学习者的角度，他（她）才能理解学习者所面临的问题，也才能与学习者站在同一平台上对话.时代的变化要求师者也要不断地学习新东西，而他（她）自己本身也渴望学习新东西，他们不满足于现状，他们永远将自己定位为学生.例如，在阅读教学中，要提高学生的阅读水平，教师首先要提高自己的阅读水平，否则就会忽略自身的阅读问题，令学生得不到科学有效的方法的指导，学生的阅读理解能力的提升也会受到阻碍.

（2）富有幽默感、高超的洞察力和沟通能力的心理咨询师.

富有幽默感的老师，虽然不是喜剧演员，但他们能给大家带来笑声，创造令人愉悦的氛围，使师生之间能够更有效地沟通.因为他们站得高度更高，所以也不用担心自己成为笑柄.由于时间关系，他们不一定在学生的作业本上填满红色的批改记号，但他们一定会让学生知道哪些是正确的，哪些还有待提高.对于学生的不同于教材的想法，他们总能及时抓住教育的契机，帮助这些学生在学业上有质的提高，从此改变了学生们的某方面，甚至改变了学生们的一生.他们仿佛一个同龄人，并以一个同龄人的身份走进了学生们的生活、走进了学生们的心中.在他们和学生之间，没有对抗，没有隔阂，只有真诚的交流和相互的激励与鞭策.例如，当我们因为某些学生一味追赶时髦不思进取而大发雷霆时，也许学生们正在心里说"真是个老古董".

（3）精通所教学科及相关学科的学者.

老师们要对自己所教的学科有相当深入和透彻的研究，他们还要熟悉该学科的最新研究动态，并总能将最新的思想和知识传授给学生.老师只有这样，才能在课堂内外游刃有余地教学，并以不同的方式将知识呈现给学生．因为不了解所教学科知识的最新动态的教师，就像一个兜售过期食品的小贩，课堂也不再是课堂，学生学习知识变成了强买行为．

（4）不拘一格地猎取为课堂所用的一切资源的猎手．

老师们由于广泛地涉猎各学科知识，从而使他们的备课超越了教材，他们的课堂超越了教室．例如，他们会请来各行各业的嘉宾为学生演讲；他们将技术作为一个延伸手段，寻找各种新的资源，以便把课上得更精彩；学生永远不知道他们下一步要干什么；报纸和时事新闻成为他们开阔学生视野的工具，教室与世界相连；任何时候都不会放过教育的契机．

他们从不靠教学计划来上课，他们在课堂上随时会捕捉更有激励性的导引线．如果问他们花了多长时间来备这堂课，他们会说："我在用一生来备课，我的所见、所闻、所想都是我备课的材料．"

（5）学生学习生活的总策划师

老师们由于在角色上的转变，使他们能引领他们的学生过着幸福、快乐的学习生活．他们不会让学生在学习上感到厌烦，而会让学生感到有挑战，并在迎接挑战的过程中增强自信心．他们也不会让自己的学生度过相同的两天．

只要有了以上角色的大转换，当代教师就能在信息时代中为他们的学生名副其实地传道、授业、解惑．

四、教师的行为举止

一个人的气质、自信、涵养往往能从他的姿态中表现出来．语言学家的研究表明，人们之间的交往效果，20%取决于有声语言，还有80%取决于无声语言，即一个人的一举一动、坐姿站态等．作为塑造人类灵魂的工程师，更要注意自己在各种场合的行为举止，要做到大方、得体、自然、不虚伪．

1. 课堂上的行为举止

教师的主要任务是传授知识，和学生接触最多的也是在课堂上，教师在讲台上讲课，就好似演员进入自己特定的角色一样，从目光、姿态、手势上都要加以有意识的训练和培养，要把一个自信、博学、受人尊敬的形象塑造出来.

（1）目光.

眼睛是心灵的窗户，它可以折射出一个人心中的一切波澜. 在讲台上，教师要善于运用自己的目光，表达自己的思想. 讲课时目光要柔和、亲切、有神，给人以平和、易接近、有主见之感. 不能死盯住某个学生，这样不仅不礼貌，还显得咄咄逼人或神智呆钝；不能东张西望，以免给人以心不在焉、应付了事之感. 合理运用目光的要领是：平时注意心理训练，讲课时放松精神，把目光放虚一点，不要聚集于某人，而是用目光笼罩全场. 还要注意，当教师讲课出现失误被学生打断，或学生中出现突发事情打断教师的讲课时，教师不能投以鄙夷或不屑的目光，这样做有损教师在学生心目中的形象，还会反映出教师自身心胸狭隘与无礼. 在讲台上，教师忌用的目光有：用斜视、瞪视、眯视等傲慢的目光看学生，或目光游移不定，或看天花板或讲台，或表现出惊恐不安、心神不定、害怕见人的神情.

（2）坐姿.

教师讲课时，应提倡站着讲，但在讲座课或教师年龄较大的情况下，也可以坐着讲. 坐着讲课时应注意：坐姿要端正，身体要坐在椅子中间，上身与椅背平行，不能靠在椅背上；两腿要并拢，间距不可过大；切忌斜身、后仰、前趴、侧坐在椅子上念稿. 讲课时，双手轻按稿的两端的三分之一处，并与桌面形成35°左右的角；也可以将稿子放在正前方的桌面上，双手轻按稿的两边，上身挺直，头部微倾，面视讲稿，并时时抬头与学生用目光进行交流. 脱稿讲课时，双手应轻放在讲桌上，对称、呈八字、腰背挺直、目视台下或前方. 讲课时用手抓握话筒或用稿掩面等是对学生的不礼貌和不尊重的表现.

（3）站姿.

一般的教师应站着讲课，这样更有利于教师利用身体语言来强化教学效果，也是对学生的重视. 站着讲课时，两脚脚跟落地，站稳站直，胸膛自然挺起，不要耸肩，或过于昂着头. 需要在讲台上走动时，步幅不宜过大过急. 女教师讲课时最好不要穿高跟鞋，以免声音过响转移学生的注意力，一般穿平底软鞋较好，这样上课时也不至于过于劳累. 持稿讲课时，稿子的高度与胸齐平，不能过低也不能用来掩面，更不能在眼前晃动讲稿.

（4）手势.

教师讲课时，无论是站姿还是坐姿，一般都需要配以适度的手势来强化讲课效果. 手势要得体、自然、恰到好处，要配合相关内容来进行. 讲课时，忌用手指点人，或敲击讲台，或做其他过分动作；忌故弄玄虚，哗众取宠.

（5）板书.

整洁清楚的板书应根据所授的内容进行设计,而且要事先有所设计. 这能反映出教师对教学的态度和对课程的重视程度以及对学生的尊重. 板书要书写公整、整齐,不能过于潦草、零乱,切忌写错别字和不规范的字. 板书应条理清楚、突出讲课重点内容,整体设计要规范、醒目、美观,给学生留下清晰的印象,便于学生记录和复习.

2. 课堂外的行为举止

教师在课下时,应常常通过家访、集会和组织学生参观游览等方式和学生进行交流. 在这些场合里,一方面,教师要放下课上那种严肃、端庄的架子,和家长、学生进行亲切随和地交流或听取学生的意见,使学生或家长不感到拘束. 这时教师的举止应随意一些,言谈要幽默、风趣,以拉近与学生的距离；切忌板着面孔,故作正经,这样会引起学生的反感. 另一方面,教师也不可过于随便,如和学生拉拉扯扯,称兄道弟,这样容易失去老师应有的威严,给课堂教学和思想教育工作带来不利影响.

五、教师的言谈举止

师者,传道、授业、解惑也. 教师承担的主要任务都离不开语言的表达,因此,作为一名教师,要非常注意自己的语言风格,以及注意语言表达时应遵守的礼仪礼节.

1. 教学时的言谈举止

在讲台上,教师讲授教学内容时应注意以下几点:

（1）语言表达要准确. 学校设置的每一门课程都是一门学科,有其严谨性和科学性,教师教授时应严格遵循学科的要求,掌握专用名词和专业术语,不可随意通俗化,乃至庸俗化. 同时,讲课内容要紧扣教学中心,严谨、直接.

（2）音量要适当. 讲课不是喊口号,声音不宜过大,否则会给学生造成声嘶力竭之感；如果声音太低，学生又很难听清，从而影响教学效果.

（3）语言要精练. 讲课要抓重点，不说废话和多余的话，以给学生干净利落的感觉.

（4）讲课时可以适时插入一些风趣、幽默的话，以活跃课堂气氛，提高学生学习的兴趣；但不可过于随便，这样会冲淡学科的严肃性.

教师讲课时应注意以下禁忌：

（1）丧失原则立场，进行一些不符合社会主义四项基本原则的讲话，这样的讲话会对青少年造成很坏的影响.

（2）讲课时不看学生的反应，高谈阔论，不着边际，说"车轮话".

（3）故作姿态，放慢、拉长声音，指手画脚，摇头晃脑.

（4）讲课前说一些过分谦虚的话，如"讲得不好""凑合听"等，这样会影响教师应有的自信形象.

2. 谈话时的言谈举止

教师为了做好学生工作，需要经常与学生进行谈话，谈话时要有一定的程序，要讲究举止，要分清场合.

（1）提前通知，有所准备. 谈话最好提前与学生打招呼，这既是一种礼貌，又是对学生的尊重. 最好先简要说明内容.

（2）热情迎候，设置平等气氛. 要热情迎候谈话学生的到来，可在门前热情迎接，不能在屋里站着不动或在门口谈话，这是对学生的不尊重、不礼貌. 与学生谈话时，座位安排及距离要适当注意，要让学生坐在与自己平等的位置上，如果自己高坐其上，或坐在办公桌后，会给学生造成思想上的压力及心理失衡.

（3）举止端正，行为有度. 谈话时，语气要平和，目光要注视对方，对赞成的内容应点头示意. 坐时腰要挺直，头要抬起，不要倚靠在沙发背上，双手要放在腿上或沙发扶手上. 谈话中可有适度的手势，但是不能过分，不能挥拳头、敲桌子. 与犯了错误的学生谈话，对方如果不接受谈话内容，甚至耍态度，教师要有耐心，要摆事实、讲道理，不要提高音量，不要反唇相讥，应表现出良好的道德修养.

（4）分清场合，入情入理. 教师的表情要与谈话对象、内容协调一致. 慰问、安抚类谈话，既要深沉、严肃，又要坚定自信，这样才能既能分担学生的痛苦，又能给学生以力量和鼓舞；反映问题类谈话，既要认真听取，以便全面了解，又要把握政策，做到以理服人；工作类谈话，既要简单明了、讲求效率、抓住实质，又要态度和蔼、有涵养、不失风度；说明问题、批评类谈话，要先消除对方的畏惧心理，减少双方感情上的隔阂，然后提出中肯的批评，表情一般要严肃、认真．

教师与学生谈话时应注意以下忌讳：

（1）姿态忌讳．忌对学生满不在乎，不看对方；忌站立谈话时两手叉腰，两腿抖动；忌谈话时伸懒腰、看书、剪指甲等．

（2）语言忌讳．忌谈话中言过其实，故意夸大或缩小；忌对学生拉长语调，放慢语速，压低音量；忌传播不利于团结或道听途说的事情；忌批评时事实不清，不分场合．

（3）表情忌讳．忌面无表情，斜视对方；忌面红耳赤，暴跳如雷，拍桌子，瞪眼睛．

六、教师的服饰仪表

服饰仪表不仅能反映一个国家、一个民族或一个地区的习惯与特色，在一定程度上也能反映出一个人的身份及修养．作为知识分子，作为教书育人的教师，其服饰仪表对教学工作和与学生的日常交往会产生重要的影响．

1. 服饰的选择

在课堂上，教师应当以端庄、严肃、稳重的形象出现，因此，宜选择正式服装．夏季，男教师最好穿长袖白衬衫，浅色长裤；女教师最好穿连衣裙或套裙．春秋季，男教师最好穿西装或中山装，也可以穿两用衫、夹克衫等；女教师可穿西装，或上穿西装、下穿长裙．另外，还要注意穿戴要求，衬衫最好选用浅色，给人以清爽之感；领子和袖子一定要保持洁净．穿西服宜选用深色的正式西装，最好不带条纹、格子、印花等，给人以端庄、严肃之感．同时，穿西服要注意扣好纽扣、配系领带、穿皮鞋，西服要平展整洁．女教师穿裙子时颜色要与上衣搭配协调，长度要超过膝盖并盖过丝袜口，厚薄、式样、颜色要符合年龄和季节特点，要注意连衣裙或套裙上身不能露肩．在讲台上讲课时，不要穿大衣或风衣等过长的衣服，以免给人以拖沓之感．

教师最好不戴或少戴首饰．女教师可佩戴一只戒指，或式样简单的项链；尽量不戴耳环，即使戴也不宜过长过大，以免上课时分散学生的注意力．女教师的头饰要符合发型及年龄，40岁以下可以配发卡或束发带，40岁以上可选用发结，要给人以务实、简朴之感．在讲台上，教师严禁穿奇装异服．总之，教师在讲台上的服饰要合体，颜色要协调、符合肤色，要平展整洁，使人感觉其稳重、沉着、有风度、不做作、不奢侈．

有时，教师会组织学生去校外实习、调查和游玩．在这些场合，着装应以朴素、轻便为主．去游玩时可着运动服或休闲服，切忌穿着过于正式或华丽，以免给学生或被调研的群众有距离之感．

穿衣戴帽时，应注意这样一些禁忌：

（1）忌穿西装时戴帽子，外兜别钢笔；

（2）忌进入室内参加会议时不摘帽子，不脱大衣；

（3）男教师忌把几种颜色反差较大的衣服搭配；

（4）忌不扣纽扣，衣着不整洁；

（5）忌戴不合年龄、脸型、身份等的首饰．

2. 教师的仪表

仪表能折射出一个人的容貌、姿态．教师每天要与学生见面，其仪表对学生有潜移默化的影响，好的仪表对学生能起到语言不能起到的教育作用．因此，教师要有整洁端庄的仪表，这是对教师的基本要求．整洁是对教师仪表的起码要求，如果教师蓬头垢面，胡须蔽口，指甲太长等，就不要期望给别人留下好的印象．

（1）发型．整齐的头发、优美的发型能给人以美感，这也是一个人讲文明、讲卫生的体现．男教师一般可选择分头、背头或平头等发型，切忌发型过于花哨，头发过长或剃光头，也不要涂太多的发蜡之类的护发品．女教师选择发型最重要的是符合脸型和年龄，可适当烫发，但发型和花式不宜过于蓬松，均忌戴过艳和过大的头饰，以免分散学生们的注意力．

（2）胡须．男教师任胡须滋长既不卫生，又不礼貌，应养成勤刮胡须的好习惯．男教师在上课和参加活动前最好剃须．

（3）表情．教师与同事及学生接触交往时，应以诚相待，和颜悦色，表现出友好、慈爱、与人为善的态度.不能横眉冷对,以轻蔑或审视的目光看待学生;也不能显得缺乏自信,六神无主.教师的神态应该自然、温和、稳重,使人感到其易于接受,可以信赖.

(4)嘴唇.人的嘴唇没有皮下脂肪,秋冬两季容易干裂,教师可以适当涂抹些唇膏,以免用干裂的嘴唇来讲课,这样会显得不雅观.女教师可以涂淡色的口红,切忌过浓,要体现教师特有的、持重的自然美.

(5)面颊.面颊衬托着五官,能形成映入学生眼帘的"第一感觉".男教师的面颊一定要保持洁净,体现出教师特有的风度美,秋冬两季可少量涂抹些护肤用品.女教师可以化淡妆,给人以文雅、整洁、利落之感.

(6)指甲.要养成勤剪指甲的良好习惯.教师是学生们模仿的对象,如留有长指甲,既不卫生,也不礼貌.女教师最好不涂指甲油,以符合自己的身份.

七、教师成功的十要素

一个优秀教师成功的十要素是:

(1)教师走向成功的基本前提是占有时间、勤奋积累、注重学法.

把占有时间排在教师走向成功的首位是有原因的,因为一个人一辈子的时间非常有限,工作的时间也很有限,做学问的时间更是有限,所以教师要充分地占有时间.个人时间的分配讲究四个字:实用、巧用.实用就是实实在在地利用时间.

有人说这个世界上没有一劳永逸的事情,但是有些事是可以的.也就是说,你做得妥当,就可以节省你生命里的大量时间.

教师在同一社交圈内、同一背景下、同一环境中工作,为什么会有优秀与一般之分呢?这在很大程度上取决于教师的学习方法和思维方式.学习方法就两个字——例子,即从成千上万的例子中提炼出规律性的东西,这就是最好的学习方法.

(2)教师发展自己的基本要求是钻研教学、练习写作、探究专题.

教学名师是教学研究的高层次人才,他一定是站在讲台上的.因为教师离开了讲台就没有了生命力,也就没有了影响力,所以教师要想成为名师,就必须苦心孤诣地钻研教学.

另外，教师还要坚持不懈地写作。教师只有用最精妙的文字把教学经验记录下来，才能逐渐成长。

（3）耐力是一种智慧。

人们无论做任何事情都要有耐心，如果一个人几十年如一日地专心工作，那么他就非常了不起。

（4）走一步，再走一步。

"走一步，再走一步"，这句话中蕴涵着一种耐力，但它是指稳步的发展。教师成才是一个很艰辛的过程，不是一蹴而就的。人应该一步一步地向前走，即使最后走不通了，也不后悔，因为毕竟走过。

（5）名师都是在艰苦环境中或自设的艰苦环境中成长起来的。

教师如果想成为名师，就必须在艰苦环境中或自设的艰苦环境中磨炼自己。所谓艰苦环境，即要求自己做困难的事情，为自己设置障碍、规定目标，等等。这样，教师才会很快地成长起来。

（6）教师研究教材的八个字：上下求索、左右勾连；教学设计的八个字：化静为动、尺水兴波。

在大多数情况下，教师把教学参考资料的内容内化为自己的教学设计时，需要通过大量的阅读来提炼，因此读教材是教学的基础。教师在读教材的时候没有灵感，没有深刻的领悟也是不行的。只有读懂了教材，有关教学设计的八个字也就很好理解了。在课堂短短的几十分钟里，教师的课一定要有波澜，要给学生制造悬念，不能像一潭死水。

（7）教师事业有成离不开十个字：敬业、环境、毅力、智慧、学问。

在谈到教师这一事业时，环境和智慧是必须要强调的。环境是客观的，智慧是主观的，但我们很多时候都会受环境的影响。生活中很难遇到好的导师，所以教师的发展需要更多地依赖自己。教师的发展要有一个良好的环境，这个环境也是靠教师自己创造的。

智慧虽包括先天的智慧，但更多的智慧是教师在工作中形成、磨炼出来的。在工作中，教师要动脑筋、想办法来解决问题。

（8）教师对事业的构思就像构思散文一样，要托物、蓄势、开掘。

托物抒情的散文，首先是描写得非常好，然后才能顺势开源，点出道理。教师的课堂教学也是托物，而写作就是蓄势，努力发展自己就是开掘。

（9）教师要做一个治学勤苦的人，做一个有思想的人，做一个品行完善的人。

做让人感动的人，首先要有善良的品性。有善良品性的人，他眼中的生活也是美好的。在做人方面，教师要在品性上追求完美。

（10）教师要追求高度.

高度，有多元的理解，这里主要讲做人和做学问两个方面. 一位教师在做人方面追求完美的同时，也要更好地发展自己的学问.

不要妄自批评一位教师，因为每位教师都有可敬的品质. 名师的高度是一般人难以企及的，但是我们在尊重名师的同时，也要争取努力超越他们.

八、教师应做的 20 件事和忌做的 20 件事

（1）应忠诚党的教育事业，全身心地投入到工作中；忌工作敷衍塞责，三心二意.

（2）应培养学生德、智、体、美、劳全面发展；忌只抓智育而不顾其他方面.

（3）应面向全体学生；忌只抓尖子生或少数好学生.

（4）应建立新型师生关系，平等待人，尊重学生的人格；忌缺乏耐心、歧视、讽刺、斥责、体罚和把学生赶出教室.

（5）应认真学习科学文化知识，刻苦钻研业务；忌不学无术，信口开河，没有根据妄加猜度.

（6）应在教学方法上灵活多样，讲练结合，精益求精，勇于创新；忌千篇一律，因循守旧，只顾"满堂灌"，而不顾学生是否愿意接受.

（7）应既教给学生知识，又教给学生学习方法，逐步培养学生"自学"的良好习惯；忌只教给学生知识，不教给学生学习方法，使学生被动地接受知识.

（8）应谦虚谨慎，团结协作，取长补短，互相尊重；忌夸夸其谈，文人相轻，互不服气，拨弄是非.

（9）应淡泊名利，洁身自好；忌让学生或通过学生家长为自己谋取私利.

（10）应加强思想道德修养，时时处处以身作则；忌赌博、酗酒、读淫秽书刊、看淫秽录像、到不健康场所娱乐.

（11）应团结友爱，相互信任；忌争吵，背后诽谤别人，搞"小动作".

（12）应与人为善，助人为乐；忌把困难留给别人，把方便荣誉留给自己.

（13）应以诚相待，谦逊礼让；忌虚言假套，盛气凌人.

（14）在办公室、教学区应专心致志地学习和工作；忌大声喧哗，或做其他

影响他人学习和工作的事.

（15）在工作时间应不喝酒，尽量少吸烟；忌在学生面前吸烟，酒后进教室.

（16）应坐如钟，立如松，行如风；忌无坐相、站相等不良行为习惯.

（17）应养成良好卫生习惯；忌随地吐痰、乱扔纸屑、瓜果皮等，在大街、校园等公共场所边走边吃东西.

（18）应着装自然，洁净大方，协调得体；忌穿奇装异服.

（19）应仪表庄重，为人师表；忌佩戴首饰，浓妆艳抹，穿短裤背心、拖鞋进办公室或教室.

（20）应节约水、电、纸；忌浪费.

九、素质教育，势在必行

教育改革的重要问题，就是要实现由"应试教育"向"素质教育"的转变. 可是，近几年来，素质教育进展缓慢、措施不力，传统的"应试教育"仍居于主导地位，各级教育主管部门和学校领导仍以考试分数和升学率作为评价学校和教师的标尺. 在"应试教育"的指挥棒下，许多教师为了提高教学质量，为了自己的饭碗，不辞辛劳加班加点，布置大量作业，频繁考试. 他们只抓分数，忽视了学生的能力培养；他们只抓智育，忽视了对学生思想道德、劳动技能、身体心理和个性特长的教育和培养. 这种教育把基础教育的性质和任务极大地扭曲了，亿万学生被驱赶进一条狭窄的胡同，而这胡同的尽头是一座中考或高考的独木桥. "应试教育"完全剥夺了学生的自由和权利，教师也为此付出了沉重的代价，这不仅牺牲了自己，也牺牲了学生.

在"应试教育"的压力下，家长们望子成龙、望女成凤心切，他们不仅不顾劳累深夜陪读，而且还不惜重金为孩子请家教、选择好学校，从而为学校乱收费、高收费推波助澜，使教育问题发展为民众普遍关注的社会问题.

面对"应试教育"的种种弊端，我们应该清醒地认识到："应试教育"不能再继续下去了，改革迫在眉睫！当前，正当新一轮改革开放和经济发展热潮蓬勃兴起，现代化建设进入关键时期之际，我们要充分认识到教育在经济和社会发展中的地位和作用，要进一步解放思想，从根本上转变教育观念，实事求是、联系实际,把教育的基点放在全面提高人的素质上.提高国民素质直接关系到我国文明建设的水平,关系到我国在 21 世纪激烈国际竞争中的地位.企业发展的好与坏,与从业人员素质的高低直接相关;高新技术的开发与利用,与专业劳动者的科技素质直接相关;社会的和谐与稳定,与公民的思想道德素质直接相关;公正廉洁的作风建设,与干部队伍的素质直接相关……如今,无论是各级领导还是普通老百姓,都已经意识到提高受教育者素质是一个战略性的大问题,素质教育势在必行.

那么,教育工作者应如何去做呢?首先要迅速转变观念,勇敢地从"应试教育"的困境中摆脱出来,在正确的教育思想指引下克服种种困难和阻力,开拓进取、大胆实践,走前人从未走过的路,努力开创"素质教育"的新天地,把教育改革推向前进.

只有改革才有出路,才能实现由"应试教育"向"素质教育"转变.时不我待,形势逼人,只要我们坚持改革不动摇,就一定能抢占新世纪教育的制高点,一定会迎来新世纪教育的新成就!

十、对素质教育的目标与方法的思考

所谓素质教育,是对教育的目的而言的,是以提高全体学生的素质为根本目的的教育.素质教育的对象是全体学生,要全面提高学生的素质,促进学生的个性发展.关于素质教育,我们虽然努力地做过一些探索,也取得了一些成绩,但仍摆脱不了"片面追求升学率"这根无形绳索的束缚.目前,社会和教育界已经初步认识到了这种偏差的潜在危机.

从传统的应试教育向素质教育转变,是一场适应社会进步和经济发展的真正变革.那么,这种变革的目标是什么呢?当然是学生的德、智、体、美、劳全面发展.针对每个学生的不同特点,挖掘学生的各项潜能,使每个学生的能力最大限度地得到发展和显现,让他们在成才的天地里"八仙过海,各显神通".要根据每个学生的个性特征加以正确引导,促使其创造力、想象力等充分自由地发挥,成为既有知识技能又具有社会主义信念和奉献精神的新一代.只有个体素质提高了,整个国民素质才能得到提高.

如何顺利完成由"应试教育"向"素质教育"转变呢？我们认为，除了全社会的理解和支持外，还必须采取以下措施：

首先，要转变人才观念，尤其是家长要抛弃传统的人才观念，要清醒地看到，当今社会的需求是多种多样的，从象牙塔里走出来的"骄子"固然是人才，而拥有一技之长，在自己的岗位上努力工作，通过函授、自考等多种途径取得大学甚至研究生学历者，同样是人才．所以，我们不应该把子女拼命往高考的独木桥上赶．教育部门的领导要改变人才观念，改革考试制度和方法，要推翻"一张试卷定终身"的做法．社会不需要高分低能的人，而需要有创造性的劳动者，需要有创造性的人才，一个人的前途应取决于他的贡献，而不是他的学历．

其次，劳动人事部门落实用人政策时，要因才使用，而不能以文凭使用，在干部录用和招工上，要认识到文凭只是一个人的学习经历，并不代表他的工作能力．所以，对一个人的考核应注重其能力和创造性思维．

最后，树立全面实施素质教育的观念，努力培养21世纪的全面人才，这是教师义不容辞的光荣任务．从"应试教育"向"素质教育"转变，不是一朝一夕就能完成的，也不仅是教育体制改革和思想认识转变的问题，而是教育价值观念上的一场革命，是中国教育发展史上前所未有的一场深刻的革命．在目前的教育状况下，实施素质教育需要付出艰苦的努力．面对几千年来形成的传统文化教育模式、根深蒂固的教育观念，各级政府部门的领导必须亲自上阵，组织千军万马，进行艰苦卓绝的斗争，方能取得胜利．

学校是具体实施素质教育的主阵地，其核心是课堂教材和教学模式．书本知识必须经过实践才能转化为能力，学校和社会要大力创造条件，为学生实践提供场所．

十一、加强班级管理，培养学生素质

在平时的班级管理中，教师要坚持深入班级，了解学生情况，对每位学生都倾注爱心，热爱每位学生．教育、批评学生要坚持公正、公平、合理，平等对待学生，不歧视、不打骂、不体罚或变相体罚学生；细心地做好每位后进生的思想转化工作，耐心辅导他们的学习；注重培养学生的各方面能力．

1. 严管班级，要具有高度的责任心和因材施教的方法

为了强化班级管理，创造良好的班级环境和学习氛围，教师应帮助学生掌握学习的良法，让他们懂得在现实生活中会做人、会合作、能自理的道理，提高学生的素质和能力．对个别后进生，应以劝说与激励教育为主，注重发现其生活、学习中的闪光点，达到"批评激我发奋，教育更鼓干劲"的效果，让学生亲身感受到教师的一言一行都是为了他们的进步与成长．此时，使用"三勤一细一访二配合"的管理方法，可收到较好的效果．

"三勤一细一访二配合"，即教师的口勤、心勤、腿勤；思想工作细心；做好学生家访工作；配合各科任教师与班干部共同严管班级．这些都是班级管理必做的工作内容．为使学生遵守纪律，恪守校规，互相关心，互帮互学，共创良好的班级环境，建设具有凝聚力的集体，每学期可在教室内显著位置设"好人好事"记录簿和批评建议记录本，组织学生开展民主管理班级活动，让学生积极参与、相互监督、互相鼓励、互相促进．经过此项活动的开展，学生的思想道德觉悟就会不断提高，比学赶帮的热情更为高涨；学习环境也令人满意，班风也有明显好转，学生的学习成绩也会有不同程度的进步．实践使我们深知：班级管理实行班主任"一言制"，虽然出了力，但效果甚微；而发动广大学生参与班级管理，既有利于学生的相互促进，又有利于学生特别是后进生的进步．

2. 组办班级两报，培养学生的能力

为了丰富班级学生生活，增长学生见识，培养学生能力，在班内可组织学生开展两报活动，即班级周报和室内黑板报．其目的在于发挥学生的特长，发展学生的智力，锻炼学生的能力．周报每生必做，并按一般报纸式样分为四版，开设众多栏目，如摘抄名人名言、学习方法与成功经验、习题训练和习作园地，等等．黑板报由班委主办，学习委员具体负责安排同学落实，板报内容可摘录当月时事政治和有关各科学习趣闻、常识、方法等．

3. 重视学生家访工作

抓好学生家访工作，稳定学生学习情绪，既是班主任管理班级的一项十分重要的内容，同时也是控制学生流失的有效方法．家访工作是班主任与家长共同

管理教育学生的桥梁，若能及时进行家访，则有利于班级管理和学生的教育工作，从而促进学生的学习和成长．因此，每学期都要进行家访，并把家访作为对学生进行德育教育和管理班级的重要工作之一来抓．为切实做好学生家访工作，又不影响教学，可利用课余时间进行．虽然现在有些学校有了网络家校通，但它替代不了家访的效果．

4．立足教材，注重培养学生能力

改进教法，重视学生素质教育，引导学生积极参与教学活动，已成为当前素质教育的主流．班主任除抓好班级管理工作外，还要承担教学工作．而课堂教学要从培养学生能力、开发其智力入手，充分体现"以教师为主导，以学生为主体，以训练为主线"的教学方针．

总之，在素质教育过程中，班主任担负着重要的管理班级、教育学生及课堂教学等任务．在工作中，要坚持立足班级管理，以转化学生思想和培养学生素质能力为重点，踏踏实实地工作，弘扬无私奉献的精神．

十二、素质教育在课堂教学中的体现

全面实施素质教育是当前教育教学工作的中心任务，而素质教育的实施必然以课堂教学为主渠道，以素质教育的成效来衡量课堂教学的成与败．

1．激发学生学习兴趣是课堂教学成功的关键

素质教育的突出特点是让学生生动活泼地主动发展．而要做到这一点，就要设法让外在的教育要求内化为学生自身的教育需求，使其主动学习．在这一过程中，"兴趣"扮演着重要的角色，学生只有对学习产生了兴趣，才能调动其积极的心理活动，表现出强烈的学习欲望与极大的学习主动性，从而积极主动地参与到学习中来，这也才有利于营造活泼、民主的教学氛围，为成功教学打下基础．在课堂教学中，若教师无法激发学生的学习兴趣，无法与学生共同营造良好的课堂心理环境，整个课堂气氛会显得沉闷，缺乏活力．若学生缺乏主动参与性，

课堂教学容易变成教师主观说教、学生被动接受的局面,这样的课堂教学是失败的. 所以,激发学生兴趣,激发学生内在学习动力,是课堂素质教育取得成功的关键.

激发学生的学习兴趣的方法很多,当今常探讨的教学方式有愉快教育、成功教育、主体教育、情境教育、多媒体教育等,这些都是围绕"激发学生学习兴趣"这一中心任务而进行的. 在教学技巧上亦有多种,如语言激发、设疑激发、内容激发、媒体激发、反馈激发等.

如在"生物学"结论课的教学中,对"生命的基本特征"这部分内容若直接讲授,很难引起学生的兴趣,若采用设疑讨论法,则很容易激发学生的兴趣,使其主动参与到教学中. 例如,采用"你有生命吗?""哪几方面能证明自己是有生命的?你能举例进行说明吗?"或"你与桌子有何主要区别?"等提问来引导学生,让学生举实例说明自身是有生命的个体. 学生都知道自己是一个生命体,但"生命"到底是什么?本质是什么?有什么特征?则是学生平时极少思考的问题. 这时,通过教师的设疑,学生无形中就产生了"是啊,我到底有哪些生命现象呢?"这样的疑问,为了证明自己是有生命的,学生纷纷站起来加以说明:"我能吃饭""我会思考""我会长大"等,表现出极大的好奇心及兴趣,课堂气氛就会变得相当活跃. 再通过教师的进一步设疑与师生之间的进一步讨论,最后总结出"生命的基本特征". 这样,学生就会对这节课的印象较深,反映相当好,有些学生甚至会说"生物课非常有趣". 教师也会觉得这节课非常成功,其成功之处在于极大地调动了学生学习的兴趣与热情,吸引学生主动参与教学、主动求知,整个课堂气氛也因此变得活泼和谐,即营造了良好的心理氛围.

2. 满足学生的求知欲望是课堂教学成功的保证

在课堂教学中,知识的传授仍占主要地位,若教师一味注重学生兴趣的激发,而忽略了知识的传授,忽略了对学生智能的开发,那么这样的课堂教学只是虚有其表而无实,是不成功的. 成功的课堂教学,还应看其能否满足学生的求知欲,能否让学生有所得,这才是课堂教学成功的保证.

能满足学生求知欲的课堂教学主要表现出两方面的特征:知识性和启迪性. 富有知识性的课堂教学,是在课堂上能让学生充分感受到知识的吸引力,这体现在教师对教学内容的组织和设计上. 如果能在现有教材的基础上加入一些新的内容,传递有关信息,将国内外要闻、最新的科技成果等及时地在相应课堂教学内容中反映出来，便能扩大学生的知识面，开阔学生的视野。教师一定要选取那些典型的、生动有趣的知识补充到教学中来。比如，在"遗传学"的教学中，教师可把克隆技术、基因诊断与治疗成果、人类基因组计划的实施与展望、当今最新的生物工程技术的进展与成果等恰当地引入到相应的教学中，使学生充分感受到生物知识无穷的空间与力量，以满足其对知识的渴求。

启迪性是满足学生求知欲的另一表现。"教是为了不教"，富有启迪性的课堂教学能充分激发学生的思维，使学生学到如何获得知识的本领，学会如何学习。富有启迪性的教学，是教师尽量创造机会让学生自己去发现问题；或巧妙设疑，把"困难"推给学生，让其去分析问题，设法解决问题，并由此来训练其思维，培养其善于观察、善于思考的能力，充分开拓其思路，引发其从不同角度来理解教材内容。

成功的课堂教学能让学生在愉快中主动学习，在求知中获得快乐，这是衡量课堂素质教育取得成功的主要标准。

十三、注重学生心理素质的培养

实施素质教育就是使受教育者在生理素质、心理素质和文化素质上和谐发展，在德、智、体、美、劳诸方面全面发展。但长期以来，人们更多地注重身体健康，而忽视了心理健康。只有身体健康和心理健康以及社会适应能力强的人，才算是真正健康的人。而现在的中小学中却有不少学生表现出心理异常。据有关部门进行的心理调查表明，我国多达40%的学生有不同程度的心理问题，如任性、偏激、冷漠、孤独、自私、嫉妒、自卑甚至厌世等，这严重影响了学生的身心健康发展。因此，加强学生的心理健康教育，提高学生的心理素质，应成为中小学素质教育的重要方面。

1. 造成学生出现心理问题的原因

造成学生出现心理问题的原因主要有：学习压力、社会影响、家庭环境和陈旧的教育方法等。只有解决了这些问题，才能在当前教育教学中塑造学生健康的心理。

（1）家庭影响.

家长是学生的第一任教师，家长的品德修养、文化水平、教育方法以及家庭环境等对学生品德和心理成长有直接而重大的影响. 如有的家长与子女缺乏交流，经常训斥孩子，使孩子对父母见而生畏；孩子遇到困难得不到帮助，遇到挫折得不到鼓励，使孩子有种压抑感、委屈感. 所以，家庭教育不当，是孩子出现心理问题的首要原因.

（2）社会影响.

近年来，社会上的一些不良风气对学生冲击甚大. 随着改革开放的不断深入，资本主义的一些消极东西和糟粕也不可避免地渗入进来，它对青少年的身心造成了不良影响. 青少年由于缺少辨别能力，一味模仿，也容易形成不健康的心理.

此外，处于青少年时期的学生，身高、体重迅速增加，精力旺盛，感情充沛，做事易冲动，不善于克制，行为不易预测，也最容易产生逆反心理. 这时的青少年对自身身体、心理上的变化没有思想准备，导致其生理和心理发育严重失衡. 这时学校如果没有及时主动地采取相应的教育措施，帮助他们度过过渡时期、危险年龄期，就会导致青少年出现心理问题.

（3）陈旧的教育方法.

我们当前的教育工作还存在一定的弊端：① 片面追求升学率，重智育，轻德育、体育；重课内教学，轻课外教育；重尖子生，轻学习有困难的学生. ② 学校的生活方式单一，许多学生对学习感到枯燥、乏味，害怕学习，信心不足，视课堂为牢狱，视学习为苦差事. ③ 一些教师忽视学生的心理特点，在教育学生时采用不当的方法，体罚、变相体罚学生，伤害学生的自尊心，使不少学生产生孤独、自卑的心理；④ 学习有困难的学生，常被教师和同学嫌弃，从而使其失去上进的动力，有的甚至自暴自弃，彻底放弃学习.

2. 注重学生心理素质培养，应多方面耐心细致地做工作

（1）教师要加强学习，提高其心理素质.

要对学生进行心理健康教育，首先要提高教师的心理素质. 现代生活紧张而繁忙，给人们带来了不少心理变化，也使一些教师产生了心理冲突和压抑感. 教师不健康的心理状态必将对学生产生不良影响，因此，学校要重视教师的心理健康状况. 教师的职业特征要求教师要有极强的自我调节情绪的能力，教师要科学地调整自己的心态，并使自己始终处于积极乐观的状态，以旺盛的精力、丰

富的情感、健康的情绪投入到教育教学工作中去．每一位教师都应该掌握心理健康的基本知识，以正确的思想指导学生，确保在教育教学过程中不出现失误．学校应组建掌握心理辅导技能和心理训练方法的教师队伍，同时应对学校进行整体改革，端正教育思想，改革教育教学方法，融洽师生关系，创设一个使学生心情愉快的学习、生活环境．

（2）加强对家长的指导和帮助．

据调查，目前中小学生的父母学过教育学、心理学的不是很多，无法对孩子进行心理辅导．如何更科学地教育孩子，学校要通过家长会、家长座谈会等方式，帮助家长了解青少年心理发展的规律，了解青少年的年龄特点，懂得教育学生的正确方法．

青少年时期是一个特殊的年龄阶段，情绪容易反复，行为多变，对此，家长和教师要有心理准备，教育学生时既要鼓励，又要批评，使用的方法一定要符合青少年的心理特征．另外，家长和教师对孩子的期望不能过高．希望孩子成才，这是人之常情，但压力过大往往会适得其反．最后，对"问题家庭"的学生，教师要特别关心，帮助他们克服因家庭影响而引起的心理问题．

（3）对学生进行心理素质教育．

中小学应开设健康教育课，分析心理素质形成的主要因素及其影响、形成的主要途径，并在实际的教育中注重心理素质教育的针对性及可行性．教师应注意根据学生的实际及个体特点找准心理教育的切入点，注重言传身教，学校、家庭、社会相结合，严格要求与关心爱护相结合，切实帮助学生形成良好的心理素质．这样，学生才能学以致用，真正提高抗挫折能力和自我心理调节能力，减少心理障碍及其他心理问题，学生也才能达到智力健康，意志健全．

（4）关心爱护与严格管理相结合．

学校的领导、教师及其他教育工作者在教育过程中要按照心理规律对学生进行心理素质教育．在此过程中，必要的规范其行为的方式方法必不可少．严格管理可以促进学生形成良好的行为习惯，但是也要严得合理、严得适度，让学生从心里感受到对他的关心和帮助，而不只是表面的认同．严而有度，再加上和善，才能取得较好的教育效果．心理素质教育可使学生具有一定的修养，在此基础上，学生才会成才，才有可能对社会做出贡献．

加强中小学生的心理健康教育，与提高学生的思想道德水平，树立科学的世界观是一个同步实施的过程，它对学生高尚品格、人格和情操的形成会产生巨大的影响，同时也会影响其智力发展．

十四、中学生的解题心理

在数学教学中通过解题可以达到巩固双基、促进思维、形成能力的作用. 但由于中学生受到环境、性格以及基础知识和基本技能掌握程度不同等方面的影响，他们在解题时就会呈现出不同的心理状态和行为，故而虽是同解一道或一组练习，各人的收益却会大不相同. 因此，在教学解题时，教师若能针对学生不同的心理状态和心理倾向进行一些有目的的指导和教育，就会使他们在无形中克服解题所产生的某些心理障碍，很自然地通过解题而获得知识并使其能力得到提高.

那么，在解题中，中学生有哪些心理状态和倾向？教师应如何对这些不同的心理状态和倾向进行因人而异的指导？下面将谈谈我的看法和体会.

（1）进取心理：指努力向上，争取成功的一种心理状态.

具有这种心理状态的学生在解题时思路敏捷，个性鲜明，争强好胜，以追求高难度题目为荣，往往不屑于容易和简单的题目. 这类学生一般不能正确地评价自己，易产生好高骛远的激进心理，认为这题容易，那题简单，对教师布置的题目草草了事，却把大部分精力花在课外习题上. 像这样的学生，在具体做法上，一方面要告诉他们教师布置的或课本中的题目具有一定的代表性和典型性，要扎扎实实地完成，并教育他们东西要一口一口地吃，学知识要循序渐进；另一方面也确实可以布置一些反映数学各类分支纵横联系、综合性较强的题目，类型上要巧妙新颖、有思考、有难度，留有使学生推敲钻研的余地，使这类学生解完题，自我感觉进入一个新的境界.

（2）保守心理：指希望维持现状，不求上进的心理状态.

具有这种心理状态的学生有能力解一些较难的题目，但缺乏激情，以完成教师布置的题目为目的，竞争心理不强，不愿过多地显示自己. 教师对这类学生绝对不能降低要求，或让他们满足现状. 具体做法上可根据实际情况，在一般水平的基础上适当地增加一些新的和较高要求的题目并督促其完成. 另外，多给他们有显示自己才华的机会，可叫他们到黑板上板演解题；或在完成自己的解题任务后指定他们辅导几名差生；帮助老师批改作业；有条件的可叫他们给其他同学上辅导课. 这样，既让他们巩固加深了自身的知识，也给他们提供了表现的机会，使他们的能力得以充分发挥.

（3）谨慎心理：指用谨慎的态度对待细小问题，以防造成较大失误的心理状态.

具有这种心理状态的学生在解题中表情严肃、紧张、拘谨，在解题过程中步步小心，唯恐千里之堤，毁于蚁穴. 我曾碰到这样一些学生，平时从他们的作业中看他们的解题能力，清楚准确，可谓上乘，可惜一旦考试，成绩总不理想，徘徊在 70 分左右. 教师开始疑心该学生平时解题或许有抄袭行为，可一调查并非如此，之后采用面批面改才发现他们由于过于仔细，使其每次考试时时间都不够用，速度慢而导致成绩不理想. 像这样的学生，要教育他们解题粗枝大叶当然是不好的，但过分小心，就会作茧自缚，既打不开思路，又浪费了时间. 在具体做法上，平时可经常开展小型竞赛活动，限定他们的解题时间. 另外，要加强他们的意志品质教育，告诉他们不要把解题结果的正确与否看得过于重要，胜败不足道，重要的是吸取经验教训.

十五、浅论对优生的培养和对差生的帮助

1. 善于发现优秀学生

在题目较难的测验和考试中，以百分制计算，数学成绩经常在 90 分以上，其他各科成绩也比较好的学生，可以列为优秀学生. 除了测验和考试外，还可以通过课堂提问、板演、练习、课外作业的情况来发现优秀学生. 不要仅仅根据一两次考试成绩来确定，要把真正有数学专长的学生列为重点培养对象. 在确定名单之前，还应该征求班主任老师的意见. 优秀学生的数量不宜过多，以每班三至五名为好，人数过多，教师没有时间进行个别辅导.

2. 如何培养优秀学生

（1）要打好基础. 数学是一门比较抽象的学科，要学好数学，首先应该让学生正确的理解数学的基本概念；其次是对学生进行基本技能的训练，教师可以

在课堂练习时，有计划地给优生较多的题目，使这些学生得到充分的基本训练，以形成熟练技巧．

（2）加强课外指导．教师在课堂上的教学工作是面向全班学生的，是按中等程度讲课的，不可能也不应该用课堂时间来培养优生，培养优生的工作主要在课外进行．为了便于教师指导，可以把优生组织起来，使其成为数学课外活动小组的骨干，通过这个组织的各种活动来提高他们的数学水平．例如，可以结合教学内容给他们布置一些难度较大的或综合性的习题，可以单独给他们讲一些超出教学大纲规定范围的数学知识，还可以介绍一些适合他们阅读的课外书，等等．在这些活动中，如果这些优生遇到了困难，同学之间经过研究讨论也无法解决，教师就应该予以启发性的讲解，不要使他们长时间卡在某一个难题上，否则，不但会浪费时间，而且会挫伤他们钻研问题的积极性．

3. 注意事项

（1）优生往往容易产生自满情绪，如果不注意防止，可能会使其发展成自高自大、目中无人、不服从组织分配的人．因此，必须对优生加强思想政治教育，使他们真正成为勇于为祖国的现代化建设献身的有用人才．

（2）中学阶段是普通教育，不是数学专业教育，因此，要教育学生不能只偏重数学而忽视其他课程的学习．当发现某"优生"有的学科不及格时，应立即停止他参加数学小组的活动．但是，也不必要求数学好的学生门门都优秀．

（3）对优生的活动量要控制，不要使他们负担过重，否则会影响这些学生的身心健康．

4. 如何帮助后进生（即差生）

（1）要了解差生学习差的原因，针对每个学生的不同情况，多做思想工作，使他们树立信心．

（2）多数差生是由于以前的功课没有学好而成为后进生的，所以教师应该把他们组织起来进行补课．但是，要把以前落下的课程在短时间内全部补完是不可能的，因此，应该先补与现在的教学内容有直接联系的部分．

（3）若一个班级里多数学生的数学成绩较差，教师在讲新课时，应尽量复习以前的知识，并且要把新的概念讲得通俗些．对于每一章开头的内容，可以放慢进度，以使大多数学生都能听懂．为了完成规定的教学进度，可以把较难的定理证明、繁杂的计算略去不讲，因为对于基础很差的学生来说，能掌握教材的重要内容和基本方法已经不容易了，再讲那些复杂难懂的内容也不能接受，白白浪费时间．

（4）可以适当地组织家庭学习小组，让数学成绩好的学生给差的学生进行辅导．教师经常检查学习小组的学习情况，以防他们搞不正当的活动，要防止抄作业现象出现．

（5）要取得学生家长的帮助，可以请有数学专长的家长给学生讲课和辅导．

总之，我们要调动一切积极因素，把学生的学习质量搞上去，要发挥优等生的作用，让他们带动差生，并努力把他们培养成合格的毕业生．

十六、如何提高运算能力

教育部考试中心对运算能力的要求是：会根据概念、公式、法则，对数、式、方程进行正确的运算和变形；能分析条件，寻求与设计合理、简捷的运算途径；能根据要求对数据进行估计，并能进行近似计算．

运算能力主要是数与式的组合与分解变形的能力，包括数值的计算、代数式和某些超越式的恒等变形、集合的运算、解方程与不等式、三角恒等式变形、数列极限的计算、几何图形中的计算等，运算结果具有存在性、确定性和最简性．

近年来，高考数学对考生的应用问题的要求越来越强，对运算能力的要求越来越高，但考生的普遍状况是运算能力较差，运算水平较低，他们虽在解题时能够产生解题思路，但在具体操作过程中粗心大意，计算出错，结果不令人感到满意．从我们西南交通大学附属中学的高三数学复习来看，学生存在的主要问题是：①数学上的一些定义、定理、法则、公式等掌握得不够牢固，运用得不够灵活；②解题时运算不熟、过程烦琐、易犯错误；③ 解题时，思路不广、不善于分析问题、不善于找出问题的关键、不善于寻求合理解法特别是解决综合性问题的能力不强；④估算能力差；⑤不善于简化分类讨论；⑥解题目标不够明确.

下面，我们将从五个方面加以阐述，以期提高学生的运算能力.

1. 要牢固地掌握基本概念和基础知识

数学上的一些概念、定义、定理、法则、公式等是解题的依据，如果学生对于基本概念和基础知识理解得清楚，并能牢固地掌握，那么他们在解题时就思路敏捷，迅速正确，否则思考能力就得不到充分的发挥，而陷于一种迟钝的境地. 例如，解方程 $\log_a\{1+\log_a[1+\log_a(1+\log_a x)]\}=0$ 就可以用 $a^0=1$，两边消去 1，再用 $b^0=1$，两边消去 1，……，如此反复，逐层化简，就能用观察法得出这个方程的解 $x=1$.

对于基本概念和基础知识，教师在课堂教学中不能有丝毫的忽略，不但要讲清楚它们的来源，还应该指导学生透过数量关系的表面形式，理解和掌握它们的本质，这样才能从根本上培养学生的运算能力和解题能力.

2. 要重视简捷运算

简捷是对考生思维的深刻性、灵活性的考查. 简捷运算是提高学生运算能力的一种有效手段，因为简捷运算是一种合理的计算方法，不仅可以节省时间与精力，还能避免烦琐计算，减少错误的可能，因此应大力提倡. 首先，在课堂教学中，教师必须认真备课，讲解例题时尽量用合理简捷的解法，以吸引学生的注意力；并可通过分析对比，促使学生体会简捷运算的好处. 如：

例 1 求三边长各为 96, 128, 160 的三角形的最大角.

解 因为
$$96:128:160 = 3:4:5,$$
所以三角形是直角三角形，最大角为 90°.

对简捷运算的训练，必须结合教材来进行，各年级的教师都要予以重视. 只有这样学生学到的技巧，才能得到系统的巩固与提高.

3. 要进行适当的估算

解题时可以运用数学知识，从不同的角度进行估算，特别是选择题和填空题. 例如：求出的圆锥内切球的半径应小于圆锥的底面半径；求出的双曲线的离心率应大于 1；解对称方程组得到的解是对称的；推出的体积公式应是长度的三次型，等等.

例 2 方程 $x^2-3x+1=0$ 的两根可分别作为（ ）.
（A）一椭圆和一双曲线的离心率　　（B）两条抛物线的离心率
（C）一椭圆和一抛物线的离心率　　（D）两椭圆的离心率

解 设方程的两根为 e_1, e_2. 若（B），（C），（D）中有一个成立，则必有
$$e_1+e_2 \leqslant 2.$$
但由韦达定理，有
$$e_1+e_2 = 3.$$
故（B），（C），（D）均被否定，再由淘汰法，故选（A）.

4. 明确解题目标

漫无目的，思维混乱是解题的大忌. 解题时既要有最终目标，也要有每一个解题步骤应该达到的小目标，这样就会提高运算速度.

例 3 设有 $(2n+1)^2$ 个数排列成一个横行、竖列均为 $(2n+1)$ 个数的正方表，表中第一行构成等差数列，而每一列都是公比为 2 的等比数列，表内正中的一个数是 p，试求此 $(2n+1)^2$ 个数的总和.

解 将解题分为五个步骤，制订出各步骤应达到的目标，做到各个击破，分而治之.

第一步：先求出各列的和 $S_i = a_i(2^{2n+1}-1)$（a_i 是第一行中第 i 个数）；

第二步：将所有的 S_i 相加，得 $S = \sum_{i=1}^{2n+1} a_i(2^{2n+1}-1) = (2^{2n+1}-1)\sum_{i=1}^{2n+1} a_i$；

第三步：确定 $\sum_{i=1}^{2n+1} a_i = \frac{1}{2}(2n+1)(a_1+a_{2n+1}) = \frac{1}{2}(2n+1) \times 2a_{n+1} = (2n+1)a_{n+1}$；

第四步：利用 p，确定 a_{n+1}.

因为 p 是第 $n+1$ 列中的第 $n+1$ 项，而此数列是首项为 a_{n+1}，公比为 2 的等比数列，所以 $p = a_{n+1} 2^n$.

综上可知，得结论：$S = \dfrac{p(2n+1)(2^{2n+1}-1)}{2^n}$.

5. 简化分类讨论

数学讨论既是解决问题的重要工具，也是数学中的遗憾，实在是不得已的事．因此，简化甚至避免讨论是我们追求的一个目标，也是提高运算速度的一个重要方法．

例 4　如果 $0<x<1$，$a>0$，且 $a\neq 1$，试比较 $|\log_a(1-x)|$ 与 $|\log_a(1+x)|$ 的大小.

解　因为 $0<x<1$，不论 $a>1$ 还是 $0<a<1$，$\log_a(1-x)$ 与 $\log_a(1+x)$ 均异号，而与 $\log_a(1-x)^2$ 同号．又因为

$$\log_a(1-x)+\log_a(1+x)=\log_a(1-x^2),$$

由于异号两数相加，和的符号总是与绝对值较大的那个加数相同，从而有

$$|\log_a(1-x)|>|\log_a(1+x)|.$$

综上可知，在数学教学实践中，提高学生的运算能力是一项长期而艰巨的任务，它与提高教学质量是密切相关的．因此，作为一个教师有责任也应当有信心加强这方面的研究，做好这方面的工作，以便为进一步提高教学质量而不断努力．

十七、应用多解与变式培养创造性思维

数学创造性思维主要是指：能对数学问题提出非常规的认识或解决方案，对同一问题提出多方面的设想或多种解法，经比较而找出最合理的优化解法，用另外的知识或方法解决熟知的数学问题．

创造性思维是通过广泛的联想，对问题进行引申、变式、推广以及转化、化归等，是思维的灵活性、广泛性和深刻性的集中表现．对课本例题、习题进行多解与变式，可以使知识不断向纵深和横向两个方向发展，以激发学生学习的发现欲和创造欲，从而使对问题的研究在原有基础上有所提高、有所突破、有所创新，达到培养创造性思维的目的．

长期坚持多解与变式的探究与训练，可使学生的思路越来越宽，反应越来越快，对问题的认识越来越深刻，思维的创造力也就越来越强．下面举例加以说明．

例1 如果 $a,b \in \mathbf{R}^+$，那么 $\dfrac{a+b}{2} \geq \sqrt{ab}$（当且仅当 $a=b$ 时取"="号）（高中《代数》下册第 8 页推论）.

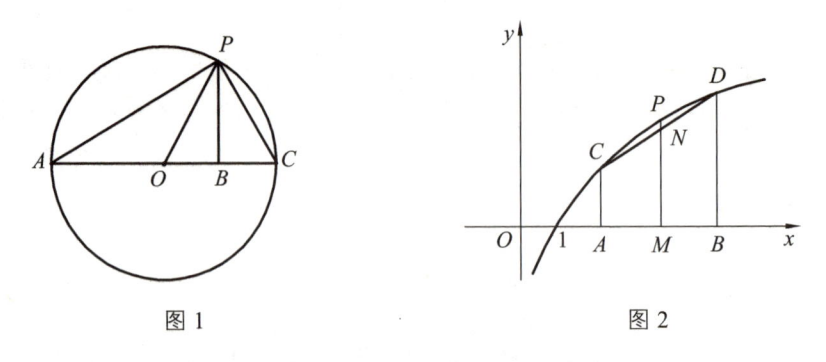

分析 1 由 $a,b \in \mathbf{R}^+$，ab 和 $a+b$ 联想到直角三角形中的线段关系，可构造直角三角形. 如图 1 所示，作线段 ABC，使 $AB=a$，$BC=b$，以 AC 为直径作圆，O 是圆心，过 B 作 $BP \perp AC$，交圆 O 于 P，连接 OP，则

$$OP = \dfrac{a+b}{2}, \quad BP = \sqrt{AB \cdot BC} = \sqrt{ab}.$$

由平面几何知 $OP \geq BP$，故

$$\dfrac{a+b}{2} \geq \sqrt{ab} \text{（当且仅当 } a=b \text{ 时取 "=" 号)}.$$

图 1

图 2

分析 2 在不等式 $\dfrac{a+b}{2} \geq \sqrt{ab}$ 的两边取对数可得

$$\lg \dfrac{a+b}{2} \geq \lg \sqrt{ab} = \dfrac{1}{2}(\lg a + \lg b).$$

联想到对数曲线，可得如下证法.

证明 作函数 $y=\lg x$ 的图像，如图 2，设 $OA=a$，$OB=b$，M 是 AB 的中点，则 $OM = \dfrac{a+b}{2}$. 过 A, M, B 分别作 x 轴的垂线，交对数曲线于 C, P, D，设 MP 交 CD 于 N，则

$$AC = \lg a, \quad BD = \lg b, \quad MP = \lg \dfrac{a+b}{2}.$$

由梯形中位线定理，有

$$MN = \dfrac{AC+BD}{2} = \dfrac{\lg a + \lg b}{2}.$$

因为对数曲线 $y = \lg x$ 是凸向上升的，所以恒有 $MP \geq MN$，即

$$\lg \frac{a+b}{2} \geq \frac{1}{2}(\lg a + \lg b) = \lg \sqrt{ab},$$

所以 $\dfrac{a+b}{2} \geq \sqrt{ab}$，当 A, B 重合即 $a = b$ 时取"="号．

例 2 已知 $ad \neq bc$，求证 $(a^2 + b^2)(c^2 + d^2) > (ac + bd)^2$（高中《代数》下册第 15 页第 6 题）．

分析 1 注意到不等式与函数的联系，并由此想到构造一个以 $a^2 + b^2$，$ac + bd$，$c^2 + d^2$ 为系数的函数．在实数范围内，下面不等式成立：

$$(ax + c)^2 = a^2 x^2 + 2acx + c^2 \geq 0. \quad ①$$

$$(bx + d)^2 = b^2 x^2 + 2bdx + d^2 \geq 0. \quad ②$$

由①+②得

$$(a^2 + b^2)x^2 + 2(ac + bd)x + c^2 + d^2 \geq 0. \quad ③$$

③成立的条件为

$$\Delta = 4(ac + bd)^2 - 4(a^2 + b^2)(c^2 + d^2) \leq 0,$$

即

$$(a^2 + b^2)(c^2 + d^2) \geq (ac + bd)^2. \quad ④$$

注意到①，②同时取"="号的条件为 $x = -\dfrac{c}{a}$ 且 $x = -\dfrac{d}{b}$．所以③取"="号的条件为 $-\dfrac{c}{a} = -\dfrac{d}{b}$，即 $ad = bc$，这与已知矛盾，故③不能取"="号，所以④中的"="号也不能取，故原不等式成立．

分析 2 注意 $a^2 + b^2$，$c^2 + d^2$ 与圆的方程在形式上一致，那么是否可用圆的参数方程，引入三角函数来证明呢？于是又有：

证法 2 令 $a^2 + b^2 = m^2$，$c^2 + d^2 = n^2$，又令

$$a = m\cos\alpha, \quad b = m\sin\alpha, \quad c = n\cos\beta, \quad d = n\sin\beta,$$

所以

$$(ac + bd)^2 = m^2 n^2 (\cos\alpha \cos\beta + \sin\alpha \sin\beta)^2$$
$$= m^2 n^2 \cos^2(\alpha - \beta)$$
$$\leq m^2 n^2 = (a^2 + b^2)(c^2 + d^2).$$

因为 $ad \neq bc$，即

$$\cos\alpha \sin\beta - \sin\alpha \cos\beta \neq 0,$$

即 $$\sin(\alpha-\beta)\neq 0,$$

所以 $$\alpha-\beta\neq k\pi(k\in \mathbf{Z}),$$

所以 $$\cos^2(\alpha-\beta)\neq 1.$$

故上述不等式不能取"="号. 故原不等式成立.

分析 3 创造思维的欲望使我们思考下述问题, 已用三角、代数的方法证明了上题, 假如再能用解析几何的方法来证明, 可将"三角、解析几何、代数"有机地融为一体. 思考的关键在于如何构造一个解析几何的模型. 注意到在"点线距离"中有平方和出现, 于是有:

证法 3 设直线 $l: ax+by=0$, 点 $P(c,d)$.

因为 $ad\neq bc$,

所以 P 不会在原点上,

则 $k_l=-\dfrac{a}{b}$, $k_{PO}=\dfrac{d}{c}$.

若 $l\perp PO$,

则 $k_l\cdot k_{PO}=-\dfrac{ad}{bc}=-1$,

即 $ad=bc$, 与已知条件矛盾,

所以直线 l 与 PO 不垂直.

设 $PH\perp l$ 于 H,

无论点 P 是否在直线 l 上,

均有 $|PH|<|PO|$,

即 $\dfrac{|ac+bd|}{\sqrt{a^2+b^2}}<\sqrt{c^2+d^2}$.

所以 $(a^2+b^2)(c^2+d^2)\geqslant (ac+bd)^2$.

例 3 已知 $a>b>c$, 求证 $\dfrac{1}{a-b}+\dfrac{1}{b-c}+\dfrac{1}{c-a}>0$ (高中《代数》下册第 33 页第 9 题).

证法 1 因为 $a>b>c$, 所以

$$a-c>a-b>0.$$

所以 $$\dfrac{1}{a-b}>\dfrac{1}{a-c}.$$

又 $\dfrac{1}{b-c} > 0$，所以

$$\dfrac{1}{a-b}+\dfrac{1}{b-c}>\dfrac{1}{a-c}.$$

从而

$$\dfrac{1}{a-b}+\dfrac{1}{b-c}+\dfrac{1}{c-a}>0.$$

证法 2 用作商比较法. 因为

$$\dfrac{\dfrac{1}{a-b}+\dfrac{1}{b-c}}{\dfrac{1}{a-c}}=\dfrac{(a-c)^2}{(a-b)(b-c)},$$

又 $a>b>c$，所以

$$a-c>a-b>0,\quad a-c>b-c>0.$$

所以

$$\dfrac{(a-c)^2}{(a-b)(b-c)}>1.$$

所以

$$\dfrac{1}{a-b}+\dfrac{1}{b-c}>\dfrac{1}{a-c}.$$

故

$$\dfrac{1}{a-b}+\dfrac{1}{b-c}+\dfrac{1}{c-a}>0.$$

证法 3 因为 $a>b>c$，所以

$$a-b>0,\quad b-c>0,\quad a-c>0.$$

从而

$$\dfrac{1}{a-b}+\dfrac{1}{b-c}=\dfrac{a-c}{(a-b)(b-c)}\geqslant \dfrac{a-c}{\left(\dfrac{a-b+b-c}{2}\right)^2}=\dfrac{4}{a-c}>\dfrac{1}{a-c}.$$

故有

$$\dfrac{1}{a-b}+\dfrac{1}{b-c}+\dfrac{1}{c-a}>0.$$

证法 4 用换元法. 因为

$$a>b>c,$$

所以可设 $x=a-b, y=b-c$，则 $x,y>0$．因为
$$a-c=(a-b)+(b-c)=x+y,$$
所以
$$\text{原不等式} \Leftrightarrow \frac{1}{x}+\frac{1}{y}>\frac{1}{x+y} \Leftrightarrow \frac{x+y}{xy}>\frac{1}{x+y} \Leftrightarrow (x+y)^2>xy.$$

因为 $x,y\in \mathbf{R}^+$，所以上述不等式成立，故原不等式成立．

从例3的证法3和证法4中，不难发现，原题可以改进为：

变式1 已知 $a>b>c$，求证 $\dfrac{1}{a-b}+\dfrac{1}{b-c}\geq \dfrac{4}{a-c}$，当且仅当 a,b,c 成等差数列时取"="号．

若命题涉及四个大小顺序一定的实数的基本关系时，情况又怎么样呢？于是有：

变式2 已知 $a>b>c>d$，求证 $\dfrac{1}{a-b}+\dfrac{1}{b-c}+\dfrac{1}{c-d}>\dfrac{1}{a-d}$．

我们把问题发散出去，猜想 n 个大小顺序一定的实数的关系，又有：

变式3 已知 $x_1>x_2>\cdots>x_n(n\geq 3)$，求证

$$\frac{1}{x_1-x_2}+\frac{1}{x_2-x_3}+\frac{1}{x_3-x_4}+\cdots+\frac{1}{x_{n-1}-x_n}>\frac{1}{x_1-x_n}.$$

变式4 若 $x_1>x_2>\cdots>x_n(n\geq 3)$，则有：

$$\frac{1}{x_1-x_2}+\frac{1}{x_2-x_3}+\frac{1}{x_3-x_4}+\cdots+\frac{1}{x_{n-1}-x_n}\geq \frac{(n-1)^2}{x_1-x_n}.$$

等号成立的条件是 $x_1,x_2,\cdots,x_n$ 组成公差为负数的等差数列．

以上几个例子可以说明，一题多解与变式的研讨过程，也是培养创造性思维的过程．创造性思维是思维的较高层次，创造性思维的结果常常会出人意料地得出新成果，这是思维创造力的突出表现．

因此，要提高自己的思维能力，必须加强多解与变式的探索和训练，积累经验，不断提高，善于把别人的思路和方法转化为自己的思路和方法．另外，还要不断地归纳梳理，形成自己的知识和方法的条理系统，形成具有自己风格的解题思路和技巧，从而达到提高分析问题和解决问题的能力的目的．

十八、变式课本习题，培养创新能力

在中学数学教学中，特别是在高考数学复习中，教师应以课本为主，不可忽视教材中例题和习题的作用．事实上，教材中有不少好的习题，只要能对其进行挖掘、加工、引申与改造，就会得到一些综合性强、能力要求高、符合创新精神且与高考有关的新命题．高中《立体几何》总复习参考题的第 2 题，也是立体几何的一道典型习题，1986 年曾被选作全国高考的数学试题，1990 年、1991 年的全国高考数学中的立体几何试题，也可以看作它的变式．本文以该习题为例，谈谈在培养学生创新能力中改造习题的做法与体会．

题目 如图 1，AB 是 $\odot O$ 的直径，$PA \perp \odot O$ 所在的平面，C 是圆周上异于 A, B 的任意一点. 求证：$\triangle PAC$ 所在的平面垂直于 $\triangle PBC$ 所在的平面.

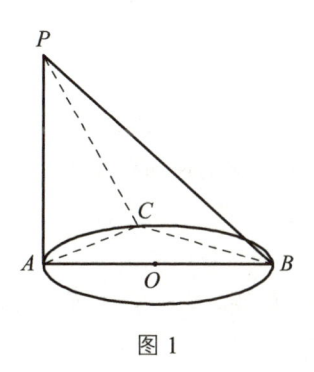

图 1

证明 因为 $PA \perp$ 平面 ABC，$BC \subset$ 平面 ABC，
所以 $PA \perp BC$.
又 AB 是 $\odot O$ 的直径，C 是圆周上的点，
所以 $AC \perp BC$.
所以 $BC \perp$ 平面 PAC.
而 $BC \subset$ 平面 PBC，
所以平面 $PBC \perp$ 平面 PAC.
在原题条件下，还可得如下引申结论：

变式 1 （1）$S_{\triangle PAB}^2 + S_{\triangle ABC}^2 = S_{\triangle PAC}^2 + S_{\triangle PBC}^2$；

（2）三棱锥 $P-ABC$ 的外接球直径为 PB.

证明

（1）$S_{\triangle PAB}^2 + S_{\triangle ABC}^2$

$= \dfrac{1}{4}AB^2 \cdot PA^2 + \dfrac{1}{4}AC^2 \cdot BC^2$

$= \dfrac{1}{4}(AC^2 + BC^2) \cdot (PC^2 - AC^2) + \dfrac{1}{4}AC^2 \cdot BC^2$

$= \dfrac{1}{4}(AC^2 \cdot PC^2 - AC^4 + BC^2 \cdot PC^2 - BC^2 \cdot AC^2) + \dfrac{1}{4}AC^2 \cdot BC^2$

$= \dfrac{1}{4}[AC^2 \cdot (PC^2 - AC^2) + PC^2 \cdot BC^2]$

$= \dfrac{1}{4}AC^2 \cdot PA^2 + \dfrac{1}{4}PC^2 \cdot BC^2$

$= S_{\triangle PAC}^2 + S_{\triangle PBC}^2$.

（2）设 M 为线段 PB 的中点，

由于 $\triangle PAC$ 和 $\triangle PCB$ 均为直角三角形，PB 为公共斜边，

所以 $MA = MC = \dfrac{1}{2}PB$.

故 PB 是三棱锥 $P-ABC$ 的外接球的直径.

用逆向思维进行探索，原命题的逆命题是否正确呢？于是有：

变式 2 已知：A, B 是平面 α 内的两定点，$PA \perp \alpha$，C 为 α 内一点，面 $PAC \perp$ 面 PBC，求证：点 C 在以 AB 为直径的圆上.

证明 如图 2，在面 PAC 内作 $AE \perp PC$ 于 E，

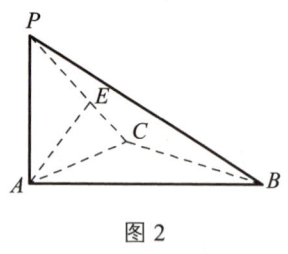

因为面 $PAC \perp$ 面 PBC，

所以 $AE \perp$ 面 PBC.

又 $BC \subset$ 面 PBC，

所以 $AE \perp BC$.

而 $PA \perp \alpha$，$BC \subset$ 面 ABC，

所以 $PA \perp BC$，$BC \perp$ 面 PAC.

又 $AC \subset$ 面 PAC，

所以 $BC \perp AC$.

故点 C 在以 AB 为直径的圆上.

图 2

将变式 2 与原题合并，可得到一个源于课本，又略有提高的题目：

变式 3 平面 α 内有一直径为 AB 的 $\odot O$，$PA \perp \alpha$，C 为 α 内一点. 求证: 二面角 $A-PC-B$ 为直二面角的充要条件为点 C 在 $\odot O$ 上.

证明 略.

对原题的条件进行适当变动，就得到1990年全国高考数学第23题：

变式 4 如图 3，$\angle BCA = 90°$，$PA \perp$ 面 ABC，设 DE 垂直平分 PB，分别交 AB，PB 于 D，E 两点，又 $PA = AC$，$PC = BC$. 求二面角 $B-CD-E$ 的大小.

这里用 $\angle BCA = 90°$ 这一条件取代了原题中"C 是以 AB 为直径的圆上一点".

解 如图 3，因为 $PA \perp$ 面 ABC，

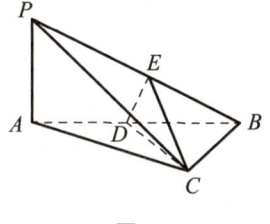

所以 AC 是 PC 在面 ABC 内的射影.

因为 $\angle BCA = 90°$，

由三垂线定理知 $BC \perp PC$.

又 $PC = BC$，E 是 PB 的中点，

所以在等腰 $Rt \triangle PBC$ 中，有 $CE \perp PB$.

又知 $DE \perp PB$，

所以 $PB \perp$ 面 CDE.

所以 $PB \perp CD$.

而 $CD \perp PA$，

所以 $CD \perp$ 面 PAB.

所以 $\angle BDE$ 是二面角 $B-CD-E$ 的平面角.

由条件易得 $PB = 2PA$.

所以 $\angle PBA = 30°$，

故 $\angle BDE = 60°$ 即为所求.

图 3

变换变式 4 中截面 CDE 的位置，用一个与面 ABC 平行的平面去截棱锥 $P-ABC$，则有：

变式 5 如图 4，$PA \perp$ 面 ABC，$BC \perp AC$，PC 与面 ABC 成 $45°$ 角，截面 $A'B'C' //$ 面 ABC，$AA' = A'C' = B'C' = a$. 求三棱台 $A'B'C'-ABC$ 的体积.

从图 4 中抽出三棱台，就成1991年全国高考数学文科第23题. 抽出棱台的做法，正是体现了棱台的定义. 将棱台恢复成棱锥再考虑相关问题，则是棱台定义的逆用. 按这一思想可得如下简捷的解法.

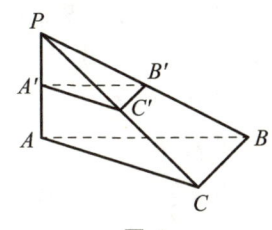

解 如图 4，由已知易得 $\angle A'B'C' = 90°$.

图 4

因为 $PA \perp$ 面 ABC，PC 与面 ABC 成 $45°$ 角，

所以 $\angle PCA = 45°$，

所以 $PA' = A'C' = a$.

所以 $V_{P-A'B'C'} = \frac{1}{3} S_{\triangle A'B'C'} \times PA' = \frac{1}{6} \times A'C' \times B'C' \times PA' = \frac{a^3}{6}$.

因为 $\dfrac{V_{P-A'B'C'}}{V_{P-ABC}} = \left(\dfrac{PA'}{PA}\right)^3 = \left(\dfrac{a}{2a}\right)^3 = \dfrac{1}{8}$，

所以 $V_{P-ABC} = 8 V_{P-A'B'C'} = \dfrac{4}{3} a^3$.

故 $V_{台 ABC-A'B'C'} = V_{P-ABC} - V_{P-A'B'C'} = \dfrac{4}{3} a^3 - \dfrac{a^3}{6} = \dfrac{7}{6} a^3$.

变式 6 如图 5，$PA \perp$ 面 ABC，$\angle BCA = 90°$，截面 $A'B'C' \mathbin{/\mkern-5mu/}$ 面 ABC，问三棱台 $A'B'C' - ABC$ 是否存在外接球，为什么？

分析 这是一个探索性问题，假设三棱台 $A'B'C' - ABC$ 的外接球存在.

因为 $\angle A'C'B' = \angle ACB = 90°$，

所以 $A'B'$，AB 的中点 O'，O 分别是过 A'，B'，C' 三点和 A, B, C 三点的球的截面圆的圆心.

因为面 $A'B'C' \mathbin{/\mkern-5mu/}$ 面 ABC，

所以 $OO' \perp$ 底面 ABC.

又 $AA' \perp$ 底面 ABC，

所以 $OO' \mathbin{/\mkern-5mu/} AA'$.

所以 $OA = O'A'$.

从而得 $AB \mathbin{/\mkern-5mu/} A'B'$ 且 $AB = A'B'$.

这与 $A_1 B_1 C_1 - ABC$ 是三棱台矛盾.

故三棱台 $A'B'C' - ABC$ 不存在外接球.

图 5

再改变截面的位置和叙述方式又可得到：

变式 7 如图 6，$PA \perp$ 平面 ABC，$\angle BCA = 90°$，设 A 在 PC, PB 上的射影分别为 Q, R，求证：$PB \perp$ 平面 AQR.

证明 如图 6，由已知易得 $BC \perp$ 平面 PAC，

所以 $BC \perp AQ$.

又 $AQ \perp PC$，

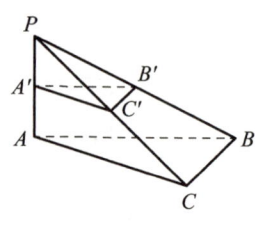

所以 $AQ \perp$ 平面 PBC.

又 $PB \subset$ 平面 PBC.

图 6

所以 $AQ \perp PB$.

因为 $AR \perp PB$,

故 $PB \perp$ 平面 AQR.

以上我们是从截的角度对原题进行变式的,下面我们再从补的角度对原题进行变式:

变式 8 如图 7,在原题条件下,在 $\odot O$ 的另一半圆上另有一点 D,求证: P, A, B, C, D 五点共球.

分析 如图 7,因为 $PA \perp$ 面 ABC,

所以 $PA \perp AB$.

AC 是 PC 在面 ABC 内的射影,

AD 是 PD 在面 ABC 内的射影.

由三垂线定理知 $BC \perp PC$,$BD \perp PD$.

设 O' 是 PB 的中点,

在直角 $\triangle PBC$ 中,$O'C = \dfrac{1}{2}PB$.

同理 $O'A = O'D = \dfrac{1}{2}PB$.

图 7

所以 P, A, B, C, D 五点到定点 O' 的距离相等,

故 P, A, B, C, D 五点共球.

特别地,在变式 8 的条件下,令 $PA = AC = AD = a$,且 $AC \perp AD$,求四棱锥 $P-ABCD$ 外接球的表面积. 于是可变式得到 1991 年全国高考数学理科第 20 题:

变式 9 在球面上有四点 P, A, B, C,如果 PA, PB, PC 两两垂直,且有 $PA = PB = PC = a$,那么这个球的面积是 _____.

分析 如图 7,由变式 8 的分析可知,PB 就是要找的球的直径.

在 Rt$\triangle PAB$ 中,$PB = 2R = \sqrt{PA^2 + AB^2} = \sqrt{PA^2 + 2AC^2} = \sqrt{3}a$,

所以 $R = \dfrac{\sqrt{3}}{2}a$.

所以 $S_{球} = 4\pi R^2 = 4\pi \left(\dfrac{\sqrt{3}}{2}a\right)^2 = 3\pi a^2$.

综上可见,通过对一道典型课本习题的引申和变式,使我们能更进一步地了解到一类形异实同的问题的内在联系,有利于我们掌握解题的规律,增强解题的主动性和灵活性,培养创造性思维. 另外,通过变式和引申还可以提高学生

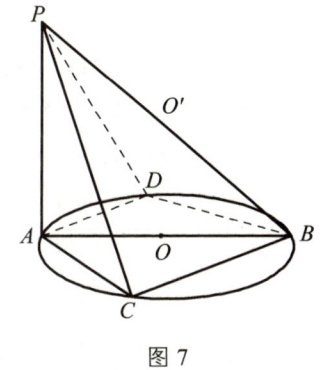

的学习兴趣，培养其思维的广泛性以及探索、创新的能力，这也是目前高中数学研究性学习的一个发展趋势，更进一步满足了素质教育的要求.

十九、在新教材教学中培养学生的阅读能力

高中数学新教材的编写，旨在进一步提高学生的思想道德水准、文化科学知识水平、审美情趣和身体心理素质，培养学生的创新精神、实践能力、终身学习的能力和适应社会生活的能力，促进学生的全面发展，为高一级学校和社会输送素质良好的合格的毕业生. 因此，培养学生的自学能力，是目前高中数学教学的关键. 由此，教师要做好学生的思想工作，使学生端正学习态度，明确和遵守"阅读准则". 教师的根本任务是指导学生自己阅读、自己操作，通过自学获取数学知识.

1. 教师要深入钻研新教材，认真备课

钻研新教材、备课，比传统教学要求更细、更高，教师不仅要弄清基本概念，掌握定理、公式的证明和例题的演算，而且还要弄清课文的结构，估计学生不易看懂的难点，并考虑如何突破它.

新教材的指导思想是：遵循"教育要面向现代化，面向世界，面向未来"的战略思想，贯彻教育必须为社会主义现代化建设服务，必须与生产劳动相结合，培养德、智、体、美、劳全面发展的社会主义事业的建设者和接班人的方针，以全面推进素质教育为宗旨，全面提高普通高中教育质量. 教材非常注重理论与实践相结合，删减了大量的与实践不大相符的内容，增加了与实践密切相连的概率、统计，用向量取代了立体几何中的难点问题，以便于学生自学和阅读. 教材所选的例题一般都从实例到抽象，再应用于实际；且注意从旧课引入新课，通过以新带旧进行复习；证明步骤有根据，叙述逻辑性强，说理充分；解题有分析，有综合；习题与例题配合较好，类型、数量搭配合理；把过去的一些高考试题选为习题，加强了学生的高考意识. 教师可根据学生的具体情况，恰当地处理. 因此，教师钻研新教材和备课时，必须认真发掘这些以引起学生的自学兴趣，指导学生自学.

2. 阅读教学的准备阶段和讲解性的阅读

学生由初中升入高中，刚开始接受自学教学，看书时会遇到许多困难．首先是学生缺乏阅读的习惯，不懂阅读的方法，读书时不善于进行思考．有的学生死记硬背，却不明词意，再加上数学的专用名词术语、抽象的符号等，这些都给初学者带来很大的困难．这时教师就应采取讲解性的阅读方法，以讲带读，并将之作为自学教学的过渡阶段．这样做的目的是培养学生使用课本的习惯，让学生初步掌握一些阅读的方法．而对书中的难点和关键部分，应由教师带读，重要内容让学生齐读或一起操作．

3. 自学教学的课堂教学及学生阅读能力的培养

（1）教师确定自学提要，学生带着提要自学．

布置阅读提要，目的是帮助学生看书时能抓住主要内容，学会如何进行思考，并使他们明确：通过阅读，要了解什么？弄清什么？

学生自学时，教师要给予阅读方法上的指导．具体做法是：一是从整体上，要求学生做到粗、细、精相结合．二是按照教学内容提出不同要求：阅读概念，要理解，会判断，能叙述和举例；阅读法则或定理，要分清条件和结论，掌握推论方法，能具体应用；阅读例题，要审明题意，注意解题格式，加强运算；读完一段，要注意归纳这段课文的要点．

（2）提问检查，重点讲解．

在学生阅读操作基本完成的基础上，教师根据教材内容，结合学生中存在的带有共性的疑难问题，有计划、有目的地进行设问，重点讲解．对一些重要的概念，要求学生能准确无误地、完整地进行表达，以提高学生的口语表达能力．在这段教学过程中，教师的讲解是穿插在提问检查之中进行的，讲解的内容可以更精练、更集中、更具有针对性，也更符合学生的实际，这样方能吸引学生的注意力，使讲解真正做到精其所精，重其所重．

（3）练习巩固、纠正错误．

在自学教学中，采用一些合乎逻辑的练习和作业，能提高学生的阅读效率，促进其认识能力的发展．随着阅读能力的提高，教师真正做到了精讲，学生在课堂上练习的时间也就更充裕．新教材的习题配套很好，和例题联系紧密，基本题型多由浅入深，配套成龙．

(4)整理归纳、总结提高.

每学完一节、一章,应对所学的知识进行系统的整理归纳、小结,这是练习和作业的深化和继续.小结要逐步提高要求:课堂小结先由教师小结再逐步引导到学生小结;由小结知识要点逐步过渡到小结知识间的内在联系,解题思路,方法和技巧.

学生通过阅读操作,能否提出问题以及提出什么样的问题,是衡量学生对所读内容理解深浅的重要标志.在教学中,可以设置疑难问题卡片,鼓励学生提问.平时可多开展一些专题讲座或组成学生学习小组,让学生交流学习体会,这对提高学生的自学能力和阅读水平都有很大的帮助.

中学教学中的艺术研究与实践

一、试论课堂教学艺术美

二、再谈数学美与美育

三、如何提高学生对数学学习的兴趣

四、如何优化课堂教学的气氛

五、怎样培养学生的口头表达能力

六、教师课堂口语的艺术性

七、课堂板书的艺术性

一、试论课堂教学艺术美

教师是一个教书育人的特殊职业，教师的课堂艺术和教学效果，既要依靠个体的主观努力，更需要集体的合作和协调．教师群体的整体效应直接影响到学校教育教学的质量．美的重要标志是和谐，我们可从"森林原理"中得到启示：乔木、灌木、草皮，既有向阳的竞争性，又有相互衬托的互补性，彼此的存在和互补构成了自然美．而对美的追求，促进了群体向着既竞争又合作、和谐的方向发展．教师的心灵美、语言美、行为美、仪表美，对学生产生着潜移默化的影响，它使学生的品格发生了质的变化，以美立校，以美施教，以美育人的形象，在社会中逐渐展现出来．

在各学科教学中，挖掘和渗透审美教育内容，能让学生在小小的教室里，接受美的熏陶，并生动、主动地培养技能，吸收知识．学生的形象思维和逻辑思维得到同步的开发，有利于其潜能的开掘．实践证明，优化课堂教学，加强学科课程的审美教育，能优化学生的心理活动结构，主动地变"要我学"为"我要学"，文化素质也将随之逐步提高．因此，要成为一位优秀的中小学教师，提高课堂艺术教学效果，就必须做到以下几点：

1. 教态美

教态是教师工作的一个窗口，从这个窗口可以反映出教师的思想、行为、能力．教师的一个眼神、一个微笑、一个动作甚至一举手一投足都会给学生留下深深的印象并带来深刻的影响，收到良好的效果．尤其在当前的信息社会中，只把我们的注意力放到某个范畴的信息上是不够的，我们还应注意到这个范畴之外能感知到的信息，力争通过教师的形象艺术来调动学生有意识的知觉和无意识的知觉，促使学生学到更多的知识．

眼睛是心灵的窗户．人的眼睛和舌头说的话一样多，不要字典却能从眼睛的语言中了解一切．心理学家研究表明：课堂上，教师的眼神和学生的眼神相接触愈多，其讲课时获得学生的信赖、激发学生兴趣的可能性就愈强，教学效果就愈好．

凡是一位优秀的教师，上课时他的眼睛是会说话的. 当他走上讲台，他就能从学生中获得大量的反馈信息，用以调节课堂教学；学生也会从他的眼神中获得信心和力量. 他时时都在向学生传达着微妙的信息. 有时，当语言难以表达思想感情时，他就用眼神来传递，他那种亲切而自然的眼神，时时传达着他对学生的期望、信任和爱护. 美国著名心理学家艾伯尔·梅拉别思的研究表明：

信息的效应=7%的文字+38%的声音+55%的面部表情.

一位优秀的教师，会善于运用自己的表情来调节和影响学生的情绪、情感. 他那开朗、和蔼微笑的表情，给学生如沐春风之感，为自己的课堂教学创造了良好的心理环境. 所以同样的教学内容，同样的学生，由于教师教学时的面部表情不一样，学生所获得的内心体验是迥然不同的，产生的效果也不一样.

2. 情感美

教师没有真挚、强烈的情感，不可能把课上得成功. 教师的形象艺术也是学生乐学、爱学、勤学、巧学的内在动力，师生互爱的情感，在人的一生中会留下不可磨灭的记忆. 教师的和蔼态度是爱的最具体的表现. 教师的每一个微笑，都是一个爱的音符；每一束真诚的目光，都传递着鼓励和信任的信息，给学生以勇气. 在课堂上，教师的每一个动作不仅是展示自己的气质、风度、能力水平的有效方式，还能增强教学的感染力，吸引和稳定学生的注意力，起到"无声胜有声"的作用.

3. 语言美

语言是教师与学生进行交流的工具，是完成教学任务必不可少的手段. 常言道："闻其声如见其人". 一位优秀教师的课堂语言应如演说家讲演一样，或讲解，或提问，或答疑，声声悦耳，令人如沐春风、如沐春雨，使学生在审美愉悦中获得新的知识. 可见，语言能反映一个人的特征. 一个教师的语言是同他本身的素质、修养相联系的，教师的优美语言可以反衬出教师的光辉. 我们要重视语言修养，讲究语言艺术，力争给学生带来美的享受.

4. 板书美

板书是教师精心构思的艺术结晶，是学生感知信息的视觉渠道，是发展学生智力和形成良好的思维品质的桥梁. 一位优秀教师的板书应字迹工整,结构严谨,条理分明,正副板书布局合理,它以独特的艺术魅力,给学生以美的感染.

总而言之,提高课堂艺术教学效果,可以改变学生的心理结构,提高他们的心理素质,从而促使学校教育教学质量的明显提高,以及科学文化素质的提高. 实践证明:审美教育能有效提高人的整体素质;审美教育能改变学校的教学效果,从而造就大批的社会良才.

二、再谈数学美与美育

数学美曾经是 20 世纪 80 年代数学教育学中的热点话题,许多人都从数学结果的特点来论数学美,并以此出发谈美育,但仅从数学美的内容看,是不易解决好数学美育问题的. 目前,对数学美的认识较纷繁,因此数学美需要再探讨.

1. 数学美的再探讨

日本著名数学教育家米山国藏认为,数学美可分为形态美和神秘美. 形态美与徐利治先生的说法一致,而神秘美是由内心深处来体验的. 他说:"发现数学中深深地潜藏着美——从科学的深处发现看起来不同的事物在本质上的一致性,看起来无关的事物间的深刻联系,极其复杂的运算的结果为一最简单最原始的数,等等,就自然会在心中萌生一种由神秘美感所激发的快乐美好的情感."他还说:"实在形容不出陶醉在这种神秘美中的心理状态来." 可见,数学美也有一种情感体验,这是一些美学家所没有想到的.

法国数学家彭加勒在名著《科学与方法》中提出了"科学美"的问题,引起了人们的各种讨论. 有的学者认为科学美是理性美,是规律性强的、和谐的表现方式之美. 其特征是:抽象的、理性的、非直观的,即非人的耳目等感觉到,而必须通过人的抽象思维对事物本质获得理性的认识后才能产生愉悦情感的. 数学美也如此. 另一种观点则认为,科学美的科学性强,从总体上说,不是审美对象,它不是广大群众普遍可观赏的形式美.

我们认为,科学美与数学美不同于艺术、自然的美,前面的观点已反映了这一点. 但是数学美与艺术美、自然美是可联系的,同时,也要对审美主体进行考查. 如一位数学家在艺术上有了一定的修养, 他会下意识地进行相似联想 (类比), 同样体验到自然之美. 一些不了解数学的人, 或即便了解尚体验不深的人觉得数学枯燥无味, 这如同贝多芬的交响曲, 对没有音乐修养的人来说也会觉得乏味. 难怪乎, 越是数学家, 越易谈数学美; 在数学教学中, 经验越丰富, 实践越长的教师, 越易感受到数学美.

我们认为, 数学美可以从两方面来讨论. 众所周知, 数学具有极度抽象性、严密性和应用广泛性三大特点. 但随着《数学与猜想》《数学领域的发明心理学》等研究成果的出现, 数学工作者逐渐重视数学中的合情推理, 注目于数学的创造过程, 包括直觉、灵感等问题. 数学家们认为, 数学创造就像艺术工作一样. 但是现在人们所谈的数学特点在很大程度上是数学结果的特点, 它掩盖了数学的创造性活动中许多有益的东西, 此过程中的审美问题当然也被忽略了. 数学可以表示一种思维活动 (数学活动), 而数学活动主要是数学家的思维活动. 因此, 数学活动的特点不应忽视, 我们可从数学结果和数学活动两条路线来认识数学美, 这样一来数学美可分为如下三种: 其一是数学内部的美, 即理性美, 它由数学结果反映出来. 数学概念的简单性和统一性、结构系统的协调性和对称性、数学命题和模型的概括性和普适性都属于理性美. 其二是数学所展示数学创造的美, 即"艺术"美. 其三是数学的语言和符号、图形所表现的, 它与美术中的图画类似, 即外在美, 它有视觉上的可感性. 于此, 人们把数学的理性美、"艺术"美和外在美与自然美等做相似联想而体验到的美就是美学中的"移情"现象.

(1) 关于数学的理性美已有许多论述, 但是这些论述中一般忽视了创造过程的"艺术"美. 彭加勒说, 缺少特殊审美感的人永远不能成为真正的创造者, 数学创造就是做出选择, 我们说这种选择即"艺术"美. 定义是数学"艺术"美的手段, 也是数学家的匠心所在. 概念必须定义和命名, 这种定义就是用精练的语言来揭示事物的本质属性的过程. 如中学数学中三角形、平行四边形、圆等概念的定义. 但它反映数学中的"艺术"美还是很少, 因为这些事物很直接, 根据这些事物的存在性, 对其本质属性进行抽象即做出定义. 但是在高等数学中, 尤其是现代数学中, 定义新的概念往往已预示着某个问题的解决. 定义具有选择性和期望性. 如点集拓扑中定义了分离性 $T_e, T_1, T_{\frac{1}{2}}$ 等后得到了很好的性质. 众所周知, 每一篇数学论文里, 最开始都是新的定义出现, 而且往往是定理容易而定义却很难. 定义提供了双重目的, 它们既以严格概念代替模糊的概念, 同时又是非常好的证明工具. 数学分析的积分概念 $\int_a^b f(x)dx$ 中, $f(x)dx$ 是微分形式,

但是对 $\iint_D f(x,y)\mathrm{d}x\mathrm{d}y$，$f(x,y)\mathrm{d}x\mathrm{d}y$ 未做精确的定义，然而当定义了"尖积"之后，就把 $f(x,y)\mathrm{d}x\mathrm{d}y$ 与 $f(x)\mathrm{d}x$ 统一起来了．定义理想元素也是"艺术"美，如无穷远点的引进保证了"对偶原理"在射影几何中的有效性，直线与圆也得到统一．数学中虚数 i 的引进、负数的引入都是艺术美的考虑．

收集、整理数学成果是"艺术"美的手段，即数学中公理方法的使用．《几何原本》是第一部具有公理倾向的书，它把零碎的、分散的成果，用逻辑的链条整理成严密的体系．一些大数学家称它为"雄伟的建筑""壮丽的结构""巍峨的阶梯"．这正是欧几里得的艺术匠心所达到的成果．

化归、推广也是"艺术"美的手段．数学家往往把要解决的问题化归成已解决或容易解决的问题，你会被他的"化归"技巧所折服．如欧拉对"七桥问题"的解决就很好地说明了这一点．推广是为了达到数学定理的和谐与统一，现在，现代科学越来越走向统一正是归功于数学家的推广"艺术"．

（2）古希腊的华氏学派曾提出"一切平面图形中最美的是圆""一切立体图形中最美的是球"．它反映了数学的外在美．华氏本意是说，数学研究了最美的图形，并不是说数学本身美．黄金分割律不是数学的美而是图形等事物的形式美所遵循的数学关系式，人们往往把黄金分割律说成数学美，其实这种说法混淆了图形美与数学内在的美．但是黄金分割律广泛地应用到其他领域，这种规律的数学抽象不能说不是数学的理性美．如一朵多重花瓣的鲜花，从心蕊算起，由里往外，多层花瓣的数目依次排成"斐波那契级数"，愈到后面两数之比愈接近 0.618，这说明自然界美的事物反映了黄金分割律．数学中的公式追求一种外在的形式美，而这种外在的美也有利于记忆．

（3）数学的理性美、"艺术"美、外在美以及"移情"是统一于数学美之中的．理性美是"艺术"美的结果，只有通过"艺术"手段才能达到理性美．外在美是理性美所表现出的或者是与绘画美相类似的，外在美在视觉上是可感的．例如，数学美的典范

$$e^{i\theta}=\cos\theta+\mathrm{i}\sin\theta，\quad e^{i\pi}+1=0$$

是理性类与外在美的统一．"移情"要通过"艺术"美、理性美与外在美才能产生，并与个人的生活经验相关．

我们可把四者关系表示如下：

现实世界中数学研究对象 $\xrightarrow{\text{创造过程}}$ $\left.\begin{array}{c}\text{外在美}\\\text{理性美}\end{array}\right\}$ $\xrightarrow{\text{移情，感情体验}}$ "艺术"美

2. 数学的美育问题

数学美育是指培养学生感知数学美、鉴赏数学美的能力，让学生逐渐形成对数学美所具有的一定的接受力、理解力和创造力. 数学教学是数学活动的教学，学生如能进行一定的数学活动，就能真正体验到数学美. 按照我们以上的探讨，数学教学过程也是对学生进行美育的过程. 数学的理性美可培养学生的抽象、逻辑思维等能力；"艺术"美可使学生学会创造数学美；外在美能使学生结合自然、"艺术"美体会数学美. 体验数学美须有一个潜在意识的相似联想，例如，数学中优美的公式如同但丁神曲中的诗句，黎曼几何和普兰克的钢琴协奏曲一样优美，这无疑是做了相似联想，因为感觉到了它们之间的相似之处和共同的美的规律.

一般的学生会觉得数学枯燥无味，逻辑性强，难学，很多学生对数学学习失去信心，因此，作为教师，要在数学中把握数学美的全部内容，能寓教于乐. 这也需要教师能把数学的"艺术"美、外在美展现出来，同时能进行相似联想. 教师要与学生共同体验数学美、创造数学美，要了解学生，既要展现教师自己的审美感受，也要让学生通过他们的生活经验感受美. 教师不要把美强加在数学身上，应该在以教师为主导. 学生为主体的教学思想下，师生共同创造美，变苦学为乐学.

限于中学生的认知水平和年龄特征，数学的理性美不宜强调，但也不能否定数学严密性的教学. 正如《几何原本》这个美妙的平面几何体像"雄伟的建筑""壮丽的结构"，又有多少人能体验呢？如做不好学生反而觉得它像木乃伊. 因此中学数学的美育教育要重视外在美和"艺术"美，再结合相似联想，逐渐过渡到理性美. 另外，还可从可感知的生动形象入手. 如在平面几何教学中，可从图形的外在美过渡到理性美中去，并进入到教学的"艺术"创造活动中去. 结合相似联想能调动学生的非智力因素，如果能使学生从理性美、"艺术"美中体验到它与自己生活经验的相似性的美，就能激起他们学习数学的兴趣.

教师应在注意学生已有认知结构的基础上，加强数学美的素质修养. 学生开始时对数学美的内容了解得很少，这段时期教师应把数学美与生活中的美相联系，进行相似联想. 学生一旦对数学美的认识及所掌握的数学事实增多了，就能有意识地揭示数学美的具体内容，也就能直接在数学活动中，体验到理性美、"艺术"美. 进而潜意识地联想到大自然的美，获得学习数学时的美的享受，其创造思维能力也会相应得到发展.

三、如何提高学生对数学学习的兴趣

学习兴趣也叫认识兴趣,它是学生对学习活动或学习对象的一种力求认识或积极趋近的倾向.如果说"勤奋出天才",那么,"兴趣又是勤奋的动力".当学生对数学感兴趣时,他总是积极主动、心情愉悦地去进行学习而不会觉得这是一种沉重的负担,否则,学生就可能只是形式地、勉强地去学习.此时,教师若不改进教学方法,不去关心学生,鼓励学生,必然导致学生对数学失去兴趣,甚至对数学学科产生厌倦情绪.那么我们如何来提高学生对数学学习的兴趣呢?下面谈三点看法.

1. 从学生的错误中进行引导

课堂教学中,难免会碰到学生板演时出现错误,如何对待这些错误,这不仅仅关系到学生学习知识的准确性,而且更多的是关系到学生学习数学的主动性、自觉性和深刻性;若处理得好,可以提高学生学习数学的兴趣,提高学生的学习能力,培养学生勇于探索、刻苦钻研的精神.教师在对待学生所犯的错误时,不能简单地进行否定,而是要认真分析错误产生的原因,并从错误中"引导"他们找到正确的解法,这样,不但使学生找到了出现错误的根源,还能激发学生勇于探索的精神.

2. 正确对待学生的提问

由于每个学生的学法不同,其数学成绩会出现差距,学生所提出的问题也会深浅不一.如果不能正确地对待学生的提问,这些问题就会越积越多,进而影响新课的学习,以致最终其问题太多,成绩一落千丈.对课本上的基础知识性的问题,教师应指导他们先消化课堂内容,透彻理解教材,以养成"想好了再做"的好习惯;否则,即使他们问得再勤,也不能融会贯通、举一反三,无法进行知识的迁移及理论对实践的指导,学习也难以成功.对课外偏、难、怪方面的问题，教师也要及时对学生做出学习方法上的辅导，给他们讲"万丈高楼平地起"的道理，千万不能一味地加以批评，而是让他们端正学习态度，摆正自己的位置，立足于课本，立足于课堂，立足于基础去发展自己.

3. 以数学美的特征引趣

如果教师在解题教学过程中，能有意识地克服和减少思维的片面性和绝对化，并通过揭示数学中的简洁美和奇异美的特征，用新的观点、新的方法从事物之间的联系和矛盾来理解事物的本质，学生就会感到趣味无穷.

我在一次数学课上，遇到计算

$$\frac{11}{111} + \frac{111}{1111} = ?$$

时，大多数学生都片面地思考用通分运算方法解之，结果非常麻烦. 此时，我提醒，可否考虑倒数法. 经过提醒，学生们很快找到了简捷的解法，这种解法充分体现了数学的简洁美.

数学的一些特性，以及它丰富的内容、深刻的思想、巧妙的方法、悠久的历史，为我们在数学教学中培养学生的兴趣提供了得天独厚的条件. 只要我们去做有心人，有意识地培养，并长期坚持下去，就一定能激发学生学习的兴趣，改变一般学生认为数学"枯燥无味"的看法，促使他们主动地去学习数学.

四、如何优化课堂教学的气氛

课堂教学的效果不但取决于教师如何教、学生怎样学，还取决于一定的教学环境. 其中，教学环境包括教学的物质环境和精神环境. 这里所说的精神环境就是指课堂气氛. 课堂气氛是指在课堂中师生之间围绕教学目标展开的教与学活动而形成的某种占优势的综合的心理状态.

积极的良好的课堂气氛，会给教师和学生带来愉悦的氛围，会使师生双方精神焕发，思维活跃，灵感迸发. 而双方在教与学过程中的情感交融，心理共振，配合默契，能使教师教的最佳心理状态和学生学的最佳心理状态相吻合，这样就能激发师生各自充分发挥潜能，并高质量地完成教学任务，最大限度地实现教学目标．苏联教育家苏霍姆林斯基说过："如果教师不去设法使学生形成这种情绪高涨、积极活跃的状态，那么知识对学生来说，只能使他产生一种冷漠的态度．而不动情感的脑力劳动只会给学生带来疲劳，甚至最勤奋的学生，尽管他有意识地集中自己的所有去识记教材，他也会很快'越出轨道'，丧失理解因果联系的能力．"因此，作为一位教师，要十分重视课堂气氛的作用，要去创造良好的积极的课堂气氛，使之成为传授知识，培养情趣，启迪智慧，提高觉悟的催化剂．

1. 以教师的人格魅力去感染学生

教师的劳动不仅仅是"传道、授业、解惑"，它还具有以人格来培育人格，以灵魂来塑造灵魂的特点．其中教师的人格力量是第一教育力量．每一位教师都要为塑造高尚的人格、完美的形象储备合理的知识结构、扎实的专业知识水平，进而形成高超的教学业务能力．只有这样才能使广大学生亲其师、信其道，才能为形成良好课堂气氛创造前提条件．

现代教育应注重学生多方面素质的培养，而素质教育的关键是教师的素质．如果教师能说一口声情并茂的标准的普通话，怎不令学生倾倒；如果教师能写一手清秀隽永的粉笔字，潜心钻研板书艺术，每上完一堂课就有一幅精美的板书，怎能不令学生久久难忘；在教师的人格魅力影响下，课堂教学气氛怎会不和谐．

2. 以"倾听""接纳""欣赏"的方式鼓励学生

倾听学生的述说，能体现出对学生的尊重，能给予他们说话的信心和勇气．学生虽然稚气未脱，却思维活跃、想法奇特、灵气十足，这恰似一颗"创造"的种子孕育在心里，需要悉心呵护才会使其生根发芽，长大成材，任何一个疏忽都可能使它夭折．因此，老师的倾听应用眼睛去观察，用心灵去体会，应站在学生的角度去思考，关注学生的关注，惊奇学生的惊奇，感受学生的感受，贴近他们丰富的内心世界，认识他们多彩的情感天空，并在适当的时候，肯定他们敢想，鼓励他们敢说，称赞他们能说．

课堂教学是双向的，对话是平等、互动的，这里没有言听计从，没有权威的主宰,更没有绝对地服从;否则,师生对话将无法延续.当然,要做到这一点,教师就不能高高在上,就必须放下架子,把学生真诚的当朋友.真诚的接纳,才能让学生才思泉涌,妙语连珠;真诚的接纳,才能让教师看到他们情趣盎然的精神家园.

老师的欣赏是每一位学生都渴望得到的.老师的一次善意的点头、一个会心的微笑、一句诚恳的表扬都如同一场适时的好雨,滋润幼苗向上的信心和生长的力量.因此,可以说教师的欣赏是一支神奇的魔棒.学生被教师欣赏是一种幸福,是一种被点燃的信任,他们会在被欣赏的喜悦中体验奋发、尝试崛起.欣赏是一种境界,一种沙里淘金,它犹如一盏高悬的智慧明灯,给人一种发现绿洲的快乐.

"倾听—接纳—欣赏",这不仅是一种师生交流的方式,更重要的是这种平等、和谐的氛围,能够让学生的个性得到张扬,能够形成师生互动的学习环境,能够促进学生高尚品格与高雅情趣的塑造.

3. 以"民主""和谐"的教学作风来组织课堂教学中的师生关系,直接影响并制约课堂气氛

建立民主和谐的师生关系是优化课堂气氛的重要条件之一,这就需要教师以民主教学作风去组织教与学活动.这种教学作风,有利于培养学生热爱学习的内在动机,挖掘学生的学习潜能;有利于师生之间进行双向交流与反馈,唤起学生学习的兴趣和热情;有利于学生参与教学过程,使学生产生成功的满足感.学生在民主和谐的气氛中学习,心情舒畅,思维始终处于积极的、活跃的状态,敢想,敢说,敢谈,敢问,敢于质疑问难,勇于大胆创新,乐于发表意见.其次作为新时代的教师应及时了解当代中学生的生理、心理和思想特点,淡化教师作为教育者的角色痕迹,重视师生间的非正式交往和非语言交流.在构建民主和谐的师生关系过程中,要善于发挥"情感效应"的作用.教师积极的教学情感,是开启学生智力和美好心灵的钥匙,是激发学生追求真理的动力,更是建立民主和谐师生关系的关键.只有这样才能使教学活动别开生面,生机盎然.

心理学家勒温和李皮特等人通过实验发现:教师与学生合作,和睦相处时,学生情绪高涨,表现出极大的活动兴趣,反之,如果教师对学生专制、苛刻,学生的表现不是冷漠无情就是怀有敌意.师生之间没有心灵沟通,缺乏情感共鸣,是难以产生"合力效应"的.因此,现代课堂必须注重师生之

间真诚的、积极的情感交流，进而达成和谐的、合作的教学气氛，以建立最佳的教学情景．

4. 如何优化课堂教学气氛

（1）改变从反思开始．

新课程改革开始后，学校教育科研指导部门，应对以前科研培训的实效性进行反思．通过调查发现，学校的骨干实验教师（包括科研干部）对科研方法并不陌生，但实际应用能力比较差，为此，可通过学校校本培训，采用"学—研—做一体化"的教育科研培训模式．

（2）探索在实践中进行．

首先在科研干部培训中采用"学—研—做一体化"模式．

学——每月一个主题，主讲教师将学习内容通过网络提前告知学员，学员能够在课前了解相关学习内容．这个过程称为"自学与引导前置"．

研——课堂上，主讲教师先出示学习目标和要求，使大家带着明确的任务进入学习状态，然后结合具体实例，改变过去单向式的讲解方法，采用以小组为单位的互动参与式学习．在讲到关键环节时，中间要提出有价值的问题让学员进行小组讨论，每次由不同的人代表小组做总结性回答，以此培养学员的倾听能力和组织概括能力、在集体面前流利表达观点的能力和对所学知识的即时性理解能力．同时，课堂上要布置练习的具体内容，组织大家现场演练．这个过程称为"学习与研究同步"．

做——学习后布置实践性作业．将你今天的感受与学校的课题组分享并对本校在课题结题前的准备工作做初步规划，把学校一些好的想法及时挂在网上，方便大家可以相互学习．这个过程称为"应用与拓展结合"．

（3）效果在校本研修中检验．

教育中心科研部及时向学校推广这种"学—研—做一体化"的研修模式，并直接介入学校的校本培训活动，共同探索"学—研—做一体化"在学校的应用途径．学校的培训要抓住以下几个环节：

① 准备环节．首先是选择有针对性的研修内容；其次是指定研修任务的承担者，让教师在培训过程中成为本校自主培养的专家；最后是给予方法与策略的援助指导．学校分管领导跟组参与，提供方法，敦促准备工作的进行．培训后，中心科研部及时对培训活动现场提出反馈意见，并将进一步改进的办法书面提

交学校，以供参照改进.

② 演练环节. 教师即时参与，亲自体验，现场内化，要做到这一点，需要提供有价值的学习提纲，以便学习者参照. 要加强演练环节的纪律要求，明确演练的任务和目标.

③ 反思环节. 尽量使反思的主体多元化. 如北京路小学在培训时，组织培训任务的承担者、组织者对培训活动进行反思，使得参加者对如何组织和开展这种培训活动有了认识；组织培训准备中的演练者、受训者进行反思，使得参加者对如何在不同学科中合作的策略形成了比较深入的认识和体会；同时，尽量引导反思者将每一次学习的内容有意识地前后联系，以便获得对培训主要内容的清晰认识.

（4）思考在新的工作任务中延续.

随着对这样的学习模式和系统思考方式的认同，这些科研骨干将这些新经验带到学校中去，使之逐步成为学校干部、教师在教学、研究、学习过程中不可缺少的一部分.

这种方式之所以受到学校的欢迎，主要基于三点：

① 培训的内容新，它考虑到了学校干部教师的实际需求和接受水平；

② 培训的方法活，它倡导共同参与为主，调动参培者的主体性；

③ 培训效果实，在"做"的过程中，教师不仅对学习内容有了更深的了解，而且与学校的科研与课堂教学紧密相连.

五、怎样培养学生的口头表达能力

语言是人类最重要的交际工具和思维工具，是知识信息的载体，是打开知识宝库的钥匙，是沟通师生心灵的桥梁. 它采用声音作为手段来表达意思，交流范围广，可随时随地、"随心所欲"、及时准确地表达说话者的意图. 古今中外，以说取胜的不乏其人. 苏秦游说六国，"约纵连横"，名扬四海；丘吉尔首相就任演说精彩绝伦，鼓舞起英国人民抗击法西斯的斗志，功盖天地；邓小平关于对香港地区恢复行使主权问题的一度谈话，气盖山河，举世震惊……可见，说的作用不可低估.

那么，怎样进行说话训练呢？我们可从以下四个方面入手.

1. 克服地方语言障碍，避免语意分歧

在经济高速发展、人际交往日益频繁的今天，"说"的地位和作用越来越重要，准确、流畅、简洁的口头语言将成为每个人的需要．人与人的交往范围较广，并不局限于某个生活圈，平时的语言活动一般都以所在地和地方语言为主，这就给正常的语言交流带来障碍．因此，在教学中，教师应该带头说好普通话，课上提问、师生对话要一律使用规范语，发现错误及时纠正，日积月累，学生口语表达能力就会逐渐提高．

2. 抓好课堂说话训练

课堂教学是学生获取知识、培养能力的主要渠道，要使用科学的艺术的教学手段，有效地对学生进行口语训练．其内容、方法主要有：朗读训练，这是语言教学中必不可少的训练内容，对练好"说"的基本功很有用处．教学时，要指导学生一定注意作品的文体特点，把握住感情基调，控制好音量、节奏，做到有表情地朗读，必要时还训练学生针对不同的课文内容变换语气、语调，改变音色，读出情趣、韵味，读出人物的性格，使学生于反复吟诵之中逐步掌握语言技巧，增强语言的表现力、感染力．

3. 把说话融入作文训练

口头作文是一项较高层次的口语训练，它要求学生在较短时间内按规定要求"说"出一篇中心明确、语句连贯、相对完整的小文章来．因此，在作文课上，应有意识地安排学生多说，根据给定的与本次作文有关的写作材料，让学生在作文前首先熟悉素材，老师多角度地适当给予提示．在学生具体说时，可采取教师说前半句，学生说后半句，或者教师说一句，学生接着说后一句的方法．有时教师干脆采用由扶着走到放手走的方式，让他们自由说；有时又可让同桌互相交流，这样一直训练到学生有条理地说下去，能够充分做到先说后写，扬长避短．

4. 组织课外活动，把口语训练和课外活动有机地结合

在课堂上进行训练，收效固然很好，但受时间、空间的限制，达不到一定的深度、广度，还需要把这一训练延伸到课外．如我们可利用每周班会时间开展

演讲会、猜谜语、辩论会等，在这些活动中，争强好胜的学生就会活跃起来，这不仅训练了他们的口头能力，还锻炼了他们的胆量，增长了见识，提高了他们的语言素养，以更好地适应时代的要求和自身的发展需要．

总之，教师经常不失时机地给学生营造说话环境，让学生多说、乐说、善说，这样就能真正提高学生的口语表达能力，使其真正做到能说会道．

六、教师课堂口语的艺术性

1. 口语的艺术性是教师职业素养的必备要求

其主要形态表现为：

（1）注重直观．

用生动、形象、可感的艺术语言，如生动的叙述、形象的描绘、恰当的比喻、具体的例证，来唤起学生们的想象与联想．这样既符合学生在接受知识方面具有具体形象的特点，又有利于学生对抽象概念的理解和对事物本质的把握．

（2）注重语流．

汉语具有独特的美感，即音乐美与色彩美．教师在教学口语的语流控制上，应注意三个方面：一是速度，二是语调，三是响度．

（3）注重态势语．

作为行为语言的态势语，具有"磁力效应"，是辅助有声语言进行有效表达的重要手段，它包括动作、姿态、表情等．在教育教学活动中，恰到好处地使用态势语会使口语表达效果更趋圆满．教师的态势语有别于演员，具有自身的职业特点，通常以自然、大方、端庄、灵活为好，重"表"而不重"演"．

2. 教师口语的艺术风格分类

教师口语的艺术风格，从话语风格的倾向来区分，有以下几种类型：

（1）平易流畅，简练鲜明．

教师话语的语义显豁，语势顺畅，话语干净利落．

（2）自然朴素，言近旨远．

教师话语无任何雕饰，如话家常，但浅近中包含了丰富的知识信息和哲理思辨，具有一种语言的朴素美和纯真美。

（3）生动形象，娓娓动听。

善于运用设譬、拟人等形象化的修辞手法，巧于口语修辞，话语非常生动形象。喜欢用描述性的语句讲授较抽象的道理。

（4）庄重典雅，蕴藉含蓄。

教师的语态庄重，不善言笑，说话多用肯定句式，给学生以不容置疑之感，具有话语的感召力。喜欢不把话讲透，多以含蓄的语句表达。

（5）诙谐幽默，妙语连珠。

讲课时谈笑风生，不死板。好用幽默诙谐的话语讲说，课堂里不时传来笑声。话语的语速较快，语流顺畅，妙语连珠，常使学生为之倾倒。

（6）情感激越，话语深沉。

讲课时易动情，语言中包含激情，多使用惊叹式语句和语气，声调铿锵，有时一句一顿，似重锤敲在学生的心坎上，有时又话语柔绵，沁人心田。

七、课堂板书的艺术性

板书是上好一堂课的关键，一个好的教师，要有一个好的板书，要充分认识到板书的作用和掌握好板书的原则。

1. 板书的作用

（1）板书是课堂教学的重要组成部分，是传递教学信息的有效手段，是教师口头语言的书面表达形式。在教学中，它有增强语言效果，加深记忆的作用。

（2）板书和诉诸听觉的有声语言是相辅相成的，可弥补语言表达的不足。在表达问题上它更准确、更清晰，更容易被学生所接受。

（3）板书通过学生的视觉器官来传递信息，比语言富有直观性。尤其是板书在表现事物的发展变化方面，是挂图、幻灯片不可比拟的，能加深学生对问题的理解，在脑海中留下深刻的印象。

（4）板书对教学内容具有高度的概括性，它能条理清楚、层次分明地提示一节课的教学内容. 一节课的内容通过板书可以一目了然.

（5）一般是在讲解重点、难点教学内容时进行板书，并且在关键的地方可以圈圈点点，或用不同颜色的粉笔书写和绘画，因此，它能突出教学重点、关键点，解决教学难点.

（6）形式优美、设计独特的板书具有激发学生兴趣、启发思维的作用. 独具匠心的板书，能引起学生的浓厚兴趣，有的甚至使学生终生难忘.

2. 板书的原则

（1）书写规范，有示范性.

板书要工整，必须遵循汉字的书写规律，做到书写规范、准确. 要把握汉字的基本笔画和笔顺规则，不倒插笔，不写自造简化字. 字的大小以后排学生能看清为宜. 教师板书时，一定要一笔一笔地写字，一笔一笔地画图，让学生看清楚，对一字一句，甚至标点符号都要有所推敲. 教师的板书除了传授知识外，还有一个引导训练学生养成良好书写习惯的重要任务. 板书规范、书写准确、有示范性，是教师在教学中应时刻信守的一条原则.

（2）语言准确，有科学性.

这是从内容上对教师的板书语言提出的更高要求. 虽然板书在教学上是间断地出现的，但是最后总要形成一个整体. 板书要让学生看得懂，引人深思，不能由于疏忽而造成意思混乱或错误. 因此，板书用词要恰当，造句准确、图表规范、线条整齐，这是板书设计中不容忽视的一个方面.

（3）层次分明，有条理性.

各学科的教学内容都有较强的层次性、逻辑性和连贯性，所以板书也要层次分明，有条理. 在课堂教学中，板书和口头讲述是同步进行的两种教学手段，而板书的优势是直观、形象、条理、概括，所以用板书能加强讲解的层次性和条理性.

（4）重点突出，有鲜明性.

在教学中板书利用得好可以引导学生把握教学重点，全面系统地理解教学内容. 要做到这一点，教师的板书必须重点突出，详略得当. 这与语言说明的要求是一致的，也是衡量一个教师教学水平的重要标志. 在课堂的有限时间内，能详略得当地处理教材，抓住重点板书有关内容，一堂课后，通过板书就能纵观全课，了解全貌，抓住要领，给人以清晰的印象.

（5）合理布局，有计划性.

教师能把讲授的内容迅速而利落、合理而清晰地分布在黑板上，并使学生在讲解中能跟上节拍，全部理解，课后又能使学生通过板书一目了然，通晓理解，这是教师板书的艺术．但是，这样的板书没有课前认真的研究和精心的设计是办不到的．因此，课前，教师要根据教学要求，从实际出发，进行周密的计划和精心的设计，确定好板书的内容，规划好板书的格式，预定好板书的位置，在教学时才能有条不紊地按计划进行，准确而灵活地加以运用．

（6）形式多样，有趣味性．

好的板书设计会给学生留下鲜明深刻的印象，形成理解回忆知识的线索．充满情趣的板书设计，好像一幅美丽的图画，给学生以美的享受，能拨动他们的心弦，引起他们浓厚的学习兴趣，加深对知识的理解和记忆，增强其思维的积极性和持续性．在课堂教学中，教师应该根据教学的具体内容和学生思维的特点，运用好板书这种书写形式的教学语言．

高等数学教学研究与实践

一、非扩张映象的迭代收敛性

二、线性规划在经济数学中的应用

三、数列通项公式的母函数法

四、Lipschitz 严格伪收缩映射的迭代逼近

五、Banach 不动点原理

一、非扩张映象的迭代收敛性

定义 1 设 B 是 Banach 空间 X 的一个子集，映象 $T: B \to X$ 叫作非扩张的，如果对 $\forall x, y \in B$，有
$$\|T_x - T_y\| \leq \|x - y\|.$$

定义 2 Banach 空间 X 中的映象 $F: X \to X^*$（X^* 表示 X 的对偶空间）叫作对偶映象，如果对 $x \in X$，
$$F(x) = \{x^* \in X^* : (x^*, x) = \|x\|^2 = \|x^*\|^2\}.$$

定义 3 假设 X 是 Banach 空间，对 $\forall \varepsilon > 0$，实数
$$\delta(\varepsilon) = \inf_{x, y \in X}\left\{1 - \left\|\frac{x+y}{2}\right\| : \|x\| = \|y\| = 1, \|x-y\| \geq \varepsilon\right\}$$

称为 X 的凸性模。如果对 $\forall \varepsilon > 0$ 有 $\delta(\varepsilon) > 0$，则称 X 为一致凸的。

定理 设 G 是一致凸 Banach 空间 X 的一个闭子集，$T: G \to G$ 为一非扩张映象，设 $\{\alpha_n\}$ 和 $\{\beta_n\}$ 是两个实数列，且满足：

（i）$0 \leq \alpha_n, \beta_n \leq 1$，对于一切 $n \geq 1$ 成立；

（ii）$\sum_{n=1}^{\infty} \alpha_n (1 - \alpha_n) = \infty$；

（iii）$\sum_{n=1}^{\infty} \alpha_n \beta_n (1 - \beta_n) = \infty$。

对 $\forall x_1 \in G$，定义 $\{x_n\}$ 为：
$$x_{n+1} = \alpha_n T_{y_n} + (1 - \alpha_n) x_n, \quad y_n = \beta_n T_{x_n} + (1 - \beta_n) x_n, \quad n \geq 1,$$

并设 T 的不动点集为 E，则

（a）若 $E = \varnothing$，则 $\{x_n\}$ 无界；

（b）若 $E \neq \varnothing$，且对 $\forall x \in G$，有 $\text{Re}(x - Tx, F(x)) \geq d(x, E)\|x\|$，其中 F 为对偶映象，$d(x, E) = \inf\{\|x - z\| : z \in E\}$，

则 $\{x_n\}$ 强收敛到 T 的一个不动点。

证明（a）若 $\{x_n\}$ 有界，则 $\{y_n\}$ 也有界，取 $y \in G$，则 $R = \max\{\limsup\|y - x_n\|, \limsup\|y - y_n\|\}$ 为一有限数。令 $K = \{z \in G: \max\{\limsup\|z - x_n\|, \limsup\|z - y_n\|\} \leq R\}$，则 K 是非空有界闭凸集，且映象 T 将 K 映为其自身。

事实上，对 $\forall z \in K$，有

$$\|T_z - x_n\| \leq \prod_{i=1}^{n-1}(1 - \alpha_i)\|T_z - x_1\| + \sum_{k=1}^{n-1}\prod_{i=k+1}^{n-1}(1 - \alpha_i)\alpha_k\|z - y_k\|.$$

对 $\forall \varepsilon > 0$，$\exists m(\varepsilon) \in \mathbf{N}$，使得 $\|z - y_k\| < R + \varepsilon$ 对 $\forall k > m$ 成立，于是对 $n - 1 > m + 1$，有

$$\|T_z - x_n\| \leq \prod_{i=1}^{n-1}(1-\alpha_i)\|T_z - x_1\| \sum_{k=1}^{m+1}\prod_{i=k+1}^{n-1}(1-\alpha_i)\alpha_k\|z - y_k\| + R + \varepsilon = h(n) + R + \varepsilon.$$

由条件（ii），必有 $\sum_{n=1}^{\infty}\alpha_n = +\infty$，$\prod_{i=1}^{\infty}(1 - \alpha_i) = 0$，故

$$\lim_{n \to \infty} h(n) = 0,$$

即

$$\limsup_n \|T_z - x_n\| \leq R.$$

类似地，可证明

$$\limsup_n \|T_z - y_n\| \leq R,$$

于是 $T_z \in K$，由 Kirk-Browder 不动点定理可知，T 在 K 内有不动点，这与 $E = \varnothing$ 矛盾。

（b）设 q 是 T 的不动点，则有

$$\begin{aligned}
\|x_{n+1} - q\| &= \|\alpha_n(T_{y_n} - T_q) + (1 - \alpha_n)(x_n - q)\| \\
&\leq \alpha_n\|y_n - q\| + (1 - \alpha_n)\|x_n - q\| \\
&\leq \left[1 - 2\min(\beta_n, 1 - \beta_n)\delta\left(\frac{\|x_n - Tx_n\|}{\|x_n - q\|}\right)\right]\|x_n - q\| + (1 - \alpha_n)\|x_n - q\| \\
&\leq \left[1 - 2\alpha_n\min(\beta_n, 1 - \beta_n)\delta\left(\frac{\|x_n - Tx_n\|}{\|x_n - q\|}\right)\right]\|x_n - q\|.
\end{aligned}$$

于是

$$2\alpha_n\beta_n(1 - \beta_n)\delta\left(\frac{\|x_n - Tx_n\|}{\|x_n - q\|}\right)\|x_n - q\| \leq \|x_n - q\| - \|x_{n+1} - q\|.$$

再由 $\dfrac{\delta(\varepsilon)}{\varepsilon}$ 是 ε 的非减函数及 $\|x_n - q\| \leq \|x_1 - q\|$ 有：

$$2\sum_{n=1}^{\infty}\alpha_n\beta_n(1-\beta_n)\delta\left(\frac{\|x_n-Tx_n\|}{\|x_n-q\|}\right)\|x_1-q\|$$

$$\leq \sum_{n=1}^{\infty}\|x_n-q\|-\|x_{n+1}-q\|$$

$$\leq 2\|x_1-q\|\sum_{n=1}^{\infty}\alpha_n\beta_n(1-\beta_n)\delta\left(\frac{\|x_n-Tx_n\|}{\|x_n-q\|}\right)$$

$$\leq 1.$$

而 $\sum_{n=1}^{\infty}\alpha_n\beta_n(1-\beta_n)=\infty$，必有

$$\delta\left(\frac{\|x_n-Tx_n\|}{\|x_n-q\|}\right)\to 0(n\to\infty).$$

于是 $$\|x_n-Tx_n\|\to 0.$$

由于对 $\forall q\in E$，有 $\|x_{n+1}-q\|\leq\|x_n-q\|$，所以

$$d(x_{n+1},E)\leq d(x_n,E).$$

故 $\lim_{n\to\infty}d(x_n,E)$ 存在．由已知条件有：

$$\text{Re}(x_n-T_{x_n},F(x_n))\geq d(x_n,E)\|x_n\|.$$

所以， $$\|x_n-Tx_n\|\geq d(x_n,E)\geq 0,$$

即 $$\lim_{n\to\infty}d(x_n,E)=0.$$

由于 E 是闭集，易证存在一元 $p\in E$，使得 $\lim_{n\to\infty}x_n=p$．

二、线性规划在经济数学中的应用

现代社会中处处存在需要运筹和规划的问题，线性规划属于规划论的内容，它在经济数学中应用非常广泛．所谓规划，就是计算．对一个企业而言，就是对有限的人力、物力、财力探求最优分配的数学计算方法．从数学上看，就是求线性函数的条件极值．建立线性规划数学模型的一般步骤是：

（1）分析和掌握实际问题的经济背景，收集有关数据、所要追求的目标和

可能的条件，确定主要因素；

（2）决策变量，检查决策变量的约束情况；

（3）建立目标函数，它是决策量的线性函数，并且根据所追求的目标，求它的最大或最小值；

（4）建立约束方程组，它们是决策变量的线性等式或不等式.

例1 某工厂主要生产甲、乙、丙三种机械零件，每种零件需要的加工时数、检验包装时数以及可以获得的利润，工厂可供使用的加工、检验包装时数等如下表所示. 问如何安排生产才能使该厂获利最多？请写出数学模型.

生产情况	甲	乙	丙	可用时数
加工时数	5	10	15	500
检验包装时数	2	5	10	200
利润	5	20	30	

解 该题的经济情况以及有关数据均已列在表中. 设 $x_i(i=1,2,3)$ 分别为生产甲、乙、丙三种零件的产量，则 $x_i \geq 0 (i=1,2,3)$. 设 S 为三种产品分别生产 $x_i(i=1,2,3)$ 时的总利润，那么根据"使工厂获利最多"的目标，可建立目标函数为：

$$\max S = 5x_1 + 20x_2 + 30x_3,$$

根据加工、检验包装时数的限制，建立约束方程组为：

$$\begin{cases} 5x_1 + 10x_2 + 15x_3 \leq 500, \\ 2x_1 + 5x_2 + 10x_3 \leq 200. \end{cases}$$

所以得到所求数学模型为：

$$\max S = 5x_1 + 20x_2 + 30x_3,$$

$$\text{s.t.} \begin{cases} 5x_1 + 10x_2 + 15x_3 \leq 500, \\ 2x_1 + 5x_2 + 10x_3 \leq 200, \\ x_i \geq 0 (i=1,2,3). \end{cases}$$

例2 作业组有劳动力 20 个，土地 50 公顷，计划种植蔬菜、棉花和水稻三种作物，需要的劳动力及产值如下表，问如何布局，才能发挥最大的经济效益？

作物种类	蔬菜	棉花	水稻
劳力（个/公顷）	$\dfrac{1}{2}$	$\dfrac{1}{3}$	$\dfrac{1}{4}$
产值（元/公顷）	1100	750	600

解 设蔬菜、棉花、水稻各种 x_1, x_2, x_3 公顷，根据题意得

$$\begin{cases} x_1 + x_2 + x_3 = 50, & ① \\ \dfrac{1}{2}x_1 + \dfrac{1}{3}x_2 + \dfrac{1}{4}x_3 = 20, & ② \\ x_i \geqslant 0 (i=1,2,3). & ③ \end{cases}$$

求 $f(x_1, x_2, x_3) = 1100x_1 + 750x_2 + 60x_3$ 的最大值.

由 $4 \times ② - ①$ 得

$$x_1 + \dfrac{1}{3}x_2 = 30.$$

所以

$$x_2 = 90 - 3x_1 \geqslant 0.$$

代入①式，得

$$x_3 = 2x_1 - 40 \geqslant 0.$$

从而有 $20 \leqslant x_1 \leqslant 30$，故

$$\begin{aligned} f(x_1, x_2, x_3) &= 1100x_1 + 750(90 - 3x_1) + 600(2x_1 - 40) \\ &= 43500 + 50x_1. \end{aligned}$$

所以 $f_{\max} = 43500 + 50 \times 30 = 45000$（元），这时 $x_1 = 30, x_2 = 0, x_3 = 20$.

答 当种 30 公顷蔬菜，20 公顷水稻时，产值最高为 45000 元.

例 3 用图解法求解下列线性规划问题：

$$\max S = -4x_1 - 6x_2,$$

$$\text{s.t.} \begin{cases} x_1 - x_2 \leqslant 4, \\ 3x_1 + x_2 \geqslant 3, \\ 2x_1 + 3x_2 \geqslant 6, \\ x_1 \geqslant 0, x_2 \geqslant 0. \end{cases}$$

解 首先画出可行域，即在直角坐标系中画出直线：

$$x_1 - x_2 = 4, \quad 3x_1 + x_2 = 3, \quad 2x_1 + 3x_2 = 6,$$

然后确定可行域 ABCDEF,

如图 1，然后在可行域 ABCDEF 上画目标函数等值线，即令 $S = -24$，所以

$$-24 = -4x_1 - 6x_2.$$

由 $S = -18$，得

$$-18 = -4x_1 - 6x_2 \text{（过 } E \text{ 点）}.$$

由 $S=-12$，得
$$-12=-4x_1-6x_2 \text{（过 } C,D \text{ 两点）}.$$

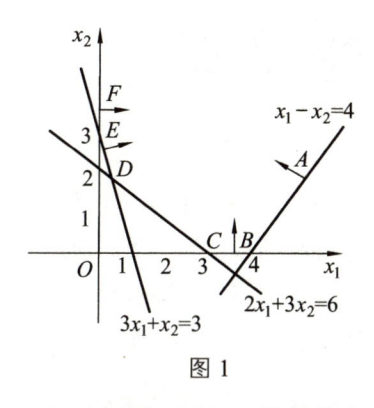

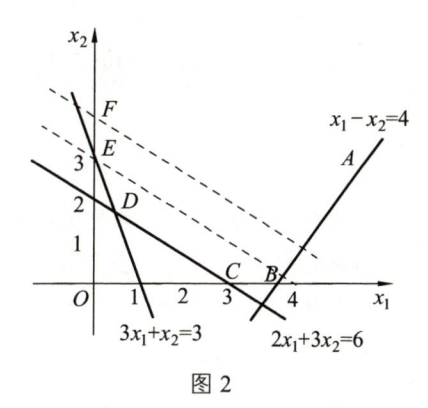

图 1

图 2

又如图 2 可知，最优值在可行域的 C,D 两点处同时达到，所以这一问题有无穷多最优解．再解过 C,D 两点联立的方程组：
$$\begin{cases} 2x_1+3x_2=6, \\ x_2=0, \end{cases}$$

得 C 点的坐标为 $\begin{cases} x_1=3, \\ x_2=0. \end{cases}$

由 $\begin{cases} 2x_1+3x_2=6, \\ 3x_1+x_2=3, \end{cases}$

得 D 的坐标为：$\begin{cases} x_1=\dfrac{3}{7}, \\ x_2=\dfrac{12}{7}. \end{cases}$

由此可得原问题的最优解为：
$$\alpha \times X(1)+(1-\alpha)\times X(2),$$

其中 $0\leqslant \alpha \leqslant 1$，$X(1)=(3,0)^T$，$X(2)=\left(\dfrac{3}{7},\dfrac{12}{7}\right)^T$．

用图解法求解两个变量线性规划问题的一般步骤为：

（1）将约束方程改为等式约束，并在坐标系中画出这些方程表示的直线．

（2）根据约束条件确定该问题的可行域，这里必须考虑变量约束情况．

（3）在可行域中，作目标函数等值线，并确定最优解或判定无最优解．

（4）若最优解存在，则解过最优解的点的直线联立的方程组，求出该点坐标；当最优解不止一个时，必须求出全部最优解．

三、数列通项公式的母函数法

通过母函数来研究数列的问题，这就是所谓的母函数方法．它是欧拉和拉普拉斯首先采用的，其方法在数列研究、组合分析、特殊函数中有广泛的应用．

用母函数的方法求数列 $\{a_n\}$ 的通项公式，可先从数列 $\{a_n\}$ 的意义构造它的母函数 $f(x)$，再把 $f(x)$ 展为形式幂级数，其中 x^n 的系数就是数列 $\{a_n\}$ 的通项公式．

定义　设数列 $\{a_n\}$ 是一个无穷数列，称形式幂级数 $f(x)=\sum_{n=0}^{\infty}a_n x^n$ 为数列 $\{a_n\}$ 的普通型母函数，简称母函数（或生成函数或发生函数）．

定理 1　$\dfrac{1}{1-x}=\sum_{n=0}^{\infty}x^n\,(|x|<1)$．

证明　设 $\dfrac{1}{1-x}=\sum_{n=0}^{\infty}u_n x^n$，则

$$1=(1-x)\sum_{n=0}^{\infty}u_n x^n=\sum_{n=0}^{\infty}u_n x^n-\sum_{n=0}^{\infty}u_n x^{n+1}=u_0+\sum_{n=0}^{\infty}(u_n-u_{n-1})x^n.$$

比较系数得

$$u_0=1,\ u_n-u_{n-1}=0\,(n=1,2,\cdots).$$

所以 $u_n=1$，所以 $\dfrac{1}{1-x}=\sum_{n=0}^{\infty}x^n$．

定理 2　设 $m\in\mathbf{N}$，求证 $\dfrac{1}{(1-x)^m}=\sum_{n=0}^{\infty}C_{m+n-1}^{n}x^n$．

证明　重复使用公式 $C_n^k=C_{n-1}^k+C_{n-1}^{k-1}$，可推导出

$$C_m^0+C_m^1+C_m^2+C_m^3+\cdots+C_{m+n-1}^n=C_{m+n}^n.$$

我们对 m 运用数学归纳法证明原命题：
（1）当 $m=1$ 时，由定理 1 知命题成立．
（2）假设命题对 $m\,(m\in\mathbf{N})$ 成立，对于情况 $m+1$，

$$\frac{1}{(1-x)^{m+1}} = \frac{1}{(1-x)^m} \cdot \frac{1}{1-x} = \left(\sum_{n=0}^{\infty} C_{m+n-1}^{n} x^n\right)$$

$$= \sum_{n=0}^{\infty} x^n = \sum_{n=0}^{\infty} \sum_{k=0}^{n} C_{m+k-1}^{k} x^n = \sum_{n=0}^{\infty} C_{m+n}^{n} x^n.$$

即对 $m+1$ 也成立，从而定理 2 得证.

定理 3 若 $f(x)$ 是数列 $\{a_n\}$：$a_0, a_1, a_2, \cdots$ 的母函数，且 $S_n = \sum_{n=0}^{\infty} a_n$ $(n=0,1,2,\cdots)$，则数列 $S_0, S_1, S_2, \cdots$ 的母函数是 $\dfrac{f(x)}{1-x}$.

下面，我们运用母函数方法来求解数列通项公式.

例 1 数列 $\{a_n\}$ 由递推关系给出，设

$$a_0 = 1, a_1 = -2, a_n = 5a_{n-1} - 6a_{n-2} \ (n=2,3,\cdots),$$

求 a_n 和 S_n.

解 设 $f(x) = \sum_{n=0}^{\infty} a_n x^n$ 是数列 $\{a_n\}$：$a_0, a_1, a_2, \cdots$ 的母函数，于是有下列等式：

$$\begin{cases} f(x) = \sum_{n=0}^{\infty} a_n x^n, & \text{①} \\ -5xf(x) = -5\sum_{n=0}^{\infty} a_n x^{n+1}, & \text{②} \\ 6x^2 f(x) = 6\sum_{n=0}^{\infty} a_n x^{n+2}. & \text{③} \end{cases}$$

由①+②+③得

$$(1-5x+6x^2)f(x) = a_0 + (a_1 - 5a_0)x + (a_2 - 5a_1 + 6a_0)x^2 +$$
$$\cdots + (a_n - 5a_{n-1} + 6a_{n-2})x^n + \cdots.$$

由题设 $a_0 = 1$，$a_1 = -2$，$a_n - 5a_{n-1} + 6a_{n+1} = 0$，则有

$$(1-5x+6x^2)f(x) = a_0 + (a_1 - 5a_0)x = 1 - 7x.$$

所以

$$f(x) = \frac{1-7x}{1-5x+6x^2} = \frac{5}{1-2x} - \frac{4}{1-3x}.$$

由定理 1，有

$$\frac{1}{1-2x} = \sum_{n=0}^{\infty} (2x)^n, \quad \frac{1}{1-3x} = \sum_{n=0}^{\infty} (3x)^n.$$

故有
$$f(x) = 5\sum_{n=0}^{\infty}(2x)^n - 4\sum_{n=0}^{\infty}(3x)^n = \sum_{n=0}^{\infty}(5\times 2^n - 4\times 3^n)x^n$$
$$= 1 + (-2)x + (-16)x^2 + \cdots + (5\times 2^n - 4\times 3^n)x^n + \cdots.$$

寻求得 x^n 的系数为其数列的通项公式：
$$a_n = 5\times 2^n - 4\times 3^n \ (n=0,1,2,\cdots).$$

由定理 3，可得数列 $\{S_n\}$ 的母函数为
$$\frac{f(x)}{1-x} = \frac{1-7x}{(1-5x+6x^2)(1-x)}$$
$$= \frac{10}{1-2x} + \frac{-6}{1-3x} + \frac{-3}{1-x}$$
$$= -3\sum_{n=0}^{\infty}x^n + 10\sum_{n=0}^{\infty}(2x)^n - 6\sum_{n=0}^{\infty}(3x)^n$$
$$= \sum_{n=0}^{\infty}(-3 + 10\times 2^n - 6\times 3^n)x^n.$$

从而
$$S_n = -3 + 10\times 2^n - 6\times 3^n \ (n=0,1,2,\cdots).$$

例 2 设数列 $\{a_n\}$ 由递推关系给出：
$$a_0 = 1, a_1 = -2, a_n = 5a_{n-1} - 6a_{n-2} + 2^n \ (n=2,3,\cdots)$$

求 a_n 和 S_n.

解 设由此递推关系式给出数列的母函数是例 1 中的
$$f(x) = \sum_{n=0}^{\infty}a_n x^n. \qquad ①$$

同样做出例 1 中的②式、③式.

因为 $\dfrac{1}{1-2x} = \sum_{n=0}^{\infty}2^n x^n$，所以
$$-\frac{1}{1-2x} = -\sum_{n=0}^{\infty}2^n x^n. \qquad ④$$

由①+②+③+④，并注意到
$$a_n - 5a_{n-1} + 6a_{n-2} - 2^n = 0,\ a_0 = 1,\ a_1 = -2.$$

$$(1-5x+6x^2)f(x) - \frac{1}{1-2x} = -9x,$$

所以
$$f(x) = \frac{-9x + \dfrac{1}{1-2x}}{1-5x+6x^2} = \frac{1-6x}{(1-2x)^2}.$$

所以
$$f(x) = (1-6x)\sum_{n=1}^{\infty} C_{n+1}^n (2x)^n = (1-6x)\sum_{n=1}^{\infty}(n+1)(2x)^n$$
$$= 1 + \sum_{n=1}^{\infty}[(n+1)2^n - 6n \cdot 2^{n-1}]x^n.$$

所以
$$a_n = (n+1)2^n - 6n \times 2^{n-1} = 2^n(1-2n)(n=0,1,2,\cdots).$$

所以
$$\frac{f(x)}{1-x} = \frac{1-6x}{(1-2x)^2(1-x)} = \frac{6-20x}{(1-2x)^2} - \frac{5}{1-x}$$
$$= (6-20x)\sum_{n=0}^{\infty} 2^n C_{n+1}^n x^n - 5\sum_{n=0}^{\infty} x^n$$
$$= 6\sum_{n=0}^{\infty} 2^n(n+1)x^n - 20\sum_{n=0}^{\infty} 2^n(n+1)x^{n+1} - 5\sum_{n=0}^{\infty} x^n$$
$$= \sum_{n=0}^{\infty}[6(n+1)2^n - 5]x^n - 20\sum_{k-1=0}^{\infty} 2^{k-1}k x^k$$
$$= \sum_{n=0}^{\infty}[6(n+1)2^n - 5]x^n - 20\sum_{n=1}^{\infty} 2^{n-1}n x^n$$
$$= 1 + \sum_{n=1}^{\infty}[6(n+1)2^n - 20n \cdot 2^{n-1} - 5]x^n$$
$$= 1 + \sum_{n=1}^{\infty}[(3-2n)2^{n+1} - 5]x^n,$$

所以
$$S_n = (3-2n)2^{n+1} - 5.$$

四、Lipschitz 严格伪收缩映射的迭代逼近

设 $X = L_p$ 或 $l_p(p \geq 2)$，K 是 X 的非空有界闭凸子集，$T: K \to K$ 是 K 的严格伪收缩映射，L 是 Lipschitz 常数，令 $\{\alpha_n\}_n^{\infty}$ 和 $\{\beta_n\}_n^{\infty}$ 均为实数列，且满足：

（i）$0 \leq \alpha_n \leq 1 (n=0,1,2,\cdots)$，

（ii）$0 \leq \beta_n \leq \dfrac{k}{2(L+L^2)} (n=0,1,2,\cdots)$，

（iii）$\sum_n \alpha_n^2 < \infty$ 且 $\sum_n \alpha_n = \infty$，

这时 $k = \dfrac{t-1}{t}$, $t > 1$ 是严格伪收缩定义中的常数. 那么满足下列条件:

$$x_0 \in K,$$
$$x_{n+1} = (1-\alpha_n)x_n + \alpha_n Ty_n,$$
$$y_n = (1-\beta_n)x_n + \beta_n Tx_n (n \geq 0)$$

的数列 $\{\alpha_n\}_{n=1}^{\infty}$ 强收敛到 T 的唯一不动点.

1. 引言

令 K 是 Banach 空间 X 的一个非空子集, 我们称映射是严格伪收缩的, 如果有 $t > 1$, 使得不等式

$$\|x - y\| \leq \|(1+r)(x-y) - rt(T_x - T_y)\| \qquad ①$$

成立, 这里 $x, y \in K, r > 0$.

在上述定义中, 如果 $t = 1$, 那么称 T 是一个伪收缩映射. 我们知道 T 是一个严格伪收缩映射, 当且仅当 $(I-T)$ 是一个严格增殖算子. 因此增殖映射理论与伪收缩映射不动点理论有很密切的关系, 各种专家已经研究了严格伪收缩映射.

增殖算子是由 F. E. Browder 和 T. Kato 于 1967 年提出来的. 该算子起因于 Browder 的增殖算子理论, 其基本结果表明, 初值问题 $\dfrac{du}{dt} + Tu = 0, u(0) = u_0$ 在 T 关于 X 的局部 Lipschitz 增殖映射的条件下是有解的.

后来, Chidume 证明了 Mann 迭代过程强收敛到 L_p 或 $l_p (p \geq 2)$ 中 T 的一个不动点. 本文证明了 Ishikawa 提出的这类迭代过程强收敛到 T 的一个不动点, 推广了 Chidume.

2. 预备知识

设 X 是一个 Banach 空间, X^* 是其子空间, $<,>$ 表示广义对偶对, 用 J 表示从 X 到 2^{X^*} 的正规化对偶映射, 定义:

$$J_x = \left\{ f^* \in X^* : <X, f^*> = \|f^*\|^2 = \|X\|^2 \right\}.$$

如果 X 是一致光滑的, 那么 J 是单值且在 X 的任何有界集上一致连续. 我们称 $T: K \to X$ 是严格增殖映射, 如果对 K 中每个 x, y, 都有 $j \in J(X-Y)$, 使得

$$<T_x - T_y, j> \geq k \|x - y\|^2 \qquad ②$$

对某实数 $k>0$ 成立，不妨假设 $k\in(0,1)$，有些专家已经研究了严格增殖映射.

在下面的讨论中，用 X 表示 L_p 或 $l_p(p\geqslant 2)$，j 表示单值对偶映射.

引理 1[4] $\forall x,y\in X$，我们有③式成立：

$$\|x+y\|^2 \leqslant \|x\|^2 + (p-1)\|y\|^2 + 2<y,jx>. \qquad ③$$

引理 2[7] 如果数列 θ_n 满足递归关系

$$\theta_{n+1} = (1-\delta_n)\theta_n + \sigma_n^2,$$

其中 $n\geqslant 1$，$\theta_1\geqslant 0$，$\{\delta_n\}\subset[0,1]$，且 $\sum_n\sigma_n^2<\infty$ 和 $\sum_n\delta_n=\infty$. 那么 $\theta_n\geqslant 0$ 对 $\forall n\geqslant 1$ 成立且 $\theta_n\to 0\,(n\to\infty)$.

3. 重要结果

定理 如果 K 是 X 的非空有界闭凸子集，$T\colon K\to K$ 是一个 Lipschitz 严格伪收缩映射，其中 L 是 Lipschitz 常数，定义数列 $\{x_n\}_{n=1}^\infty$ 如下：

$$\begin{cases} x_0\in K, \\ x_{n+1}=(1-\alpha_n)x_n+\alpha_n Ty_n, \\ y_n=(1-\beta_n)x_n+\beta_n Tx_n\,(n\geqslant 0), \end{cases} \qquad ④$$

其中 $\{\alpha_n\}_{n=0}^\infty$ 和 $\{\beta_n\}_{n=0}^\infty$ 均为实数列，且满足：

（i） $0\leqslant \alpha_n\leqslant 1\,(n=0,1,2,\cdots)$，

（ii） $0\leqslant \beta_n\leqslant \dfrac{k}{2(L+L^2)}\,(n=0,1,2,\cdots)$，

（iii） $\sum_n \alpha_n^2<\infty$，且 $\sum_n \alpha_n=\infty$.

这时 $k=\dfrac{t-1}{t},t>1$ 是不等式①中的常数，那么 $\{x_n\}_{n=1}^\infty$ 强收敛到 T 的唯一不动点.

证明 由 Deimling 可知不动点存在，设 q 是 T 的不动点. 由于 T 是严格伪收缩的，因此 $(I-T)$ 是严格增殖的. 从②式得

$$\operatorname{Re}<(I-T)x-(I-T)y,j(x-y)>\geqslant k\|x-y\|^2 \qquad ⑤$$

对 K 中一切 x,y 成立.

$$< Ty_n - Tq, j(x_n - q) > = < Ty_n - Tx_n, j(x_n - q) > + < x_n - q, j(x_n - q) >$$
$$- < (I-T)x_n - (I-T)q, j(x_n - q) >$$
$$\leq L\|y_n - x_n\| \times \|x_n - q\| + \|x_n - q\|^2 - k\|x_n - q\|^2$$
$$\leq L\beta_n \|Tx_n - x_n\| \times \|x_n - q\| + (1-k)\|x_n - q\|^2$$
$$\leq L\beta_n \|(Tx_n - Tq) + (q - x_n)\| \times \|x_n - q\| + (1-k)\|x_n - q\|^2$$
$$\leq (1 - k + L\beta_n + L^2\beta_n)\|x_n - q\|^2. \qquad ⑥$$

由⑥式和引理1得

$$\|x_{n+1} - q\|^2 \leq \|\alpha_n(Ty_n - Tq) + (1-\alpha_n)(x_n - q)\|^2$$
$$\leq \|(1-\alpha_n)(x_n - q)\|^2 + (p-1)\|\alpha_n(Ty_n - Tq)\|^2$$
$$+ 2 < \alpha_n(Ty_n - Tq), j(1-\alpha_n)(x_n - q) >$$
$$= (1-\alpha_n)^2\|x_n - q\|^2 + (p-1)\alpha_n^2\|Ty_n - Tq\|^2$$
$$+ 2\alpha_n(1-\alpha_n) < Ty_n - Tq, j(x_n - q) >$$
$$\leq (1-\alpha_n)^2\|x_n - q\|^2 + 2\alpha_n(1-\alpha_n)(1 - k + L\beta_n + L^2\beta_n)$$
$$\|x_n - q\|^2 + (p-1)L^2\alpha_n^2\|y_n - q\|^2$$
$$\leq [1 - \alpha_n + (1 - k + L\beta_n + L^2\beta_n)\alpha_n]^2 \times \|x_n - q\|^2 + d^2\alpha_n^2$$
$$= [1 - (k - L\beta_n - L^2\beta_n)\alpha_n]^2 \times \|x_n - q\|^2 + d^2\alpha_n^2 \qquad ⑦$$

其中 $d = (p-1)^{\frac{1}{2}} \times L \times \sup\{\|y_n - q\|: n \geq 1\}$.

设 $p_n = \|x_n - q\|^2$，$1 - \gamma_n = [1 - (k - L\beta_n - L^2\beta_n)\alpha_n]^2$，于是
$$p_{n+1} \leq (1-\gamma_n)p_n + d^2\alpha_n^2. \qquad ⑧$$

由不等式⑧和简单归纳，得
$$0 \leq p_n \leq B^2 C_n, \text{对任} n \geq 1 \text{成立}, \qquad ⑨$$

其中 $C_n \geq 0$ 且满足递归条件：
$$C_{n+1} = (1-\gamma_n)C_n + \alpha_n^2, \quad C_1 = 1,$$
$$B^2 = \max\{p_1, d^2\}.$$

由条件（i）和（ii），得

$$\gamma_n = 1 - [1-(k-L\beta_n - L^2\beta_n)\alpha_n]^2$$
$$\geq 1 - \left[1 - \frac{k}{2}\alpha_n\right]^2$$
$$\geq 1 - \left[1 - \frac{k}{2}\alpha_n\right] = \frac{k}{2}\alpha_n$$

对 $\gamma_n \in [0,1]\,(\forall n \geq 1)$ 成立，因此

$$\sum_n \gamma_n \geq \sum_n \frac{k}{2}\alpha_n = \infty.$$

当 $n \geq 1$ 时，设 $\theta_n = C_n$，$\gamma_n = \delta_n$，$\sigma_n = \alpha_n^{\frac{5}{2}}$，由引理 2 得 $C_n \to 0\,(n \to \infty)$. 再由⑨式得 $p_n \to 0(n \to \infty)$. 因此 $\{x_n\}_{n=1}^{\infty}$ 强收敛到 q.

注意 定理推广了[4]的定理.

五、Banach 不动点原理

不动点原理在现代数学中日益重要. 为了使读者对不动点原理有所了解，本文介绍一些相关概念和 Banach **不动点原理**，并应用该定理解决有关的几个问题.

定义 1（距离空间）设 R 是非空集合. 若对 R 中的任意一对元素 x,y，都给定了唯一的实数 $\rho(x,y) \geq 0$ 与它们对应，而且满足下述条件：

（1） $\rho(x,y) \geq 0$，当且仅当 $x=y$ 时，$\rho(x,y)=0$；

（2） $\rho(x,y) = \rho(y,x)\,(x,y \in R)$；

（3）对 R 中任意三个元素 x,y,z，都有 $\rho(x,y) \leq \rho(x,z) + \rho(z,y)$ 成立，（条件（3）又称为三角不等式）

则称 $\rho(x,y)$ 为 R 中点 x,y 间的距离，称 R 按距离 $\rho(x,y)$ 构成距离空间，记为 (R,ρ). 亦可简记为 R，而称 R 中的元素为点.

定义 2 设 (R,ρ) 是距离空间. 若 R 中的点列 $\{x_n\}$ 满足条件：对 $\forall \varepsilon > 0$，$\exists$ 正整数 $N(\varepsilon)$，使得当 $n,m > N(\varepsilon)$ 时恒有 $\rho(x_n, x_m) < \varepsilon$，则称 $\{x_n\}$ 为 R 中的基本叙列或 Cauchy 序列.

定义 3 称距离空间 (R,ρ) 是完备的，是指 R 中任一个基本叙列都收敛于 R 中一点.

定义 4 设 R 是距离空间，T 是 R 到自身的一个映射，若 $\exists$ 数 $\alpha(0 \leq \alpha < 1)$，

使得
$$\rho(Tx,Ty) \leqslant \alpha\rho(x,y)(x,y\in R),$$
则称 T 是 R 上的压缩映照.

Banach 不动点原理 在完备距离空间 R 中压缩映照 T 必有一不动点, 即 $\exists x \in R$ 使 $Tx = x$.

证明 设 R 是距离空间, T 是 R 上的压缩映照. 首先作 R 中一基本叙列如下: 任取 $x_0 \in R$, $x_n = Tx_{n-1}$, $n = 1, 2, \cdots$, 那么 x_n 满足
$$\rho(x_{n+1}, x_n) = \rho(Tx_n, Tx_{n-1}) \leqslant \alpha\rho(x_n, x_{n-1}).$$
累次应用上式, 可归纳地得到
$$\rho(x_{n+1}, x_n) \leqslant \alpha^n \rho(x_1, x_0), \quad n \geqslant 1,$$
于是, 对 $\forall p \in \mathbf{N}$, 由三角不等式得
$$\rho(x_{n+p}, x_n) \leqslant \sum_{k=n}^{n+p-1} \rho(x_{k+1}, x_k) \leqslant \sum_{k=n}^{n+p-1} \alpha^k \rho(x_1, x_0) \leqslant \sum_{k=n}^{+\infty} \alpha^k \rho(x_1, x_0).$$
所以
$$\rho(x_{n+p}, x_n) \leqslant \frac{\alpha^n}{1-\alpha} \rho(x_1, x_0).$$
但 $0 \leqslant \alpha < 1$, 所以 $\{x_n\}$ 为 R 中的基本叙列. 而 R 是完备的, 因此存在 $x \in R$, 使得当 $n \to \infty$ 时, $x_n \to x$.

再证 x 为所求. 因为
$$\rho(Tx, x) \leqslant \rho(Tx, Tx_n) + \rho(Tx_n, x),$$
令 $n \to \infty$ 得
$$\rho(Tx, x) = 0, \quad \text{或} \quad Tx = x.$$

下面证明唯一性. 如果还有 x' 也满足 $Tx' = x'$, 那么
$$\rho(x, x') = \rho(Tx, Tx') \leqslant \alpha\rho(x, x'),$$
而 $0 \leqslant \alpha < 1$, 欲使上式成立, 必须
$$\rho(x, x') = 0, \quad \text{即} \quad x = x'.$$

例 1 设 $f(x,y)$ 在条形区域 $R: a \leqslant x \leqslant b$, $-\infty < y < +\infty$ 上处处连续, 且处处有关于 y 的偏导数 $f'_y(x,y)$, 同时 $\exists$ 常数 M, m, 使 $0 < m \leqslant f'_y(x,y) \leqslant M$, 则 $f(x,y) = 0$ 在 $[a,b]$ 上有唯一的连续解.

证明 在完备空间 $C[a,b]$ 中作映照 $T\psi = \psi - \frac{1}{M}f(x,\psi)$, 则 $(T\psi)(x)$ 也是 $[a,b]$ 上的连续函数, 所以 T 是 $[a,b]$ 上的自映照. 又对任意 $\psi_1, \psi_2 \in C[a,b]$, 有

$$|(T\psi_1)(x)-(T\psi_2)(x)|=\left|[\psi_2(x)-\psi_1(x)]-\frac{1}{M}[f(x,\psi_2(x))-f(x,\psi_1(x))]\right|$$

$$=\left|\psi_2(x)-\psi_1(x)-\frac{1}{M}f_y'(x,\theta(x)(\psi_2(x)-\psi_1(x))\right.$$

$$+\psi_1(x))(\psi_2(x)-\psi_1(x))\Big|$$

$$\leqslant|\psi_2(x)-\psi_1(x)|\left(1-\frac{m}{M}\right),$$

其中 $0<\theta(x)<1$,而 $0<1-\dfrac{m}{M}<1$.

设 $\alpha=1-\dfrac{m}{M}$,便有

$$|(T\psi_2)(x)-(T\psi_1)(x)|\leqslant\alpha|\psi_2(x)-\psi_1(x)|,$$

或
$$\|T\psi_2-T\psi_1\|\leqslant\alpha\|\psi_2-\psi_1\|.$$

因此 T 是 $C[a,b]$ 上的压缩映照. 由 Banach 定理知,有唯一的 $\psi\in C[a,b]$ 使

$$T\psi=\psi,$$

也就是说
$$f(x,\psi(x))\equiv 0, x\in[a,b].$$

例2 假设 R 是完备的距离空间,T 是 R 到 R 中的映照,记 $a_n=\sup\limits_{x\neq x'}\left\{\dfrac{(T^n x, T^n x')}{\rho(x,x')}\right\}$, 若级数 $\sum\limits_{n=1}^{+\infty}a_n<+\infty$, 则映照 T 有唯一不动点.

证明 任取 $x_0\in R$, 作 R 中的叙列 $\{x_n\}: x_n=T^n x_0, n=1,2,\cdots$, 因为

$$a_n=\sup_{x\neq x'}\left\{\frac{(T^n x, T^n x')}{\rho(x,x')}\right\},$$

所以
$$\rho(T^n x, T^n x')\leqslant a_n\rho(x,x').$$

由于 $\sum\limits_{n=1}^{+\infty}a_n<+\infty$, 故对 $\forall\varepsilon>0, \exists n_0$, 使得 $\sum\limits_{k=n}^{n+p}a_k<\dfrac{\varepsilon}{\rho(x,x_0)}$, 从而

$$\rho(x_{n+p},x_n)\leqslant\sum_{k=n}^{n+p-1}\rho(x_{k+1},x_k)=\sum_{k=n}^{n+p-1}\rho(T^k x_1, T^k x_0)\leqslant\sum_{k=n}^{n+p-1}a_k\rho(x_1,x_0).$$

所以
$$\rho(x_{n+p},x_n)<\varepsilon, n>n_0, p=1,2,\cdots.$$

从而 $\{x_n\}$ 是 R 中的基本叙列. 又 R 完备,必 $\exists x^*\in R$, 使

$$\rho(x_n,x^*)\to 0(n\to\infty).$$

又
$$\rho(Tx^*, x^*) \leq \rho(Tx^*, x_{n+1}) + \rho(x_{n+1}, x^*)$$
$$= \rho(Tx^*, Tx_n) + \rho(x_{n+1}, x^*)$$
$$\leq a_1 \rho(x^*, x_n) + \rho(x_{n+1}, x^*),$$

令 $n \to \infty$ 知，$\rho(Tx^*, x^*) = 0$，于是
$$Tx^* = x^*.$$

而唯一性因 R 完备是明显的.

例3 假设从距离空间 R 到 R 的映射 T 满足条件：

在开球 $O(x_0, r) = \{x \mid \rho(x, x_0) \leq r\} (r > 0)$ 内满足条件：
$$\rho(Tx, Tx') < \alpha \rho(x, x') (0 < \alpha < 1), \qquad ①$$

而在闭球 $S(x_0, r) = \{x \mid \rho(x, x_0) \leq r\}$ 上连续，且
$$\rho(x_0, Tx_0) \leq \alpha(1-\alpha)r, \qquad ②$$

证明 T 在 R 中有唯一不动点.

证明 作 R 中叙列 $\{x_n\}$ 如下：$x_n = T^n x_0$，$n = 1, 2, \cdots$，由②式知：
$$\rho(x_0, x_1) = \rho(x_0, Tx_0) \leq \alpha(1-\alpha)r < r,$$

所以 $x_1 \in O(x_0, r)$. 又
$$\rho(x_2, x_1) = \rho(Tx_1, Tx_0) \leq \alpha \rho(x_1, x_0),$$

所以
$$\rho(x_2, x_1) \leq \alpha^2 (1-\alpha) r < r.$$

一般可证：
$$\rho(x_n, x_{n-1}) \leq \alpha^n (1-\alpha) r < r, \quad n = 1, 2, \cdots.$$

因为 $0 < \alpha < 1$，所以 $\sum_{k=1}^{+\infty} \alpha^k$ 收敛，并注意到 x_0 均在 $O(x_0, r)$ 中. 所以 $\{x_n\}$ 是 $S(x_0, r)$ 中的基本叙列，但 $S(x_0, r)$ 是 R 的闭子空间，即 $S(x_0, r)$ 是完备的. 对 R 的闭子空间 $S(x_0, r)$ 用压缩映照原理知：存在唯一点 $x^* \in S(x_0, r)$，使 $Tx^* = x^*$.

其次，证明不动点在 R 中的唯一性. 假设还有 $\overline{x^*}$ 也满足
$$T\overline{x^*} = \overline{x^*},$$

由①知
$$\rho(\overline{x^*}, x^*) = \alpha \rho(T\overline{x^*}, Tx^*) < \alpha \rho(\overline{x^*}, x^*).$$

但 $0 < \alpha < 1$，要使上式成立，必须
$$\rho(\overline{x^*}, x^*) = 0.$$

故 $\overline{x^*} = x^*$.

中学多媒体教学研究与实践

一、立体几何教学中使用多媒体应注意的问题

二、计算机辅助教学中应注意的问题

三、计算机在教育教学中的应用

四、运用现代化教学手段的基本要求

五、运用现代化教学手段应注意的问题

六、多媒体在数学教学中的巧用

七、多媒体辅助教学要有"度"

一、立体几何教学中使用多媒体应注意的问题

在立体几何教学中如能很好地使用多媒体，对培养学生的空间想象能力以及帮助学生理解和牢固掌握知识有着很大的作用．但在什么情况下使用多媒体最恰当？应当如何使用？这两个问题是值得我们认真探讨的．下面谈谈笔者的看法．

1. 在什么情况下使用多媒体

教学实践中，在下面一些情况下使用多媒体比较妥当：

（1）学生的空间概念还很薄弱的时候，应该使用多媒体，尤其是在开始学习立体几何阶段，如果能多引导学生通过计算机观察实物、模型，并根据模型进行分析画图，对帮助学生树立空间观念有极大的好处．

（2）在平面几何与立体几何之间学生容易混淆的地方，应该使用多媒体．例如，平面几何中的一些定理：① 垂直于同一条直线的两条直线一定平行；② 过一点可以作并且只能作一条直线和已知直线垂直．这些定理在立体几何中不能成立，宜于用多媒体来说明．

（3）当图形比较复杂而学生又难于理解的情况下，应该使用多媒体．例如，证明直线与平面垂直的判定定理的时候，由于图形比较复杂，学生的空间想象力较差，需要借助于模型帮助学生理解这个定理的证明．又如，二面角这一部分，由于概念多，图形复杂，又不清楚，很多概念常常是学生混淆不清的．这些地方也需要借助多媒体帮助学生弄清这些概念．

（4）在学生难于画出或容易画错直观图的情况下，应该使用多媒体．

例如，在正方体 $ABCD-A_1B_1C_1D_1$ 中（见图 1），有的学生将三角形 AB_1C 当作直角三角形，把 A_1B 和 B_1C 看成平行直线．

又如图 2，α,β 是两相交平面，$AB \subseteq \alpha, CD \subseteq \beta$，且 $\angle BAC = \angle DCA$，试问：AB 和 CD 是否平行？很多学生都认为是平行的（所谓同位角相等）．这些地方可以利用多媒体中的模型来消除学生的这种错觉．

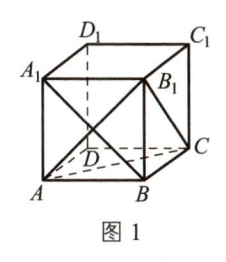

图1

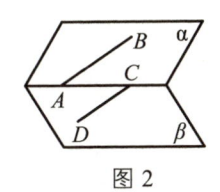

图2

2. 应该如何使用多媒体

（1）我们知道，在过去的课堂教学中，特别是20世纪的课堂教学，大部分都是演示预先准备好的模型给学生看，结果收效不大. 原因是一方面学生人数较多不易看清，且不能使学生获得模型的整体印象；另一方面，也是更重要的方面，是学生没有亲自动手，因而印象不深刻. 通过教学实践，特别是进入21世纪后，我们深刻地体会到，在课堂上应该是师生共同活动，并在教师的指导下由学生自己动手，即通过多媒体，学生在计算机上进行模拟装配、演示模型. 课后，学生还可通过计算机制作模型. 例如，上海华东师范大学第一附属中学的数学特级教师刘定一，就亲自带领学生通过计算机动手制作模型，如演示预测人的遗传基因，即前几代人患的病对后几代人的影响；预测第三次世界大战将会给整个地球带来什么样的灾难；世界杯足球赛中中国队的前途；克隆人对人类前景的正负效益如何，等等. 这样做不但可以使学生对多媒体产生极大的兴趣，更加深刻地理解几何图形间的相互位置关系，而且还可以发挥学生自身的创造性. 从同样的条件出发，可以搭出各种各样的模型，从而提高了学生的画图能力，不至于被课本上的所谓标准图束缚住.

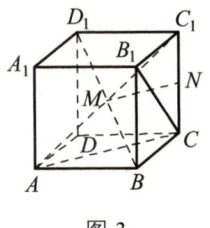

（2）在立体几何学习初期，不仅在课堂教学中要使用多媒体，而且还要让学生适当地在课内、外练习中利用多媒体中的模型帮助思维. 这种做法可以加速培养学生的空间想象能力，同时还可以提高课内、外练习的质量. 例如，求两条异面直线间的距离是学生最感困难的，有时简直无从下手. 如图3，$ABCD - A_1B_1C_1D_1$ 是正方体，求 BD_1 和 CC_1 之间的距离. 可先让学生通过多媒体观察模型，再让学生亲自动手真实地找一找它们之间的距离. 学生会发现，似乎它们的中点的连线 (MN) 就是 BD_1 和 CC_1 间的距离.

图3

如何从理论上证明呢？通过观察，有的学生找到了简便的证法：

联结 C_1A, AC，则 $MN // AC$.

又 $AC \perp BD$，故 $AC \perp BD_1$.

显然 $AC \perp CC_1$.

所以 $MN \perp BD_1$，$MN \perp CC_1$.

故 MN 为异面直线 BD_1 和 CC_1 间的距离.

（3）在课堂教学中，应该把使用多媒体和讲解教材紧密配合起来. 由于教材的特点不同，使用多媒体的顺序也应该有所差异，大体上可分下列五种情况：

①一般来说，在讲解新概念（特别是学生感觉困难的概念）之前应该先使用多媒体. 例如，异面直线的概念是学生以前没有学过的，因此，在讲解异面直线定义之前，可以先让学生真实地看一看的的确确存在着这样的两条直线. 此时学生必然要问：这样的二直线是什么关系呢？然后利用模型说明这两条直线的本质特征，从而引出定义.

②当定理的证明比较复杂，同时需要作辅助面、辅助线时，应该边讲解边演示教具，这样可使学生不至于因为定理的证明过程冗长、复杂而感到没有头绪.

③讲解轨迹定理证明时，可以使用多媒体. 如在讲"和两点等距离的点的轨迹"时，可先提问学生：在平面里轨迹怎样？学生一般能够顺利答出是直线. 接着问：在空间中轨迹又怎样呢？这时候，学生感到有兴趣但又回答不出. 此时通过多媒体演示可知其轨迹是一个平面. 最后证明这个定理. 这样做可以使学生获得较深刻的印象，同时，也为定理本身的证明打下了基础.

④立体几何作图，着重于逻辑上的叙述，并不进行真实的作图，这里需要学生有更好的空间想象力，学生接受起来比较困难，常常会问：这个图到底怎样作出来呢？这时，教师应该一边讲解，一边在计算机上做出模型. 比如，讲"异面直线的公垂线"时，采用这种方法，效果甚好.

⑤讲解某些定理、定义的运用时，有时也可以先讲解，然后用多媒体演示模型加以验证. 例如，关于三垂线定理，学生运用起来感到困难，因此可以提出如下的问题让学生思考：如图 4，$ABCD-A_1B_1C_1D_1$ 是正方体，O 是 A_1C_1 的中点，O_1 是 B_1C 的中点，求证：

（i）$DB_1 \perp A_1C_1$；

（ii）$DO \perp A_1C_1$；

（iii）$AO_1 \perp B_1C$.

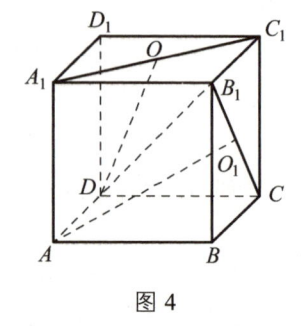

图 4

其中前两种情况，大部分学生没有什么问题，但第三种情况，有很多学生看不出来. 这时应先用计算机上的直观图讲解为什么有 $AO_1 \perp B_1C$，然后让学生运用自己做的模型加以印证，最后让学生把模型的位置颠倒一下（把面 BCC_1B_1 放成水平位置），这时学生可更加清楚地看到这种情况与第二种情况没有区别，只不过是位置不同而已.

二、计算机辅助教学中应注意的问题

随着现代科学技术的飞速发展，一个崭新的信息社会已经到来．信息的交流将打破时空限制，超越语言和国家的界限，进入不同国家的千家万户，把世界连成一个整体．在这场全球性的信息革命中，计算机辅助教学也随着计算机多媒体技术的迅速发展，扮演着重要的角色．它在教育中的应用，会使传统的教学方法和教学手段发生重大的变化，极大地改善了教学媒体的表现力和交互性，使多媒体所展示的教学内容更具体，更有利于知识的传播，并能及时获得学生的反馈信息，这对提高教与学的质量和效率有着重要的作用和意义.

随着计算机技术的日益普及和教育课程改革的深入开展，各级教育行政部门越来越重视计算机在教学中的应用，各级各类学校也开始了计算机辅助教学的应用与研究，并把开展计算机辅助教学的应用作为深化教育改革的一项重要工作来抓．但是，计算机辅助教学是近年来才迅速发展起来的，各个地区、各个学校的发展极不平衡，同时又受到各方面的条件制约，人们认识它，了解它还需要一个过程，使用中还存在着各种局限性，这应该引起我们的注意．具体来讲有以下三个方面的问题：

1. 成本价格较高

一个地区，一个学校，现代教育技术发展如何，计算机辅助教学开展得如何，都与这个地区、这个学校的经济基础有关．换句话说，一个学校的计算机辅助教学的应用直接与这个学校的经费投入有关，且计算机辅助教学所涉及的多媒体计算机、多媒体投影器、网络教室等教学媒体的基本费用要比幻灯机、投影器、录音机、录像机等教学媒体高出许多．对于我国这样一个发展中国家，国家所能提供的教育经费非常有限，所以在今后相当长的时间内，大部分学校还不能广泛地使用计算机进行多媒体教学. 然而, 随着计算机技术的不断发展, 计算机硬件的价格将会逐步降低, 我们有理由相信在不远的将来, 计算机辅助教学将在我国城乡各级各类学校广泛的应用起来, 这是教育技术发展的必然趋势.

2. 课件质量较低

在计算机辅助教学状态下, 整个学习过程是通过学生与计算机之间以交互式"人机对话"的方式展开的. 在这个过程中, 学生和计算机之间应不断传递各种教育信息, 而课件就是用以存储、传递、交换、解释、处理这些教育信息, 并对它们进行选择、评价和控制的教学程序. 在计算机辅助教学系统构成的硬件、软件、课件这三个要素中, 具有教学功能的课件是这三要素中最重要的一种要素. 课件必须在多媒体计算机的硬件、软件的规范内进行设计, 在硬件、软件资源的基础上制作, 在硬件、软件的支撑下进行, 所以说课件是计算机辅助教学的生命和灵魂. 计算机辅助教学是近年来迅速发展起来的, 它在教学中的应用还处于起步阶段, 对课件的需求量是比较大的. 纵观目前我国的教育软件市场, 已经出现了各种各样的, 各个学科所用的课件, 但多数课件为指导练习式, 主要适用于学生课后复习和练习, 它们只是课本的翻版, 教学模式单一、控制方法简单, 与教学要求相差太远, 不太适于教师在课堂教学使用. 从实效看相当数量的课件仅对书本知识的掌握起作用, 而对培养学生的思维能力, 调动学生的积极性, 使学生愉快的能动的学习作用不大. 可以说, 目前计算机辅助教学的课件还没能使计算机辅助教学的优势得到充分的发挥, 高质量水平的课件资源还有待于充分的开发. 我们可以鼓励任课教师自己动手制作课件, 教师可根据教学中存在的问题和需要来设计和制作, 这样的课件比较实用, 学生喜欢. 这样更有利于提高计算机辅助教学课件的质量, 使其不是书本、练习册的简单改造, 不是课堂教学中黑板的简单搬移, 唯有如此, 计算机辅助教学才能在现代教育中发挥应有的作用. 但是较遗憾的是, 目前具有这方面特长和能力的教师不多, 还有待于一个培养的过程, 需要花较长的时间.

3. 使用掌握较难

计算机辅助教学是以多媒体计算机为中心展开的, 一切教学是在多媒体计算机中进行的. 教师要想在课堂教学中灵活运用计算机辅助教学手段, 首先要能熟练地操作和使用计算机. 由于计算机本身结构的灵活性、开放性、交互性, 使计算机在使用中的很多参数要人为设置或人为更改，这就增加了使用的难度。加上计算机有很多软件，各个软件的使用又各不相同，这就要求广大教师要花大量的时间来熟悉计算机的硬件和软件，这无疑又增加了使用的难度。所有这一切都要求教师要系统的、全面的学习计算机知识，这对广大教师来说既没有良好的条件，又没有这么多时间，这也就使很多教师知难而退，从而影响了计算机辅助教学在教学中的使用，也使其在教学中的优势大打折扣。

通过对以上计算机辅助教学中存在的问题的讨论，笔者认为在教学活动中运用计算机辅助教学手段来传递教育信息，调动学生的各种感官，使学生主动积极地参与教学，可以有效地提高教学质量和教学效率，这在教学中已经显示出了它的无限活力。尽管计算机辅助教学还存在一些问题，主观上也存在一些不利因素，但随着计算机辅助教学的不断成熟和人的素质的不断提高，问题会逐渐得到解决。因此，大力推广使用计算机辅助教学，是我国教育现代化的必由之路，也是我们各级各类学校努力追求的目标和发展的方向。

三、计算机在教育教学中的应用

计算机技术的迅速发展，使计算机在教育中的运用越来越广泛。计算机作为一种新的教学媒体，已经引起大中小学的普遍重视。

计算机辅助教学系统是由教师、计算机和学生几方面构成的一种以人机对话形式出现的自动教学系统。在这个系统中，计算机可充当、代替指导教师，让学生与计算机直接对话，计算机可按程序回答学生所提出的问题。计算机辅助教学包括授课、对话、练习、模拟、阅读、计算、测验和问题解答等形式。

计算机管理教学就是利用计算机系统来管理和指导教学过程，它的主要功能是帮助教学管理人员和教师实施有效的教学决策和管理。计算机管理教学系统可概括为协助管理人员和教师控制和管理学生所学的内容、进度、顺序和学习方法，并利用计算机分析学生的学习情况、控制和监督学生的学习过程，测验与评分，等等。

计算机在教育中的应用，实际上就是把计算机作为一种工具，解决教与学、研究和管理中的问题。利用计算机技术解决教育过程（包括教与学及教学管理）中的教育技术问题称为计算机辅助教育．实际上，在计算机辅助教育中，一方面是将计算机作为辅助教师工作和学生学习的工具，称之为计算机辅助教学；另一方面是将计算机作为管理的工具，称之为计算机管理教学，这两方面是相互联系、相互交融的．

四、运用现代化教学手段的基本要求

课堂教学是一个系统，它是教师通过多种媒体，有目的、有计划地引导学生掌握科学文化基础知识和基本技能，发展智力和培养能力，逐步形成辩证唯物主义世界观的过程；是一个可控的、动态的、多因素的、复杂的双向闭环型信息系统．在教学信息的传输过程中，如果使组成教学系统的各要素相互作用、彼此协调，并形成合理的教学结构，那么这个教学系统就是一个有序程度较高的系统，从而增加了有效教学信息量，提高了教学效率和质量．

要提高课堂电化教学系统的有序程度，就必须有先进的教育思想的指导，一方面，要充分发挥教师的主导作用，调动学生的学习积极性，利用电教媒体的功能优势，使教学的各要素处在较佳的状态中；另一方面，更重要的是要建立教师、学生、媒体（主要因素）之间相互作用、彼此协调、取向一致的关系，也就是合理的教学结构．提高课堂电化教学系统的有序度是目的，建立合理的课堂结构是手段，运用有效的电教媒体是条件．在使用多媒体教学时，必须坚持以下六条原则：

1. 明确服务性

在课堂教学中使用教学媒体，其目的是为课堂教学服务，为把课堂教学搞得更好．在课堂上不论是放幻灯片、放录像、放录音，还是搞其他演示实验，都是为了完成既定的课堂教学目标，都要服从于完成教学任务这个大局，绝不能为放录像而放录像，为放录音而放录音．有的教师为了追求娱乐，在课堂上不管教学目标需不需要，也不管使用某些媒体有没有不良作用，单纯地为了放录像而放录像，其结果是，学生看后或哈哈大笑，或动情大哭，于完成课堂教学任务无所补益，这样的教学媒体还是不使用为好．

2. 强调针对性

在课堂教学中使用教学媒体除了服务于课堂教学目标外，还应强调针对性，即针对班级教学及学生的实际，根据学校所能提供的教学媒体条件，有选择地加以运用．比如同是放录像，小学生可选择那些欢快、活泼、娱乐、游戏性较强的；中学生，特别是高中生则要选择那些说理性较强，分析事理比较透彻的．放录音也是这样，小学生应多选择一些儿童歌曲或儿歌，中学生则应选择一些比较高雅的、健康的歌曲．千万不可不管适用不适用，硬往课堂教学中塞．

3. 坚持多样性

在条件许可的前提下，课堂教学应尽可能地多采用一些教学媒体．如同一堂课，既可放录音，也可放录像，或者做其他一些演示．如在讲高中数学椭圆的定义时，可先放录像让学生观看人造地球卫星在太空中的运行轨道，给学生一个直观印象，然后再讲定义．这样会使学生更好地理解椭圆的定义，这种做法值得提倡．

4. 加强指导性

课堂上使用教学媒体是为完成课堂教学目标服务的，因此在使用教学媒体时要对它进行必要的解释．这一方面是由于学生知识水平有限，对所用的教学媒体不一定看得懂、听得懂；另一方面，由于学生的思维方式不尽相同，对同一教学媒体或同一段录像，往往仁者见仁、智者见智，这时候教师要做好指导性讲解，以使大家的认识统一到所要讲的知识和道理上来．

5. 注意适度性

适度，是恰到好处的体现．上面已经说过，运用教学媒体对激发学生的学习兴趣，提高课堂教学效果起到极大的促进作用，但不可乱用，特别不可滥用．这就要求我们掌握好适度性原则，既要注意多种教学媒体的优化组合，又要注意一堂课不可用得太多、太滥，否则变换频繁，一会儿录音，一会儿录像，一会儿又是幻灯片，这样不仅浪费教学时间，又会分散学生的注意力，起不到应有的作用．一般来说，课堂上使用教学媒体，以二三件（次）为好，这样既能从不同方面帮助学生理解教学内容，又能使学生始终保持新鲜感，保持盎然的学习兴趣，提高课堂教学效果．如果使用四五件（次）以上，就会影响教学效果．

6. 克服随意性

在课堂教学中使用教学媒体，既是优化教学内容所必需的，又是电化教学发展的必然．我们应千方百计地创造条件，尽可能地多使用教学媒体，并要持之以恒，切不可"三天打鱼，两天晒网"，有时用，有时不用，或者观摩课上用，没人听课时就不用．这种随意性的根源是懒惰，是优化课堂教学之大忌，应在铲除之列．正确的做法是：提高认识，端正态度，有条件的要使用，没有条件的，创造条件也要使用．很多教师在教学实践中自己动手，或发动学生一起制作教具、学具，绘制幻灯片、投影图片，使课堂教学收到了传统教学所收不到的效果．这种做法值得提倡，这些教师应成为我们效法的楷模、学习的榜样．

五、运用现代化教学手段应注意的问题

运用现代化教学手段应注意以下几个问题：

1. 电教媒体与学习内容的统一性

教学媒体在学生学习过程中是少不了的，作为信息接收和反馈信息的输出端都要依赖教学媒体，媒体被学生运用得越多，运用得越熟练，学习效率就越高，学习效果就越好．但对于不同的学习内容，媒体所显示的功能是不同的．媒体的使用目标是事实性、情景性、示范性、原理性、探究性等，因此不同的学习类型应选用不同的电教媒体．

2. 电教媒体与教学方法的协调性

学生由过去只直接听取教师讲授知识、技能等信息转向部分直接听取教师的讲授，而更多的是向电教媒体进行学习．这样，学习者会根据媒体提供的信息，依据不同的目标，选择相应的电教媒体，制订最优的学习程序，确定适宜的信息传递量，通过反馈调节，充分发挥系统各要素功能，实现教学效果的最优化．

3. 电教媒体与学生认知结构的相容性

在不同的年龄段，对电教媒体的相容程度也不同．低年级学生对相同画面的投影图像比电视图像更易于接受，同时，电教教材所传递的信息结构形式对学生的认知结构有重大影响．电教教材的知识结构与个体的认知结构相同或相近时，接收的有效信息量会增加，且电教教材的知识结构又会转化为个体的认知结构．在课堂教学实践中，必须注意两点：①在选用他人编制的音像教材时，由于授课教师与电教教材的编制者之间的差距，如选用单一音像教材，容易影响学生素质的综合发展．②若音像教材授课目标与学生观看教材实际水平之间的差距较大，使电教媒体的综合功能不能发挥，会影响学生发展的速度和质量．因此，教师在教学中必须寻找教材的最佳结构与逻辑顺序，使学生建立精确的高度分化的认知结构．

在电教媒体参与下的课堂教学过程，由于在现代教育思想的指导下，从学生的学习主线出发，合理地安排学生与教师的活动，正确选用电教媒体，教师、学生、媒体协调作用，充分发挥系统各要素的内在功能，形成合理的教学结构，使课堂教学系统高度有序，从而提高了教学效率和质量，这样的电化教学也就促进了教学的整体优化．

六、多媒体在数学教学中的巧用

数学教学的过程是一个信息的传输和转化的过程，是教师引导学生主动的学会、会学的过程．随着现代教育事业的发展，计算机多媒体的应用已经成了数学教学的最重要的辅助手段，它不仅可以吸引学生积极主动地去看、去想、去问、去探求，而且具有直观、形象等特点，在数学课堂教学中起着不可估量的作用．

1. 运用多媒体创设情景，激趣求知

兴趣是创造一个欢乐和光明的数学环境的重要途径之一．学生在学习过程中产生强烈的求知欲望，会使他们的创造能力得到发挥，因此，要想方设法点燃学生心中探求新知识的火花，激发他们的创造兴趣．兴趣是最好的老师，兴趣是引发学生进行学习的一种内动力，创造良好的情景是激发学生兴趣的前提条

件. 而多媒体教学恰是数学课堂教学培养兴趣中最有效的辅助手段, 利用计算机对文字、图像、声音、动画等信息进行处理, 形成声、像、图文并茂的多媒体教学系统, 使学生利用视听触角等多种感官进行学习, 有利于学生对数学教学内容的理解和掌握, 能引发学生的有效学习.

2. 利用多媒体的形象性, 突出重点, 突破难点

在数学教学中, 概念、法则等既是教学的重点, 又是教学的难点. 这些知识具有一定的抽象性, 给学生的理解带来困难, 尤其是书本中的插图, 它是静止的, 只反映事物变化的结果和瞬间, 而事物变化的过程不能说清楚. 假如化静为动, 利用多媒体创设动态情景, 并以鲜明的色彩、优美的声音、活动的画面, 把变化的全过程展示出来, 那么既可以突破知识的难点, 又可促使学生的思维导向由模糊变为清晰, 从而很好地帮助学生理解和掌握概念的本质属性.

3. 运用多媒体, 激发学生的创造思维

创造思维是创造能力的核心, 是培养学生创造能力的中心环节. 敢于质疑问题, 善于发现问题、提出问题是培养学生创造能力的基础和前提. 问题是数学的心脏, 有了问题, 学生的思维就有了方向, 也就有了思维的动力. 人的内心总有一种根深蒂固的需求——总希望自己是发现者、研究者和探索者, 在学生的精神世界里, 这种需求特别强烈. 中小学生有强烈的探索精神和参与意识, 激发他们的学习兴趣后, 如何引导学生唱好课堂教学的主角, 使他们的参与意识和创新能力落到实处, 是运用多媒体辅助教学成功与否的关键.

4. 利用多媒体的多容性, 提高课堂教学效率

数学是分章节、按线形结构编排的, 所以每节课相对来说层次比较分明, 这就要求教师必须当堂完成本节课的目标任务. 常听有的老师说, 一堂课的内容还没有处理完毕, 时间就到了, 就出现拖堂现象了. 怎样解决这样的问题？除了提高教师的本身素质外, 还可利用计算机多媒体的多容性, 提高课堂教学效率. 这是因为多媒体不仅直观、形象、准确、速度快, 而且可以在短时间内把大量知识、信息传递给学生, 使学生在最短的时间内获得较多的知识, 用三十分钟就可完成原来四十分钟才能完成的教学任务, 既优化了数学课的教学, 又减轻了学生的课业负担, 提高了学习效率.

5. 运用多媒体可以强化知识的记忆

按照人的思维规律，第一次接触到的知识信息，如果是强烈的思维刺激，那么这个知识信息将永远经久不忘；反之，第一次的刺激是平淡的，那么这个信息在头脑中会瞬息即逝．多媒体辅助教学，能同时调动学生多种感官参与思维，使学生做到眼看、耳听、脑想、手动，也就是说，使学生通过对多种感官的强烈刺激，在大脑中同时形成多个兴奋点，从而极大地提高了学生的有效注意，强化了第一感知．可见，多媒体辅助教学，对强化知识的记忆所起的作用是其他教学手段无法比拟的．

此外，运用多媒体辅助教学，还可以促进教师自身业务素质的提高．要运用好计算机多媒体，教师就必须认真分析教材的重点、难点，找准切入点，想方设法设计多媒体课件；做与教材对应的录音、录像；录制电视节目中的有关片段；制作配乐诗朗读、配乐散文录音等．在这些工作中，教师要付出辛勤的劳动，但也从中得到了锻炼，增长了才干，拓宽了知识面．

总之，运用计算机多媒体辅助数学课堂教学，有利于全体学生的学习和群体发展，符合循序渐进、由浅入深，从具体到抽象、从现象到本质地理解知识的认知规律，可以全面提高学生的数学综合素质并为他们终身可持续发展奠定良好的基础．

七、多媒体辅助教学要有"度"

在数学课堂教学中，采用多媒体辅助教学能极大地拓展学生视觉和听觉的时空，有利于学生多渠道接收信息，增强感染力，扩大知识面，提高思维能力，保证课堂教学效率．但是，我们不能认为多媒体辅助教学的使用率越多，制作越精美，教学效果就越好．如果在教学中一味地强调多媒体技术，并将多媒体技术的运用与课堂的优化等同起来，那将会适得其反．因此，多媒体辅助教学一定要有"度"，具体来说，应做好以下三点：

1. 找准时机

多媒体辅助教学，图文声像并茂，形象生动，但只有找准时机，恰到好处地使用，才能获得最佳效果；若不当使用，死搬硬套，则会画蛇添足，效果往往适得其反.

2. 善于配合

多媒体辅助教学同其他电教手段比较有着不可比拟的优势，它能使静态的知识动态化，抽象的知识具体化，但是，不同的电教手段有着自己不同的教学功能、特点和优势，同时也会有各自的局限性. 因此，我们要根据学生的年龄特征，来选择电教媒体. 比如，当教学内容呈静态时，可用投影仪；当教学内容连续性较强时，可用录像手段；当教学内容需要展示复杂、抽象、变化及相互联系的过程时，可用多媒体. 例如，几何形体教学中面积公式、体积公式的推导，以及数学教学中一些规律的得出、结论的推导，采用多媒体辅助教学比较适宜；计算题和应用题的教学一般采用投影仪教学比较适宜. 当然，并不是一堂课只能采用某一种电教媒体，有时各种电教媒体相互配合、相得益彰，会产生令人意想不到的效果. 另外，多媒体辅助教学还要与学生的动手、动口、动脑配合起来，才能真正发挥它的优势. 例如，教学"圆的认识"时，可先按"画、剪、折、量"等步骤进行教学，让学生通过动手操作，动口讨论，动脑思考，来得出圆的半径、直径的概念、特点以及它们之间的关系. 最后，可以通过多媒体屏幕显示三只小动物分别骑着装有方形、椭圆形和圆形车轮的自行车进行比赛，通过在行进时的状态和最后比赛结果，让学生弄清楚车轮为什么做成圆形的道理. 这样，各种手段有机配合，扬长避短，才能物尽其用，提高了学生学习兴趣，增强了教学效果.

3. 适可而止

采用多媒体辅助教学，通过声音、色彩、光线、形状的和谐运用，能激发学生的学习兴趣，启迪学生思维. 但应用时，一定要适可而止，把握好"度"，防止供大于求，产生副作用. 运用多媒体的声、形、色，虽然可以刺激学生的感官，使他们的思维处于兴奋状态，但如果刺激时间过长，也会分散学生的注意力. 例如，如果在教学"圆锥体的认识"时，从开始到结束，除新授知识的推导外，连新课的导入、巩固题的出示、作业的布置等，都采用多媒体技术，使学生长时间处于被刺激状态，易造成学习疲劳，产生厌倦感，反而降低了学习效果，失去了多媒体技术应有的价值.

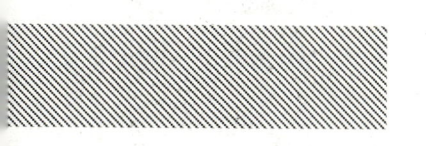

中学数学课堂教学研究与实践

一、数学课堂教学中如何落实素质教育

二、怎样在数学教学中指导学生"三读书"

三、关于数学教学中德育渗透的几点体会

四、建造讨论蓄势，注重讨论引导

五、数学课堂教学中应注意板书问题

六、怎样听课与学习数学

七、例说反证法及其应用

八、注重学生在数学教学中的参与意识

九、如何帮助学生积累数学活动的经验

一、数学课堂教学中如何落实素质教育

课堂教学是实施素质教育的基本教学组织形式，是实施素质教育的主要阵地，而充分发挥学生的主体作用是数学课堂教学中落实素质教育的重要手段．在数学教学过程中，教师和学生是教学的活动者，是课堂教学中最基本的因素，离开了教师和学生这两个基本要素，数学教学就成了无源之水、无本之木．学生是学习的主体，但他们要在教师的指导下进行，那么如何充分发挥教师的主导作用呢？可以从以下几个方面来落实．

1. 筹划

筹划就是教师根据数学课堂教学的目的，在目标设计、方案制定、重点确立、教法选择等方面绘制课堂教学"蓝图"．确定面向全体学生的教学目标是落实数学素质的第一步．素质教育要求学生应具有基本的数学知识和数学情感，教师设计教学目标本身不能脱离数学基本知识体系，要注意对学生进行数学情感的培养和数学观念的形成，要在学生的科学态度、学习方法、知识运用能力以及培养学生良好的注意力、思维力和应用能力等方面做出明确的要求．确定恰当的教学方案是课堂教学落实素质教育的关键．教师应深入细致地钻研教学内容，确立更多课堂教学目标，明确知识与技能的类型、深度、广度及它们的结构特点，找出知识中的重点和难点，确定知识点及其应达到的认知目标，要认真了解学生．掌握数学知识要依靠学生个体的智力活动，学生认知水平的提高要借助于他们已有的数学经验知识和理论知识以及正确的思维方式方法．教师要根据这些内容，设计出符合数学知识特点，切合学生实际的课堂教学方案，落实教学方案必须要运用灵活正确的教学方法．教师要结合教学内容的特点，学生的实际水平及所要达到的教学目标，对每个教学方案中的教与学的方式方法，特别是应用问题都要进行认真的选择，合理的组织和充分的准备.

2. 导　学

导学就是采用科学的方法，启发、引导学生以积极的心态，自学的方式学习和运用数学知识．教师要指导学生预习，通过预习使学生对课堂上要学习的内容有一个感性认识，明确学习的目标，发现自身的知识需要，启动进一步的学习动机．教师要指导学生学习思考问题，学生的思考往往是不够深入全面的，这要通过教师的指导使学生围绕思考题进行有效的思维．教师要指导学生的课堂练习，要引导学生有正确的思维方法，教给学生如何运用所学的知识去分析解答课堂练习，要使学生获得正确思维下的正确答案．当学生的学习过程出现了不同的认识、不同的观点时，教师要指导学生去讨论，通过讨论找出统一点．教师要在课堂教学中指导学生下课前对所学的知识进行归纳、小结，进一步明确教学目标和教学内容，使学生能够形成知识网络结构．最后，教师还要指导学生课后的自我反馈和检查，促进学生积极主动的学习．

3. 激思

激思就是教师在教学过程中，制定目标、提出问题、引发学生的学习兴趣、激发学生的学习动机，启迪学生的思维．"学而不思则罔，思而不学则殆．"启迪学生思维是课堂教学的核心．积极思维是学生顺利理解新的数学知识的前提条件，而思维活动的积极性是与一定问题的产生和解决相联系的．因此教师引导学生去思考，就是要在课堂教学中设置矛盾情境，以引起学生认知上的冲突，激发学生认知的内驱力，启动学生的思维活动．教师要提出中心问题引起学生思考，设计系列问题使学生深入思考，通过深化智能训练使学生的思考得到升华．如果我们所教的学生形成了一个善于怀疑的思维习惯，那就意味着学生获得了一种创造性的潜能，这是创造力的重要源泉，也是落实数学素质教育的目标所在．课堂教学中，教师还要善于利用语言这个信息源，要让学生充分表达自己的思维过程，展现思维的成果．

4. 精讲

精讲就是教师在教学中，注意师生双边活动和生生双向活动，且从学生实际出发，突出教材的重点，用精练的言语，准确地揭示教学内容的本质特征和知识间的内在联系，教给学生认识规律和解决问题的方法．实施素质教育，教师在数学课堂教学中一定要改变"多灌多得"的教学观点，要研究教法和学法，不能只是"讲深讲透"，还要留下"余味""空白"，让学生自己去"品尝""填补",否则,学生的主体作用就无从发挥.教师的讲要讲在要害处,讲在设疑处,不要面面俱到.另外,还要绘声绘色地讲.教师要有健康的情绪、积极的情感,语言也要亲切,要使学生在轻松、愉快、和谐的课堂气氛中发挥其积极性和能动性.教师的讲解要引出哲理,启迪学生心智.学生作为课堂教学的主体,首先,要认真阅读教材,在教师有目的、有计划、有组织的指导下,对所要学习的内容有一个初步的认识,明确学习目标,激发学习动机,以便引起学习活动.要对学习的内容积极思考,探索、理解知识内涵.其次,要求学生能积极大胆地提出学习上的问题或困难,通过教师的解疑而获取知识.再次,学生要能够正确的使用数学教具,自己动手进行应用问题方面的实验,并对现实生活中的经济现象、原理做出解释、推理、判断和结论.再次,学生要完成一定量的数学练习,巩固所学的知识,形成良好的数学技能.最后,还要求学生通过语言叙述、几何图形操作、文字书写表达自己的学习效果,以起到反馈和检查作用.

教师在数学课堂教学中的主导作用主要体现在领导、指导、辅导等方面,而学生的主体作用主要体现在学习过程中能掌握主动权,能主动、自觉、积极地学习,能与教师的主导作用协同进行,并通过这种和谐的动态教学活动过程,落实数学的素质教育.

5. 评价

评价是指每天让学生回顾所学知识,记录规律特点,并评价教师教学和自己学习的情况、收获和不足.教师可以此作为以后教学的重要依据、指南,并结合学生出错的作业,要求学生改正的同时分析错误原因,再试举一例解答.这样教师既收集了许多宝贵资料,指导教学,又培养了学生自主学习的精神、刻苦钻研的毅力,能举一反三、触类旁通.教师针对每位学生学习小结和作业情况,以评语的方式及时为该生指标导航,既达到了面向全体、因材施教的目的,又形成了民主、和谐的学习气氛.在这一过程中,师生自评与互评结合达到教学相长的目的.

综上所述,在课堂教学中注重了学生动手、动口、动脑的能力训练,以及非智力因素的培养,才能有效地提高学生的学习兴趣,发展学生的思维,锻炼学习的意志,培养学习的情感,从而使学生的基本素质得以全面发展.

二、怎样在数学教学中指导学生"三读书"

数学教学过程是一个不断变化的过程,人的因素起决定作用,它不是一种简单的机械运动,不可能有统一的操作方法.随着教改教法的群众性大讨论,逐步形成了"教无定法、教须有法、教须得法"的共识.教学方法改革的宗旨是:"授之以渔",或像夸美纽斯说的那样:"使教师因此而少教,学生因此而多学,让校园充满着欢乐."为此,在教学中不仅要教学生"学会",更重要的是教学生"会学".下面,就我们的实践谈点浅见.

1. 预习读书

凡事"预则立,不预则废".如果教师指导学生认真做好预习,在预习中初步理解新教材的基本内容和思想,发现了疑难问题,也就增强了学生听课的目的性,减少了盲目性,学生就会学得积极、主动、轻松、愉快.同时也有利于教师利用学生听课的"最佳时态"完成重、难点内容的教学,可以快速地接触主题、讲解重点,让学生在课堂上多应用、透理解、强记忆,从而提高了课堂教学质量.

预习读书,就是在读中温习旧知识,感知新内容,发现问题.数学的概念、公式、法则、名词术语不易懂,最初教师应带领学生逐字逐句地串读串讲,再过渡到提出问题让学生边读边想地回答,然后逐步要求学生自己独立地细读、多想、勤动笔.

"细读",就是具体细致地逐字阅读,把课文中的各个问题弄明白.对关键词语、不易懂的地方反复读,易混淆的概念对比读,相关的旧知识联系读,达到真正明白课文内容的目的.

"多想",就是在读的同时多思考.让学生在弄清课文内容的基础上,对其中一些问题做深入的分析,从不同角度去认识理解,思考多种解题方法,对概念要"三会"即会叙述、会判断、会举例.要求学生咬文嚼字,理解每个字的含义,在字里行间找学问;会用正确的语言叙述,能举出符合含义的例子,对别人的举例会根据定义判断真假；对公式、定理，能分清条件和结论及使用范围，理解推证的思路和方法；对例题先审清题意，明确有关概念，分析掌握联系，全面考虑、避免遗漏；然后试着思考解答，再与书上解答对照，若自己错了，找出原因，若对了，要与课本解答比较有什么不同处，哪一种解法好，再想一想还有没有别的解法，从中比较寻找，领悟解题规律，掌握书写规范. 对难度较大的题目，也要争取弄懂解答的思维过程.

"勤动笔"，俗语说"好记性不如烂笔头"，在预习读书时对重点知识、关键词语、推理依据及相关旧知识要进行圈、点、批、注，即"从薄到厚". 将文字语句转化成数学语言，如把"两个平行平面，其中一个平面内的一条直线必平行于另一个平面"转化为"若平面 $\alpha \text{//} \beta$，直线 $a \subset \alpha$，则 $a \text{//} \beta$". 思考解题方法时须将主要步骤及计算结果写出来，不能只考虑思路，因为具体运算中最容易出现问题. 然后做好预习笔记，包括新教材的基本内容、重点知识及主要数学思想方法. 尝试作课本的练习题，最后将疑难问题记下来，以便有目的地听课.

2. 课内读书

课内读书是教师根据教材重点、难点、易错易混概念、容易忽略的条件及学生预习中的疑难问题，让学生读书，讨论后回答，教师归纳小结.

（1）对易懂的教材让学生读书，讨论后归纳要点、掌握规律. 课文中不少内容，学生读懂字句并不难，但往往读后印象不深，这说明学生缺乏概括、提炼的能力. 数学概念的掌握需要概括能力作基础，同时它又促使概括能力的发展. 因此指导学生读基本概念时，不是一次看清就行了，而要反复琢磨，不断加以巩固，对同一类问题要加以比较、分析综合，在此基础上找出这类问题的本质特征和属性，从而培养学生的综合概括能力. 如高中《代数》上册第135页例12，化下列各式为一个角的一个三角函数的形式：

① $\dfrac{\sqrt{2}}{2}\sin\alpha + \dfrac{\sqrt{2}}{2}\cos\alpha = \sin\alpha\cos 45° + \sin 45°\cos\alpha = \sin(\alpha + 45°)$；

② $\sin\alpha - \sqrt{3}\cos\alpha = 2\times\left(\dfrac{1}{2}\sin\alpha - \dfrac{\sqrt{3}}{2}\cos\alpha\right) = 2\sin\left(\alpha - \dfrac{\pi}{3}\right)$；

③ $a\sin\alpha + b\cos\alpha = \sqrt{a^2+b^2}(\sin\alpha\cos\theta + \cos\alpha\sin\theta) = \sqrt{a^2+b^2}\sin(\alpha+\theta)$

（其中 $\tan\theta = \dfrac{b}{a}$）.

经过阅读讨论和讲解使学生明确 $45°$，$\frac{\pi}{3}$ 的来由，找到了三个题目在解题方法上的共同规律，从而抓住找辅助角 θ 这个关键．

（2）对难理解、易混淆的概念，指导学生反复读，对比读．如映射概念，初中时学生不易接受，在讲函数时读到它，有些学生还是不够清楚，在讲到反函数时再回过头来对映射、函数的概念细读，这时学生就能理解映射的两个要素：集合 A 中元素 a 的任意性，集合 B 中元素 b 的唯一性．函数是映射的特殊情形，具有反函数的函数又具有特殊性，从它们所包含的对应关系认识它们的区别与联系，认识和理解就深刻得多了．对一些相似的概念指导学生对比读，就能区别异同，防止对概念的记忆模糊．如"球冠"与"球缺"的两个概念可做如下对比：

	球 冠	球 缺
定义	球面被平面所截得的一部分	球体被平面所截得的一部分
区别	被截物是球面	被截物是球体
	截口是一个圆周	截口是一个圆面
联系	球冠可视为球缺的表面的曲面部分	

（3）对例题，着重引导学生读题意，联系有关概念、法则、公式思考解法，先说解题的各种思路，然后归纳出解决这一类问题的通法．如高中《代数》上册第 60 页例：求下列函数的反函数：

① $y = 3x - 1(x \in \mathbf{R})$；② $y = x^3 + 1(x \in \mathbf{R})$；

③ $y = \sqrt{x+1}(x \geq -1)$；④ $y = \dfrac{2x+3}{x-1}(x \in \mathbf{R}, x \neq 1)$．

让学生看懂解法，画草图思考几何意义，然后作练习求 $y = \dfrac{1-x}{1+x}(x \neq -1)$，及 $y = \dfrac{ax+b}{cx+d}\left(x \neq -\dfrac{d}{c}\right)$ 的反函数．由此可归纳出一类问题化归的典型解法："平移法"(即将 $y + b = f(x+a)$ 化归为 $y = f(x)$)．同理可归纳出另四种常用的初等变换：$y = f(-x), y = -f(x), y = f(|x|)$，$y = |f(x)|$ 的处理方法．

对某些题还可进行一题多解，一题多变的训练．这样有利于举一反三、因材施教，培养尖子生，进一步培养学生的创造思维能力．如高中《代数》下册第 13 页例 9：如果 $a, b \in \mathbf{R}^+$ 且 $a \neq b$，求证 $a^3 + b^3 > a^2 b + ab^2$．

引导学生看书进行分析法、综合法、比较法证题的教学后，可从该题条件、结论的变化引申出以下题目：

① 如果 $a, b \in \mathbf{R}^+$ 且两两不等，求证

$$2(a^3+b^3+c^3) > a^2(b+c)+b^2(a+c)+c^2(a+b);$$

② 如果 $a, b \in \mathbf{R}^+$，求证 $4(a^3+b^3) \geq (a+b)^3$；

③ 如果 $a, b \in \mathbf{R}^+$，求证 $9(a^3+b^3+c^3) \geq (a+b+c)^3$.

课堂教学的最后一个环节是小结，这时要引导学生读教材重点内容、板书或笔记，启发学生把所学知识系统化、具体问题条理化、新旧知识类比化，掌握规律，强化记忆. 将知识归类、系统概括，就是"从厚到薄"的过程. 这是学生思维的高级形式，是从"已知"到"未知"，又从"未知"到"已知"，实现认知的第二次"飞跃"，可以培养学生的求异、求同思维和发散、集中思维.

3. 课后读书

（1）俗语说"磨刀不误砍柴工"，指导学生在做作业前，先回顾所学的新知识和方法，对还没弄明白的地方迅速查漏补读课本、笔记. 要培养学生的良好习惯，遇到问题时，要善于与旧知识联系起来，这样既解决了问题，又达到了复习巩固旧知识的目的，还有利于对知识系统的理解和掌握.

（2）指导学生做好章节复习读书. 每章、节学完后，学生通过完成作业的实践，再回过头来读课文、看笔记，可以加深理解、巩固记忆，及时总结教材的知识系统和要点、概念的联系与区别、解题的方法和规律，把知识要点连成块串成线，做好复习笔记.

（3）指导部分学有余力的学生阅读相关的课外读物，培养学习兴趣，增强学好数学的信心. 让他们在学习中重视观察，学会猜想、想象和幻想，善于提出问题，注意归纳和类比；引导他们回归教材，探讨知识的结构体系、例题、习题的作用和延伸；指导他们注重知识的来源及在现实生活中的应用，从而培养学生的自学方法和钻研能力，为将来成才打下良好的基础.

三、关于数学教学中德育渗透的几点体会

考察近十几年来的教育史，发现教育界存在只重视应试教育和科学教育，而忽视素质教育的问题.《中国教育改革和发展纲要》明确写道："教育改革和发展的根本目的是提高民族素质.""促进学生逐步树立科学的世界观和为人民

服务的人生观,……". 我国是社会主义国家、学校就是要把学生培养成为能够用辩证唯物主义的观点来认识自然现象和社会现象,正确了解社会发展规律,从而更加坚定地建设有中国特色的社会主义信念的一代新人. 中学最重要的课之一——充满丰富的辩证唯物思想的数学,当然要承担这样一部分非常重要的任务. 对学生进行素质教育,使他们成为"四有"新人,这是我国现代化建设事业对学校教育所提出的迫切要求. 因此,怎样根据中学各科教学自身的特点有效地对学生实行素质教育,是当前令人关心而又值得探讨的一个问题. 因此,我作为一名中学教师,参加了四川省教委审批立项的"中学数学教学评价"的研究与实践. 在我所任教的高二两个班的数学教学中,根据"中学数学教学评价"课题研究方案的要求,结合自己教学的切身体会,谈谈在数学教学中,应注意德育渗透的几点体会,供同行们参考研究.

作为主课之一的数学,在我国已有悠久的历史及辉煌的成就,它是研究现实世界数量关系和空间形式的一门学科. 现实世界是遵循唯物辩证法的客观规律运动、变化和发展的,这就必然使数学内容充满了唯物辩证法的思想因素. 恩格斯指出,数学是"辩证的辅助工具和表现方式",这一论断充分肯定了辩证法在数学中的存在. 根据数学课程的这一特点,在数学教学中有意识地进行爱国主义教育和集体主义教育,培养学生的科学态度及运用唯物辩证的思想观点去观察、分析、解决问题,就能从中实现素质教育的目的. 辩证唯物主义是一切具体科学的指导思想,因此在数学教育中渗透德育思想已成为全面贯彻党的教育方针、加强学校德育工作、提高教学质量的需要. 数学问题的各种各样的解法包含着丰富的唯物辩证法的因素,因此,数学教学中应着力渗透其基本观点. 在教学过程中,教师可根据学生的接受能力,把解决问题中所体现的唯物辩证思想揭示出来,帮助学生树立正确认识事物的基本观点. 下面我们将从数学基础教学的实际出发,通过一些通俗的例子,阐明数学教学中辩证法思想因素的德育功能,以期引起关心这一问题的同行展开进一步的讨论.

1. 依"法"揭示

例1 求证:不论实数 a 为何值,直线 $(3-2x)a+(a+1)y+2-3a=0$ 恒过一定点.

分析 当 a 在实数范围内变化时,方程表示不同直线组成的直线束. 如果这些直线均过一定点,那么其中的任何两条直线一定也经过这一点. 我们令 a 取两个不同的值,得两条直线的交点为 $(-1,-2)$,将这点坐标代入原方程检验,即知原命题正确.

这里依据的哲学基础，就是矛盾的普遍性与特殊性的关系，即在特殊性中存在着普遍性，在个性中存在着共性. 运用矛盾转化的方法，使问题得到解决. 上面的证法是在解析几何内部由一般与特殊之间的转化而完成的.

例2 当 α 从 0 到 π 变化时，曲线 $x^2\cos\alpha + y^2 = 1$ 怎样变化？

分析 当 α 的变化使得 $\cos\alpha$ 的值由 1 变为 0，再变为负数时，曲线就会发生质的改变. 当 $\alpha=0$ 时，曲线是单位圆；当 $0<\alpha<\dfrac{\pi}{2}$ 时，曲线是焦点在 x 轴上的椭圆；当 $\alpha=\dfrac{\pi}{2}$ 时，曲线变为两条平行直线；当 $\dfrac{\pi}{2}<\alpha\leq\pi$ 时，曲线是焦点在 y 轴上的双曲线. 由此我们看到，α 的"量变"引起曲线的"质变"，量变与质变规律是事物发展的基本规律之一.

例 1 和例 2 的分析充分揭示了唯物辩证法的对立统一规律和量变与质变规律. 只要教师善于吸取和驾驭，数学上的大量习题都可以成为向学生进行唯物辩证思想教育的好素材.

2. 据"情"引申

有些数学习题的情节具有一定的思想性，稍加充实和引申，便可收到更好的教育效果.

例3 设 1980 年年底我国人口为 10 亿，查表计算：

（1）如果我国人口每年比上年平均递增 2%，那么 2000 年年底为多少（结果保留四个有效数字）？

（2）若使 2000 年年底我国人口不超过 12 亿，那么每年比上一年平均递增率最高是多少（精确到 0.01%）？

在学生计算出结果（14.86 亿，0.92%）以后，为突出思想性和教育性，可让学生继续解答下面的题：

（3）已知 1990 年 7 月 1 日我国已有人口 11.6 亿，求我国人口的年平均增长率（1.6%）.

（4）以 1990 年 7 月 1 日的统计数为基础，按 1.6% 的年平均率计算，20 世纪末我国人口达到多少？

（5）若使 2000 年年底我国人口不超过 12 亿，那么往后每年比上一年平均增长率不能超过多少？（0.33%）

惊人的数据告诉学生：按前 9.5 年的平均增长率发展下去，20 世纪末我国人口就要达到 13.7 亿；而要实现人口不超过 12 亿的目标，后 10.5 年的年平均增长率不能超过 0.33%. 严峻的人口现实使学生们认识到节粮、节水、节电、计划生育及保护生态环境这一基本国策的重要性和紧迫性.

3. 拨"误"启导

在解题过程中，有的学生难免会出现失误. 某些课本、报刊上的习题也还存在疏漏与错误. 因此，我们要善于抓住和利用这些病题病解，对学生进行启迪、开导，化消极因素为积极因素，培养学生良好的思想作风和个性心理品质.

例 4 求经过点 $P(1,3)$ 作圆 $x^2+y^2=1$ 的切线方程.

误解 设所求的切线方程为 $y=k(x-1)+3$，代入圆方程，并整理，得

$$(k^2+1)x^2-2k(k-3)x+(k^2-6k+8)=0.$$

由

$$4k^2(k-3)^2-4(k^2+1)(k^2-6k+8)=0,$$

得 $k=\dfrac{4}{3}$. 故所求的切线方程为

$$y=\dfrac{4}{3}(x-1)+3,$$

即

$$4x-3y+5=0.$$

在找出另一条切线方程 $x=1$ 后，引导学生总结经验教训，使他们懂得：要学会全面地看问题，在涉及直线斜率的时候，既要考虑斜率存在的一般情况，又要考虑斜率不存在的特殊情况. 这样，唯物辩证法的观点便自然而然地渗透其中了.

4. 执"果"发挥

有些习题的结论含有丰富的历史背景，这些结论与现实生活有着密切的联系，挖掘并宣扬其中的思想内涵，常能发挥习题的德育功能，收到好的育人效果.

例 5 解方程 $x^3+2x^2-1=0$.

该方程的正根 $x=\dfrac{\sqrt{5}-1}{2}$，人们称之为"黄金数". 我们可以向学生介绍黄金数有美术、音乐、生物等方面的应用和黄金数与优选法的关系，以及华罗庚教授对数学的卓越贡献. 这既能使学生开阔视野，发现数学的美，明确数学与各门学科和国民经济的密切联系，又能激励学生刻苦学习，立志成材，报效祖国.

总之，我们要把德育渗透到数学教学的全过程中，把思想教育和数学基础

知识的教学很好地结合起来,完成辩证唯物主义世界观的培养任务. 为了完成这个任务,数学教师必须首先提高自身的素质,钻研马克思主义哲学,掌握它的原理和方法;钻研教材,挖掘它的思想性. 只要我们付出辛勤的劳动,一定能在教学中逐步达到德育渗透的目的.

四、建造讨论蓄势,注重讨论引导

数学课堂教学中的"讨论"教学是一种重要的教学活动,是实施素质教育、培养学生数学素质的主渠道之一,通过讨论可以达到明理、创新的目的. 因此,许多数学教师都喜欢"讨论"式教学,这既活跃了课堂气氛,又培养了学生的思维能力. 然而,当学生还不具备讨论的基础,或者说不到讨论火候时,强迫让学生讨论,那只是一种空洞的形式,毫无实际价值. 这就需要教师置景布情,营造出讨论的情景与蓄势,当学生确有讨论热情时,再引导他们去讨论,其效果会较好.

1. 概括辨析,营造讨论环境,深化知识的理解

数学课堂教学的着眼点应放在学生的能力培养上,对一些概念,不能让学生生吞进去,要注重认知过程的教学,给一些感知材料充分让学生去操作、观察、领悟、归纳. 对一些容易混淆、模糊的概念和问题,要罗列在一起,让学生着力辨析,以求真正深刻理解. 当然,由于学生个人的智慧是有限的,个性差异不同,基础知识、思维品质、自学能力也各不相同,这就需要教师营造出讨论的环境,以发挥群策群力的作用. 通过学生间的互相交流,可促进学生对概念的认识,深化学生对概念的理解. 如学习 $\sqrt{a^2}=|a|$ 与 $(\sqrt{a})^2=a$ 后问:它们形式各异,但也有相同点. 那么,相同点和不同点各是什么呢?问题提出后,大家开始独立思考,并没有讨论的欲望. 此时,若让学生讨论,那只是一种空洞的形式,于是须先让几个学生回答,可每个学生的回答既不全面又无顺序,条理不清,不能达到"深刻理解"的目的. 这时,教师可充满希望地说:"能更全面一些,

更清晰一些吗?"同学们唯恐不全面,就你一句,我一言地讨论起来,十分热烈. 若回答时依然条理不清晰,恰如"心欲通而未达,口欲言而未能",确乎心明口不明,此时教师可引导学生从字母的范围、值的范围、表意等方面去讨论归纳:第一,字母的取值范围不同,在$(\sqrt{a})^2$中,$a \geq 0$,在$\sqrt{a^2}$中,a为一切实数;第二,表意不同,$(\sqrt{a})^2$表示正数a的算术根的平方,$\sqrt{a^2}$表示数a的平方的算术根;第三,值的形式不同,$(\sqrt{a})^2$的值是a(被开方数本身),$\sqrt{a^2}$的值是$|a|$而不是a;第四,值域相同,$(\sqrt{a})^2$是一个非负数,$\sqrt{a^2}$也是一个非负数;第五,当$a \geq 0$时,$\sqrt{a^2} = (\sqrt{a})^2 = a$,即$a$可化为$(\sqrt{a})^2$,也可化为$\sqrt{a^2}$.

2. 凸现思维,引发讨论兴趣,多角度探索解题途径

学生数学素质的培养,往往体现在学习方法与思维方式的训练上,思维能力的强弱直接作用于解题的水平与效果. 在教学中,特别是例题和习题教学中,引导学生分析题意,剖析解题思路,突出思维核心,充分运用发散思维启发、诱导学生积极思考是非常重要的一环. 通过启发,营造出一种"愤""悱"状态,使每个学生都处于跃跃欲试的状态,此时让学生讨论,学生就能声情并茂,有理有据地发表看法,做到以理服人.

如讲解例题:在平行四边形$ABCD$中(见图1),E是AB的中点,$AF = \dfrac{1}{2}FD$,EF交AC于G,求$\dfrac{AG}{AC}$的值.

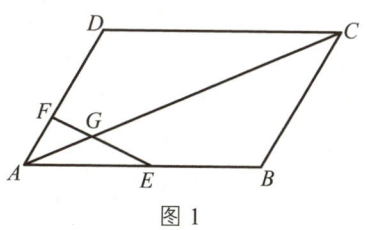

图1

分析 比例式$\dfrac{AG}{AC}$与$\dfrac{AF}{DF}$既不是被平行线截得的线段,也不存在于相似三角形中,无直接联系,不易求解,那么应想什么办法将它们或存在于相似三角形中,或是平行线截得的线段并让其有一定的联系呢?这一问题就是思维的核心,教师重音、慢述这一问题,或重复一至二次,以引起学生的高度重视,从而明确解此题的思维方法. 在教师的重、慢、复下,学生会联想已学过的作平行

线解题方法并猜测到甚至肯定"要作平行线". 教师又问：怎样作平行线呢？于是学生积极行动，瞬间，一部分同学已能证出，同时，学生中呈现出一种成功的喜悦，还有相互传递捷报的景象. 此时，教师再提醒大家，还可以作不同的平行线来证明吗？学生更有兴趣的相互交流起来，通过交流，每人都掌握了多种作平行线的方法，兴趣极度浓厚，且大多数学生还在不断探索. 当学生热烈讨论后，选出几个代表发言，侃思路、说证明、归纳小结.（部分见图2）

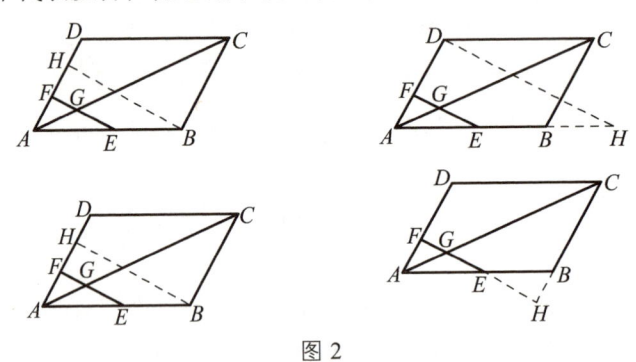

图 2

由以上事例可以看出，在分析讨论中，引发了学生的激烈讨论，触动了学生的发散思维，并在发散中进行了归纳，这一过程多次凸现解题的核心思维，大大提高了学生的探究能力.

3. 拓展思路，绵延讨论热情，实施探究创新

讨论教学的过程是教师主导作用与学生主体共振的完美体现，学生在相互讨论和探索中感受的最贴切、最深. 在此过程中，学生也容易萌发灵感，发现新的事物. 而教师及时的表扬与鼓励，相当于给学生打了一针"兴奋剂"，若再正确地引导他们对创新问题进行拓展与延伸、归纳和总结，无疑又给学生增添了思维的"催化剂"，通过这样的过程，学生的探索精神得到了培养，同时也使其思维深刻了许多，其结果是他们"会学"数学了.

如上例中 $AF=\frac{1}{2}FD$ 等价于 $AF=\frac{1}{3}AD$，其结果 $\frac{AG}{AC}=\frac{1}{5}$，那么，$\frac{AF}{AD}=\frac{1}{4},\frac{1}{5}$，$\frac{1}{6},\cdots$时，$\frac{AG}{AC}$ 的值是多少？学生的积极性再一次被激发，刚才讨论的浓烈气氛又延续下来，通过讨论探究，归纳出：当 $AF=\frac{1}{n}AD$（n 为自然数）时，则有 $\frac{AG}{AC}=\frac{1}{n+2}$. 续问：当 $AF=\frac{m}{n}AD$ 时，又如何呢？把学生引到无穷无尽的探索中

去. 这样让学生在探究中归纳、在归纳中创新，使知识层面又进入一个新峰巅，从而实现了获得知识、迁移知识、迁移创新的目的，师生皆处于"满座哗然皆欢欣"的状态.

五、数学课堂教学中应注意板书问题

数学教学与其他课程的教学有着不同的特点，下面就拿课堂教学中的板书来说吧. 数学课的每一节课从讲授新课开始到结束，教师几乎都是手不停笔地在板书. 因此，学生既要专心致志地倾听教师的讲述，还要全神贯注地看教师的板书，因为很多问题是学生必须通过教师的板书才能得到解决的；很多知识，也是学生从教师的板书中得到的. 所以，板书的好坏，直接影响到教学的效果. 关于这一点，经常被一些教师所忽视，特别是一些青年教师不够重视，他们在板书中还存在着不少的问题，有必要专门谈谈.

所谓板书的好坏，不仅是指板书字体的好坏，更重要的是板书是否有条理，是否有计划，通过板书，是否便于学生理解所讲的内容，是否便于学生做笔记，等等. 下面就教学中的一些肤浅体会，谈谈数学课堂教学中的板书问题.

1. 为什么要重视板书

（1）板书是课堂教学的重要组成部分，是传递教学信息的有效手段，是教师口头语言的书面表达形式. 在数学教学中它有增强语言效果、加深记忆的作用.

（2）板书和诉诸听觉的有声语言是相辅相成的，可弥补语言表达的不足. 在表达问题时它更准确、更清晰，更容易被学生所接受.

（3）板书是通过学生的视觉器官来传递信息的，比语言富有直观性. 尤其是板图在表现事物的发展变化方面，是挂图、幻灯、多媒体不可比拟的，它能加深学生对问题的理解，并在脑海中留下深刻的印象.

（4）对教学内容而言，板书具有高度的概括性，它能条理清楚、层次分明地提示一节课的教学内容，一节课的内容通过板书可以一目了然.

（5）一般是在讲解重点、难点教学内容时才进行板书，并且在关键的地方还要圈圈点点，或用不同颜色的粉笔书写和绘画，因此，它能突出教学重点、关键点，解决教学难点.

（6）形式优美、设计独特的板书具有激发学生学习兴趣、启发学生思维的作用. 独具匠心的板书，能引起学生的浓厚兴趣，有的甚至使他们终生难忘.

所以，板书是一名优秀教师必须具备的基本功，在每次备课时都要仔细推敲反复斟酌. 教学后要及时小结，并在教学实践中不断提高.

2. 写好板书应注意的几个原则

（1）板书格式要规范化.

教师的书写格式是要给学生临摹的，所以必须注意规范化. 有些教师不注意这一点，结果在学生中出现概念模糊、格式混乱的现象. 例如，画线段时应该有头有尾；画圆时应该先画圆心；画立体图形时必须把实线和虚线区分清楚；当一个多项式在一行内写不完要另换一行时，必须连同运算符号一起换行；写不等式的解时，$2<x<5$ 不宜写成 $5>x>2$；写对数 $\log_a N$ 时不能写成 $\log a^N$；写指数函数 $y=a^x$ 时要注明 $a>0$，$a\neq 1$；无理方程求解之后，应写明经检验的结果；还有，任意三角形的证明题要画出斜三角形，而不能画特殊三角形，等等.

（2）板书要有示范性.

关于有些问题的解法和几何图形的画法，教师板书的示范作用就显得特别重要，即使是一字一句，甚至是一个标点符号的书写，都要有所推敲，因为稍不注意，不仅会给教师批改作业带来麻烦，而且还会让学生得到不完整甚至是错误的东西. 举例来说，初中学生在初学几何作图问题或轨迹探求问题时往往不会正确、简明地使用术语. 有的学生把"以 A 为圆心、任意长为半径画弧与 AB，AC 分别交于 D,E"写成"以 A 为圆心、以随便多少长的线段为半径画两段弧交 AB 于 D，交 AC 于 E"还仅属说法上的啰唆，如果写成"以 A 为圆心、以任意长为半径画弧交于 D 和 E"，那就面目全非了. 又如，高中学生对求无穷数列的极限的解题过程以及应用数学归纳法证明一个论断的过程等都必须由教师在板书中给学生起示范作用. 再如，$(x-1)(x-2)=0$ 的解要写成"$x=1$ 或 $x=2$"，而 $(x-1)(x-2)\neq 0$ 的解就要写成"$x\neq 1$ 且 $x\neq 2$"，也就是要"x 既不等于 1，又不等于 2". 至于几何图形的绘制，同样也必须考虑到对学生的示范性作用. 事实上，教师当堂画图的过程也就是培养学生具有正确画图技能的过程.

（3）板书布局要合理，有计划性.

教师能把讲授的内容迅速而利落、合理而清晰地分布在黑板上，并使学生在讲解中能跟上节拍，全部理解，课后又能使学生通过板书一目了然，通晓理解，这是教师的板书艺术. 但是，这一切没有课前认真的研究和精心的设计是办不到的. 因此，教师课前要根据教学要求，从实际出发，进行周密的计划和精心的设计，确定好板书的内容，规划好板书的格式，预定好板书的位置，在教学时才能有条不紊地按计划进行，准确而灵活地加以运用.

（4）板书要富有启发性.

板书要有利于启发学生思考，要贯彻由浅入深、由表及里、由特殊到一般、由已知到未知的认识规律，要把容易混淆的概念加以对比，把有联系的知识串在一起.

如在教三角比的坐标定义时，板书要写成：

$$\sin\alpha = \frac{y}{r}, \quad \csc\alpha = \frac{r}{y},$$

$$\cos\alpha = \frac{x}{r}, \quad \sec\alpha = \frac{r}{x},$$

$$\tan\alpha = \frac{y}{x}, \quad \cot\alpha = \frac{x}{y}.$$

这样写就比下面的样子好.

$$\sin\alpha = \frac{y}{r}, \quad \cos\alpha = \frac{x}{r}, \quad \tan\alpha = \frac{y}{x},$$

$$\cot\alpha = \frac{x}{y}, \quad \sec\alpha = \frac{r}{x}, \quad \csc\alpha = \frac{r}{y}.$$

（5）板书要重点突出，要鲜明.

在教学中板书利用得好可以引导学生把握教学重点，全面系统地理解教学内容. 要做到这一点，教师的板书必须突出、详略得当，这与语言说明的要求是一致的，也是衡量一个教师教学水平的重要标志. 一个好的教师，能在课堂有限的时间内，详略得当地处理教材，抓住重点板书有关内容，而且一堂课后，通过板书就能纵观全课、了解全貌，抓住要领，并给人以清晰的印象.

（6）板书字迹要清晰.

板书要写得整齐，自左至右、自上至下地写下去，等号要划齐，分式线要划直，字体不宜太小，不要写草体，也不要写得太慢以免浪费教学时间. 有些教师过去没有练过楷书，板书中也写得歪歪斜斜，有时忽大忽小，有时毫无计划性，一块黑板写不下了，就在黑板四角东补上一句，西写上一式，弄得支离破碎. 还有些教师惯于用手去擦写错的字和图，这是一个很不好的习惯，容易影响学生，这一点务必注意.

为了加强直观效果，适当采用彩色粉笔是完全必要的．重要的概念公式、性质法则以及关键的名词等都可以用彩色粉笔勾画出来．在画图时，把重叠的图形或辅助线用彩色粉笔描画，便于观察分析；在解题中需要特别引起注意的地方，也可以用彩色粉笔补上说明．要让学生认真地完成数学作业，对学生提出严格的要求，教师的板书是一个表率．所以，希望初任数学课的教师能够在日常备课时认真地、审慎地研究板书问题，切实练好这项基本功，以便更好地提高教学质量，为我国的经济建设贡献力量．

六、怎样听课与学习数学

许多中学生（包括家长）也许会问："怎样才能学好数学，什么样的学习方法最好？"英国著名的物理学家贝尔纳也说过："良好的方法能使我们更好地发挥和运用天赋的才能，而拙劣的方法可能阻碍才能的发挥，是关系到学习成败的关键问题．"

中学生学习数学的环节一般包括：预习、听课、复习、作业和总结五个方面．听课是学好数学的主要形式，因为在教师的指导、启发和帮助下，学生就可以少走弯路，减少困难，能在较短的时间内获得较多的系统的数学知识．因此，认真听好每一节课，是学好数学的关键，这也是一种很好的学习方法．下面，就中学生怎样才能听好一堂数学课，谈一些看法．

1. 做好准备，迎接听课

数学课的课前准备，对学习数学是有帮助的，学生应做好知识、物质、身体和心理四方面的准备：首先，做好知识上的准备，包括复习旧知识和预习新课；其次，做好物质上的准备，包括上课要用的书、练习本、笔记本和一些学习用具；再次，做好身体上的准备，包括坚持锻炼身体和安排休息时间；最后，做好心理上的准备，即做好积极思维的心理准备．

2. 高度集中，专心听课

听课时，最大限度地集中自己的注意力，是学习成功的关键．教育家把注意力比作"通向知识宝库的门户",你不打开它,知识的阳光就无法透进心灵,智力也将得不到发展.教室周围的嘈杂声、音乐教室的歌声、隔壁教室的读书声、运动场上的吵闹声、教室内的装饰画、教室外过往的行人、昨晚的电视情节、下午的球赛,等等,都可能分散我们的注意力.因此,在听课时,要自觉排除上述分散注意力的因素,培养自我控制能力,培养优良的注意品质;不要身在曹营心在汉,而要专心致志地听课,让数学之光照进我们的心灵.

3. 抓住重点,认真听课

听课要抓住什么重点呢?首先,开头和结尾是重点.因为开头往往起着承上启下的作用:概括上节课的内容,引出本节所讲课的问题;而结尾往往又是一节课的"小结"及"复习指导",它们前呼后应,首尾贯穿.然而不少学生往往忽视了开头和结尾的重要性,影响了听课的效果.其次,老师突出强调的地方是重点.老师讲课的时候,在最重要的地方,不是提高声调,就是加重语气,或者情绪比较激昂,表情比较强烈,这等于告诉你:注意,这是重点!有时候老师把极为重要的地方用颜色笔书写,或者直截了当地说:"同学们,注意啦,这就是……".总之,凡是老师突出强调的地方,你都该加倍注意.

4. 多方配合,高效听课

把听、看、想、做、记较好地结合起来,可以提高听课的效果:

第一,听,主要是听老师讲课的思路.听老师是怎样引入数学概念的,听老师是怎样归纳数学知识的,听老师是怎样推导公式并证明定理的.听,也要听同学讲,有的同学答错了,我们也应仔细听听他错在哪里,为何出错,及时进行分析.

第二,看,就是观察.一看老师的板书,看看老师的板书对我们记笔记有什么借鉴,对解题格式有什么要求等;二看老师的画图,看老师怎样作几何图形、函数图像,看老师是怎样利用图像进行解题的;三看老师的演示,在老师用教具进行讲解的时候,一定要注意老师的演示,以增强感性认识.

第三,想,就是思考问题.对于概念,要想一想为什么要建立这个概念,它的前提是什么,它是怎样由实际问题或由已有概念抽象出来的;对于定理,要想一想它的条件和结论是什么,证明的基本思路是什么,关键步骤是哪些;对于公式,要想一想它是怎样得来的,它有哪些特点,有哪些变形,应用时有哪些限制；对于例题，要想一想它在结构上有什么特征，包含哪些解题的技能和技巧，有些什么实际意义.

第四，做，就是做课堂练习. 对于课堂上所学的知识，做做练习，既是对所学知识的检验，又能巩固所学的知识. 同学们要认真对待课堂练习，及时发现问题，及时弥补.

第五，记，包括记课堂笔记和记忆重要内容. 坚持做数学课堂笔记，是个好习惯. 课堂上学习的一些重要概念、定理、公式、性质等，争取当堂记住.

5. 大胆发言，积极听课

有些中学生上数学课不爱发言，这是个不好的现象. 在课堂上利用一切机会大胆发言，对听好课有积极作用. 讲对了，是对我们学懂知识的一次检验；讲错了，经老师、同学指点改正，印象会深一些，对听课和课后复习有督促作用.

6. 区别类型，灵活听课

数学课按其讲课内容，大致可分为概念引入课、公式（定理、法则）推导课、公式（定理、法则）应用课、习题课和复习课. 同学们要通过实践，逐步学会听不同类型的数学课. 如概念引入课，应侧重听、看、想；复习课则侧重听、做、记.

七、例说反证法及其应用

反证法是反说证明的简称，是一种间接证明方法. 这种方法是驳斥与所要论证的命题相反的命题，然后根据逻辑学的"排中律"就可以判定原来的命题一定是正确的. 反证法的证题步骤是：

（1）作一个相反的假设，即假设结论的反面是正确的；

（2）根据这个假设和其他已知条件进行正确的推理，直到推导出一个与已知事实相矛盾的结果为止；

（3）这时，指出第一步里的假设是错误的；

（4）于是，根据排中律指出，原命题是真实的.

下面例说反证法的应用.

例1 求证：$\lg 2$ 是无理数.

证明 假设 $\lg 2$ 不是无理数，那么它就是有理数. 设 $\lg 2 = \dfrac{a}{b}(a,b$ 都是正整数，且 $b>1)$，则

$$2 = 10^{\frac{a}{b}}.$$

所以

$$2^b = 10^a.$$

因为 a 是正整数，所以 10^a 是 1 后面带有若干个 0 的数，而 2^b 却不是 1 后面带有若干个 0 的数，因此 $2^b \neq 10^a$. 这说明，$\lg 2 = \dfrac{a}{b}$ 是不可能的，也就是说，$\lg 2$ 不可能是有理数，因此 $\lg 2$ 是无理数.

例2 是否有满足方程 $m^2 + 1982 = n^2$ 的整数解 m 和 n？

解 假设有一组整数解 m 和 n 满足方程

$$m^2 + 1982 = n^2,$$

那么

$$n^2 - m^2 = 1982.$$

如果 m 和 n 都是奇数或者都是偶数，则 $n+m$ 和 $n-m$ 皆为偶数，所以 $n^2 - m^2 = (n+m)(n-m)$ 必定是 4 的倍数，但 1982 不能被 4 整除. 所以方程 $m^2 + 1982 = n^2$ 不可能都是奇数或者都是偶数的整数解 m 和 n.

如果 m,n 中一个为奇数，一个是偶数，则 $n+m$ 和 $n-m$ 皆为奇数，于是 $(n+m)(n-m) = n^2 - m^2$ 为奇数，然而 1982 是偶数，所以方程 $m^2 + 1982 = n^2$ 不可能有一奇数、一偶数的整数解 m 和 n.

综上可知，不存在满足方程 $m^2 + 1982 = n^2$ 的整数解 m 和 n.

例3 假设 $f(x)$，$g(x)$ 是定义在 $[0,1]$ 上的实值函数，证明存在 $x_0, y_0 \in [0,1]$，使得

$$|x_0 y_0 - f(x_0) - g(y_0)| \geq \dfrac{1}{4}.$$

证明 假设这样的 x_0, y_0 不存在，取 $x_0 = 0, y_0 = 0$，有

$$|0 \times 0 - f(0) - g(0)| = |f(0) + g(0)| < \dfrac{1}{4}.$$

取 $x_0 = 0, y_0 = 1$，有

$$|f(0) + g(1)| < \dfrac{1}{4}.$$

取 $x_0=1, y_0=0$，有
$$|f(1)+g(0)|<\frac{1}{4}.$$

取 $x_0=1, y_0=1$，有
$$|1-f(0)-g(1)|<\frac{1}{4}.$$

所以
$$1=[1-f(1)-g(1)]+[f(1)+g(0)]+[f(0)+g(1)]-[f(0)+g(0)]$$
$$\leqslant |1-f(1)-g(1)|+|f(1)+g(0)|+|f(0)+g(1)|+|f(0)+g(0)|$$
$$<\frac{1}{4}+\frac{1}{4}+\frac{1}{4}+\frac{1}{4}=1.$$

这是不可能的，于是命题成立.

例 4 今有有限个砝码，它们的总质量是 1 kg. 将它们分别编上号码：1 号，2 号，3 号，……. 证明，从中必可找到一个号码为 n 的砝码，它的质量严格大于 $\frac{1}{2^n}$ kg.

证明 假设不存在这样的一个号码 n，能够使得相应的砝码质量严格大于 $\frac{1}{2^n}$ kg. 那么有：1 号砝码的质量不超过 $\frac{1}{2}$ kg，2 号砝码的质量不超过 $\frac{1}{2^2}$ kg，3 号砝码的质量不超过 $\frac{1}{2^3}$ kg，……. 由于这些砝码共有有限个，因此它们的质量之和小于 1 kg，但这与已知矛盾. 所以一定存在具有所述性质的号码 n.

例 5 已知在 20 个城市之间共辟有 172 条航线. 证明：利用这些航线，可以从其中任何一个城市（包括中转后抵达）飞抵其余任何一个城市.

证明 假设其中存在某个城市 A，由它仅能飞抵 $n(n<19)$ 个城市. 将所有的城市分为两个集合：将 A 及由 A 可以飞抵的 n 个城市归入集合 X，将 A 所不能飞抵的 19-n 个城市归入集合 Y. 于是在分属集合 X 与集合 Y 的任意两个城市之间都没有航线相连（否则由 A 即可以经过中转而飞抵属于集合 Y 的城市）. 这样一来，航线的总数目就不应超过
$$C_{20}^2-(n+1)(19-n)=190+(n-19)(n+1)\text{（条）}.$$

因为 $0\leqslant n\leqslant 18$，所以
$$(n-19)(n+1)\leqslant -19.$$

于是就有
$$190+(n-19)(n+1) \leqslant 171 \text{（条）}.$$
这与共有172条航线的事实相矛盾. 可见不存在所述的城市 A, 即由其中任一城市都可飞抵其余任何一个城市.

综上可知，当一些命题不易从正面直接证明，人们便往往采用反证法，寻找矛盾是运用反证法证题时的核心目标之所在. 而在寻找矛盾的过程中所做的各种推理，则除了出发的大前提可能不真外，推理本身则无论在逻辑上还是在所依据的原理上都必须是正确的和无懈可击的.

八、注重学生在数学教学中的参与意识

教育在培养民族创新精神和创造性人才方面肩负着特殊的使命，实施素质教育，就是要以现代教育科学为指导，以适应社会需要为目标，为社会培养高素质的人才. 这就要求在中小学阶段要培养学生的参与意识，使学生真正成为课堂教学的主人，这是现代数学教学的趋势.

1. 激发学生的参与热情

激发学生的参与热情的前提是让学生有强烈的成就感. 教师要以正面鼓励为主，及时使用肯定评价性语言，充分相信每一位学生的潜能，鼓励学生主动参与学习. 倘若学生回答准确，则用肯定语言予以鼓励；若学生回答问题全面、完美，则用赞赏的语气肯定；即使学生做得不够好，评价语言也要恰到好处，使之从中受到鼓舞. 这样，学生的自尊心和创造能力都受到了保护，参与课堂活动的欲望也会大大提高.

2. 提高数学课堂教学中学生的参与程度

要想提高数学课堂教学中学生的参与程度，要做到以下两点：
（1）精心设计导语，创设良好的课堂氛围. 无论是哪门功课，都有吸引人的地方，教师如牢牢抓住这一特点设计导语，就可以有效地激发学生的内在情感动机，协调师生之间的关系，形成强大的合力，这样就会对学生的学习起着潜移默化的导向和促进作用．在这种良好的课堂学习氛围中，学生会充满激情，心情愉悦，不再认为学习是"苦差事"，会积极主动地去学习．

（2）激发学生浓厚的学习兴趣．学生是获取知识的主体，学生的精神状态、进取精神决定着教学效果．在具体的教学过程中，可以运用现代化教学手段，通过形、声、光、色和视听结合的办法，给学生以生动、鲜明、深刻的印象，再设计一些游戏、幽默性的语言，把学生带进特别的意境之中，使学生眼、耳、口、脑、手一齐参与，自发主动地学习，并留给他们充足的自由空间，让他们自己找到答案．另外，让学生在情景对比、悬念、矛盾冲突、实验操作、自学质疑等氛围中，感到困惑，让学生处于新知识的"最近发展区"并产生疑问，这样可以促使他们跳一跳，"去摘果子"，从而提出一些既具有现实性和探究性，又具有开放性和发展性的问题．培养学生的问题意识，应鼓励学生爱提问题，敢提问题，善提问题．教师应努力创建融洽的师生关系，多用催人上进的语言、亲切的微笑、赞许的目光给予学生充分的肯定和表扬，以唤起学生对问题的好奇心，让学生在"亲其师而信其道"的氛围中，对任何事都问个"为什么"，以逐步培养学生发现问题和提出问题的能力以及将实际问题转化为数学问题的意识．学生有了问题意识，才能提出问题，才会置身于探索、发现、研究的主体意识中，才能主动带着问题完成学习任务．对于学生在学习数学过程中发现的问题，教师要认真对待，因为问题是数学的心脏．而解决问题和指导学生则要按照著名数学教育家乔治·波利亚在解题表中提出的四个步骤（弄清问题—拟订计划—实现计划—回顾）来进行．同时，教师要启发学生对一个数学问题从多方面、多角度去联想、去思考、去探索，这既加强了知识的横向联系，又提高了学生的思维能力和学生对数学的兴趣，有利于提高他们的参与意识．

3. 以新颖的教学形式，促进学生主动参与

我们的教学不能总是先学原理，再举例总结运算步骤，也不一定总是按照"讲清—总结—练习"这样的程序来进行．虽然提出一定的运算程式，便于学生模仿操作，但过分强调程式就会使学生思维呆板．长期这样，学生就产生了很强的依赖性．因此，可以采用"自学—讨论—总结"和"情景—活动—评价"等教学过程模式，让学生站在学习的第一线，自发主动地参与学习，获取知识．

九、如何帮助学生积累数学活动的经验

在数学的新课程中，增加了一些新的课程内容，例如，算法、统计、框图、概率和函数的应用等．这些课程内容常常提倡采用案例教学法，强调提出问题、分析问题和解决问题的全过程，而这些过程需要不断地积累学生的数学活动经验．

在数学课程标准中，明确规定了在高中阶段至少应安排一次较为完整的数学探究、数学建模活动．数学探究和数学建模活动的开展也需要学生积累丰富的数学活动经验．

因此，帮助学生积累数学活动经验是值得教师关注的问题．

当然，帮助学生积累数学活动经验与我们通常的教学有所区别，下面以函数的应用为例，具体说明需要注意的几个方面：

（1）要轻其所轻、重其所重．

例如，要明确告诉学生定义域和值域的定义和求法．但是，对于定义域和值域的求解技巧，不需要过分追求．另外，关于函数值，也只需要知道$f(a)$的意义，并会求常见的函数值即可．要知道区间是重要概念．分段函数虽然没有列专节讨论，但是，它的解析式、列表、图像表示都不可忽视．

（2）应该时时处处注意为学生留白，即注意组织学生的活动．

例如，关于映射的"思考交流"，应该尽量发动学生自己总结出映射的特点以及映射与函数的异同．

（3）过程常与思想和方法相连，往往比结论更重要

教学中应该注意强调对知识发生发展过程的认识，让学生体会知识由简单到复杂的发展过程和把复杂化简单的化归方法．二次函数性质的学习就是从具体到抽象的逐步深化，希望教师能体会并把握这一点．指数及指数函数的研究也是如此．

（4）重视数学思想的渗透

比如用二分法求方程的解，其思想比会求解更重要．这里边至少有三个重要思想：近似的思想、逼近的思想、算法的思想．

（5）简化认知

教材里没有给出"连续函数"的概念，解决问题时又需要函数是连续的，而中学生又不能够真正理解连续的定义，此时，只需通过中学生的知识基础和生活经验认识到已知的简单的函数图像是不间断的曲线也就足够了.

（6）数学建模工作具有明显的反思与改进的特征.

一般来说，对问题的初步建模是比较简单的，运用假设，撇开复杂因素，将问题简单化、理想化，这样做容易得到结果. 但这样的结果往往与实际不符，这时需要反思建模过程，分析影响因素，改进假设或选择新的模型. 教师在教学中要敢做反思与改进的尝试.

（7）有条件的学校应该充分发挥信息技术的威力

例如，在求二次函数的值的问题中，当数字较大时，各参数的变化对图像有什么影响？此时可以充分利用信息技术的动态特点，画出各种曲线族，形象地将变化表现出来. 对幂函数、指数函数、对数函数的增长比较，信息技术便能提供有力的支持.

帮助学生积累数学活动的经验的过程，也是教师积累经验的过程. 希望教师做好这个过程的记录、整理和反思，这样将有助于教师总结和提出更多、更好的教学实践经验.

中学英语课堂教学研究与实践

一、如何变直接引语为间接引语

二、小议 Understand，See，Know

三、例解及物动词与不及物动词的用法

四、例谈不合逻辑的句子

五、小议 had better

六、情态动词用法例解

七、"用"什么？

八、没有 no 或 not 的否定

九、英语中表示"工厂"的词

一、如何变直接引语为间接引语

（1）在英语中，把陈述句的直接引语变成间接引语时，必须注意相应的变化．

例1 她对父亲说："我已经做完了数学练习．"

She said to her father, "I have done my maths exercises."

错误 She said to her father that I have done my maths exercises.

正确 She told her father that she had done her maths exercises.

[注] 把直接引语变成从属连词 that 引导的宾语从句，主句中 said to（say to）应改为 told（tell），从句中的谓语时态、人称代词、物主代词等都要根据情况做相应改变．

（2）把疑问句的直接引语变成间接引语时，要注意从句的词序．

例2 他问我："你认识赵洵吗？"

He asked me, "Do you know Zhao Xun?"

错误 He asked me whether（if）did you know Zhao Xun?

正确 He asked me whether（if）I knew Zhao Xun?

他问我是否认识赵洵？

例3 老师问："你们现在在读什么？"

The teacher asked, "What are you reading now?"

错误 The teacher asked what were we reading now?

正确 The teacher asked what we were reading then.

老师问我们那时正在读什么？

[注] 直接引语变成间接引语时，宾语从句若是由一般疑问句变来，则要加从属连词 whether（if）引导，特殊疑问句就用原来的疑问词引导，从句中的词序要变为陈述句的词序，并去掉助动词 do，改问号为句号．

（3）把祈使句的直接引语变成间接引语时，要注意把祈使句中的谓语动词变成不定式．

例4 校长："请坐下．"

The headmaster said:"Sit down, please."

错误 The headmaster said sit down, please.

正确 The headmaster asked the pupils to sit down.

校长请学生们坐下.

例 5　母亲说："不要出去淋雨."

"Don't go out in the rain, "said mother.

错误　Mother told don't go out in the rain.

正确　Mother told me not to go out in the rain.

母亲叫我不要出去淋雨.

[注]　把 say 变成 ask 或 tell, 补进祈使句的对象 (作宾语), 把祈使句本身改为不定式 (作宾语补语), 若有否定词, 则放在不定式前面, not 之前不用助动词 do.

二、小议 Understand, See, Know

understand, see and know 都有"懂得"、"明白"和"知道"等意思.

1. understand (to know or get the meaning of sth.) 译为"明白""理解""懂得", 是普通用语. 例如:

(1) Do you understand this sentence?

你懂得这句话的意思吗?

(2) I understand what to do.

我明白该做什么.

(3) This question is hard to understand.

这个问题很难理解.

2. 做"懂哪种技能"讲时, understand 可以和 know 通用. 例如:

(4) Do you understand (or know) maths? 你懂数学吗?

3. see (understand) 指通过理智"了解"、"明白"、"知道", 和 understand 基本相同, 例如:

(5) Do you see what I mean?

你明白我的意思吗?

Yes, now I see.

是的, 我现在明白你的意思了.

I see that I was wrong.

我知道我错了.

4. know(have clearly in the mind)意指"知道"、"明白". 表示已经"知道"，带有经常性，是表示状态的动词. 如在 "I know that Zhao Qiu is a student. " 这个句子中，"赵秋是个学生" 这是个事实，表示 "我" 是知道这个事实的. 例如：

（6）I know that Zhao Xun is an honest girl.

我知道赵洵是个诚实的女孩.

（7）Do you know his name?

你知道他的名字吗？

（8）She knows how to teach music.

她懂得如何教音乐.

三、例解及物动词与不及物动词的用法

例 1　为人民服务.

错误　Serve for the people.

正确　Serve the people.

[注]　Serve "为……服务" 是个及物动词，后面直接接宾语. 英语的多数及物动词与不及物动词的用法，和汉语没有什么区别，但：① 在英语里有的动词只能用作及物动词，而在汉语中则不能作及物动词，如 serve 等；② 在英语里有的动词只能作不及物动词，而在汉语里则可作及物动词，如 arrive 到达，agree 同意，belong 属于等. 这些动词后面要接介词，才能与英语连用. 如：

He arrived at Changsha yesterday.

他昨天到达长沙.

Do you agree to the plan?

你同意这个计划吗？

These books belong to me.

这些书是我的.

例 2　我们希望能尽早改进.

错误　We hope an improvement as soon as possible.

正确　We hope for an improvement as soon as possible.

例 3　祝旅途轻松愉快.

错误　Relax yourself and enjoy on your trip.
正确　Relax and enjoy yourself on your trip.
正确　Relax and enjoy your trip.
例 4　我看见他进房间.
错误　I saw him enter into the room.
正确　I saw him enter the room.
正确　I saw him entering the room.

四、例谈不合逻辑的句子

例 1　学习外国语必须循序渐进.
错误　To learn a foreign language must be step by step.
正确　To learn a foreign language, one must go step by step.
分析　"循序渐进"是状语，指学习外国语的方式. 错句中用 step by step 作表语去说明 To learn a foreign language，显然是不合逻辑的，二者不能视为句子中的主语与表语的关系. To learn a foreign language 实际是不定式短语作状语，所以句子必须加上 one, you 或 we 等作主语.

例 2　看到这张画时，她心往下一沉，简直站不住了.
错误　When she looked at the picture, her heart sank and could hardly stand.
正确　When she looked at the picture, her heart sank and she could hardly stand.
分析　her heart 可以做 sank 的主语，但不能做 could hardly stand 的主语，因此必须在连接词 and 后加主语 she 才符合逻辑.

例 3　我们的制度是让每一个公民都有劳动的权利.
错误　Our system is that every citizen has the right to work.
正确　Our system is one under which every citizen has the right to work.
正确　Our system is such that under it every citizen has the right to work.
分析　"每一个公民都有劳动的权利"并不是制度本身，而是在这制度下应有的情况，因此不能把 that 引导的从句作为表语从句，而要加上不定代词 one 来代替 system，用 under which……引导的定语从句来修饰 one，或用 such 来说明 system，然后用 that……从句来说明 such.

例 4   他们做这件事时，还有不少困难.

错误   While doing the work, there were many difficulties.

正确   While doing the work, they had many difficulties.

分析   做工作的是 they，而不是 difficulties，所以应该用 they 作主句的主语，句子的其他部分做相应调整. While doing the work=While they were doing the work 是时间状语从句，修饰主句的谓语.

分析   现在分词或介词加动名词作状语时，它们的逻辑主语必须与全句的主语一致.

例 5   自从离开了家乡，生活对他来说显得单调无味.

错误   Since leaving his home town, life has seemed dull to him.

正确   Since he left his home town, life has seemed dull to him.

例 6   看报的时候，广播喇叭开始发出声音.

错误   Reading the newspaper, the loudspeaker began to sound.

正确   When I was reading the newspaper, the loudspeaker began to sound.

例 7   吃了早饭后，开始上两节地理课.

错误   After having breakfast, two geography classes will begin.

正确   After having breakfast, we have two geography classes.

正确   After we have breakfast, our teacher will give us two geography classes.

分析   错句中 after having breakfast 是带动名词的介词短语作状语，它所关联的主语是 two geography classes，这显然不合逻辑，应改为上述正确句型.

上面 5—7 例犯了同样的错误：现在分词或介词加动名词作状语时，它们的逻辑主语必须与全句的主语一致.

例 8   病虽重，药物还是很快治好了他.

错误   Though very ill, the medicine cured him in no time.

正确   Though he was very ill, the medicine cured him in no time.

例 9   他还是小孩的时候，空调设备已是一个必需品了.

错误   When a boy, the air conditioner was already a must.

正确   When he was a boy, the air conditioner was already a must.

分析   省略时间、地点、条件、方式或让步等状语从句中的主语和谓语的一部分时，从句中的主语必须与主句的主语一致.

例 10   请尽可能快地给我送两本有趣的故事书来.

错误   Please send me two interesting story books as soon as you are possible.

正确   Please send me two interesting story books as soon as（it is）possible.

分析 若状语从句中主语和谓语是 it is necessary（possible）结构时,尽管主句和从句的主语不一致,也常常把从句中的 it is 部分省略掉.

五、小议 had better

had better（最好）后接不带 to 的不定式,在口语中,had 一般不宜省去. 如：你最好马上去.

错误 You had better to go at once.

正确 You had better go at once.

[注]（1）口语中可以说 You better go at once. 或 Better（to）go at once.

（2）如有否定词 not 应放在 had better 之后,原形动词之前. 但在疑问句中可以用"Hadn't+主语+better+动词原形+句子其他成分+?"的句型. 如：

You had better not go.

你最好不去.

Hadn't we better sum up our experience before going on?

我们是否应该总结一下经验再继续往下做?

（3）had better 没有其他时态. 如：

I（thought）think I had better not bring up too many problems at a time.

我（当时）的想法是：我最好还是不要一次提出过多的问题.

（4）had best 的用法与 had better 相同,但不如 had better 普通. 如：

You had best go with him.

你最好跟他去.

六、情态动词用法例解

例 1 他能讲一口很好的英语.

错误 He can speaks English very well.

正确 He can speak English very well.

[注] 在情态动词 can, may, must, shall, will 等后面,只能用动词原形. 如：

（1）The girl must know how to do farm work.

这位姑娘一定懂得如何干农活.

（2）I will join you, whether I am busy or not.

不管我忙不忙，我一定参加你们的活动.

（3）She may not go to the concert.

她今晚可能不去听音乐会.

例2　附近没有井，我只好到小河里去打水.

错误　There is no well nearby. I must fetch water from a stream.

正确　There is no well nearby. I have to fetch water from a stream.

[注]　一般说来，must 与 have to 是通用的. 如：

（1）You must（have to）do as you are told.

你一定要照吩咐你的去做.

（2）must 与 have to 的区别是：have to 有"客观条件使得必须如此做，不得不去做"的意思. 所以例2必须用 had to 才符合句子的本意. 又如：

Before liberation my father had to work for a landlord.

新中国成立前，我父亲不得不给地主干活.

例3　他看起来很疲倦，昨晚他必定睡得太晚了.

错误　He looks very tired . He must go to bed too late last night.

正确　He looks very tired . He must have gone to bed too late last night.

[注]　must 用于表示推测时，要用完成时来说明已过去的情况. 如：

You must have enjoyed yourselves.

你们一定玩得很痛快.

例4　他也许昨天见到了她.

错误　He might see her yesterday.

正确　He may have seen her yesterday.

七、"用"什么?

在表达"用什么工具"时，要用 with，如："用钢笔写"是 with a pen；"用铅笔写"是 with a pencil.

例1　写东西使用铅笔是我的习惯.

It is my practice to do writing with a pencil.

如果说"用墨水"或者"用各种颜色、油画颜料等"强调表示所使用"原料"、"材料"时，一般要用 in，用了 with 便是错误.

例 2　用红墨水写信是不礼貌的.

It is impolite to write a letter in red ink.

例 3　那是用铅笔写的.

It is written in pencil.

[注] 这句中的 in pencil 切不可和上句里的 with 的"用工具"的含义混同起来. 当表达"用铅笔和墨水"书写时，如果强调所用的"手段"时，可用 with，不加冠词.

例 4　你必须使用钢笔和墨水写作业.

You must write homework with pen and ink.

例 5　你用钢笔或铅笔写都可以.

You may write in ink or pencil.

[注]（1）"在纸上写"是 on paper；（2）"用纸包上"是 in paper.

例 6　用纸包上好吗?

Shall I wrap it up in paper?

例 7　书信应该用黑墨水或蓝墨水在信纸上写.

Letters should be written in black or blue-black ink on letter-paper.

八、没有 no 或 not 的否定

句子中没有否定词 no 或 not，并不意味着一定是肯定的意思. 例如有这样一段话：

I began to feel very much out of place in this strange family circle, and I resolved to **be cautious of** risking any presence beneath its roof a third time.

译成中文应该是："在这个陌生人家我开始感到非常格格不入，于是我决定谨慎小心，**不要**第三次再闯进那个宅子去."这里的 **be cautious of** risking 就是 **be cautious not to** risk（小心不要冒险）. 类似这样的例子，在英语中是很多的，这里举出一些供读者参考：

1. She is the last woman that I want to talk with.

我最**不**爱和她谈话.

2. He failed to remind me of the exam.

他**没有**提醒我将要举行考试.

3. The result is far from satisfactory.

结果远远**不**能令人满意.

4. It's out of the question.

这**不**可能.

5. The beautiful scenery is really beyond description.

这美丽的景色实在**无法**描绘.

6. He would rather die than give up the struggle.

他宁死也**不**放弃斗争.

7. His behaviour is above reproach.

他的行为**无**可指责.

8. We will have our exam next week instead of this week.

我们将于下周考试，而**不**是本周考.

9. I would have failed but for his help.

要是没有他的帮助，我早就失败了.

10. It's past repair.

这东西修**不**好了.

11. I assume you've decided against buying a new bicycle.

我以为你已决定**不**买新的自行车了.

12. The plug refuses to go in the socket.

这插头插**不**进插座.

13. It's difficult to make a decision without knowing all the facts.

不了解所有的事实而要做出决定是困难的.

14. His collection of books was kept free from dust.

他的藏书保存得一尘**不**染.

15. Of all the subjects, history seems the least interesting to me.

所有的学科中，我似乎对历史最**没有**兴趣.

16. This is anything but cheap.

这东西就是**不**便宜.

17. This is more than I can bear.

这事情我受**不**了.

九、英语中表示"工厂"的词

1. factory 意义较为广泛，可指任何制造物品的地方.
（1）food products factory 食品厂
（2）pharmaceutical factory 制药厂
（3）processing factory 加工厂
（4）clothing factory 服装厂
（5）munitions factory/ordance 兵工厂（兵工厂也作 arsenal）

2. mill 原意为"磨坊"，现除"面粉厂"保留原来词义外，多用于轻工业，但手工业有的也用.
（6）flour mill 面粉厂
（7）textile mill 纺织厂
（8）wearing mill 织布厂
（9）paper mill 造纸厂
（10）rolling mill 轧钢厂
（11）steel mill 炼钢厂
（12）printing and dyeing mill 印染厂

3. plant 多用于电力及机械制造方面的工厂.
（13）power plant 发电厂
（14）machine tool plant 机床厂
（15）bicycle plant 自行车厂

4. works 多用于钢铁、化工等工业. works 为复数形式，但可作单数用.
（16）iron and steel works 钢铁厂
（17）Ironworks 炼铁厂
（18）steel works 炼钢厂
（19）waterworks 自来水厂
（20）cement works 水泥厂
（21）chemical works 化工厂（化工厂也作 chemical plant）
（22）machine works 机械厂
（23）printworks 印花厂/印染厂/印刷厂

5. workshop, shop 除可作"车间""工场"之外，也可作"工厂".

（24） repair workshop 机修厂

（25） machine shop/machineshop 机器厂

（26） timber shop 木材厂/贮木场（贮木场也作 timber yard）

6. manufactory, manufacturer 都可作"工厂".

（27） hardware manufactory 五金厂

（28） aluminium manufacturer 铝厂

7. 词尾为—ery 的表示"工厂"的词.

· 动词+ery

（29）refine 精炼—refinery 精炼厂、提炼厂（oil refinery 炼油厂；sugar refinery 糖厂）

（30） smelt 熔化—smeltery 冶炼厂

（31） tan 鞣（革）—tannery 制革厂

（32） bake 烘烤—bakery 面包厂

（33） print 印刷—printery 印刷厂

（34） distill 蒸馏—distillery 酒厂

（35） brew 酿造—brewery 啤酒厂

· 名词+ery

（36） coke 焦炭—cokery 炼焦厂

（37） pot 锅，壶等—pottery 陶瓷厂

（38） wine 葡萄酒—winery 葡萄酒厂

（39） confection 糖果点心—confectionery 糖果厂

8. maker 除作"制造者"，"建造者"外，也可作"工厂".

（40） automaker/motormaker 汽车制造厂

（41） machine maker 机械制造厂

9. 其他.

（42） foundry 铸造厂

（43） ironfoundry 铸铁厂

（44）shipyard/dockyard/shipbuilder 造船厂（造船厂也作 ship—plant, docks）

（45） brickyard/brick-yard, brick-field 砖厂

（46） coalyard 煤厂

（47） repair depot 修理厂

（48） maintenance depot 修配厂

（49） printing house/printing office 印刷厂

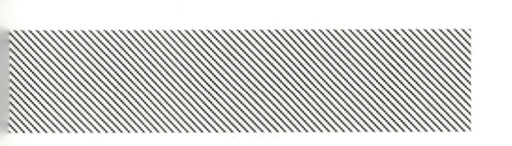

中学数学竞赛研究与实践

一、例谈构图法证明不等式

二、巧用图表解应用题

三、巧构图，妙解题

四、巧用参数法，妙解竞赛题

五、巧用辅助圆，妙解几何题

六、再证一道 MO 试题

一、例谈构图法证明不等式

充分运用几何图形的性质解题,是数学教学中一种常用的解题方法,也是培养学生从形象思维过渡到抽象思维的重要途径. 特别是有些不等式,充分利用图形进行证明,是培养学生独立思考、敢于创新的一种好方法,也使他们的思维在不落俗套、别具一格的创造性活动中得到发展. 这里仅从几例出发,谈点粗浅认识.

1. 构造正方形

例 1 已知正数 a,b,c,m,n,p 满足 $a+m=b+n=c+p=k$,求证:$an+bp+cm<k^2$(21 届苏奥赛题).

证明 考虑到 k^2 是边长为 k 的正方形的面积,如果能把 an,bp,cm 所表示的面积纳入该正方形内,那么此题将迎刃而解. 因为

$$a+m=b+n=c+p=k,$$

所以构造一个正方形 $ABCD$,使边长为 k,如图 1 所示. 故

$$an+bp+cm<k^2.$$

此题亦可构造正三角形证明.

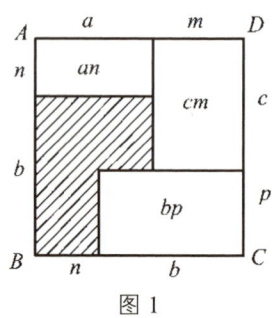

2. 构造长方体

例 2 已知 x,y,z 均为正数,且 $x+y+z=1$,求证 $\dfrac{1}{x}+\dfrac{1}{y}+\dfrac{1}{z} \geqslant 9$.

证明 因为 $x,y,z \leqslant 1$,故可设

$$x=\cos^2\alpha, y=\cos^2\beta, z=\cos^2\gamma\ (0°<\alpha,\beta,\gamma<90°),$$

由 $x+y+z=1$,得

$$\cos^2\alpha+\cos^2\beta+\cos^2\gamma=1.$$

所以，可构造一对角线长为 l，且 l 与棱 a,b,c 的夹角分别为 α,β,γ 的长方体 $ABCD-A_1B_1C_1D_1$，如图 2 所示，则

$$\frac{1}{x}+\frac{1}{y}+\frac{1}{z}$$
$$=\frac{1}{\cos^2\alpha}+\frac{1}{\cos^2\beta}+\frac{1}{\cos^2\gamma}$$
$$=\frac{a^2+b^2+c^2}{a^2}+\frac{a^2+b^2+c^2}{b^2}+\frac{a^2+b^2+c^2}{c^2}$$
$$=3+\left(\frac{b^2}{a^2}+\frac{a^2}{b^2}\right)+\left(\frac{c^2}{b^2}+\frac{b^2}{c^2}\right)+\left(\frac{a^2}{c^2}+\frac{c^2}{a^2}\right)$$
$$\geqslant 3+2+2+2 \geqslant 9.$$

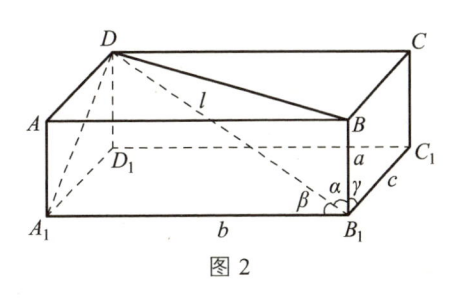

图 2

3. 构造三角形

例 3（Weisenbock 不等式）已知在 $\triangle ABC$ 中，a,b,c 为三边，S 为面积. 求证 $a^2+b^2+c^2 \geqslant 4\sqrt{3}S$（1961 年国际中学生数学奥林匹克赛题）.

证明 分别以 $\triangle ABC$ 的三边 AB,BC,AC 向三角形外作正三角形 $\triangle ABD_1$，$\triangle ACD_2$，$\triangle CBD_3$，其重心分别为 G_1,G_2,G_3，在 $\triangle ABC$ 中取点 O，使

$$\angle AOB=\angle BOC=\angle AOC=120°,$$

如图 3 所示. 因为 $\triangle ABG_1$ 和 $\triangle AOB$ 共底边 AB，且顶角都为 $120°$，而 $\triangle ABG_1$ 是等腰三角形，所以

$$S_{\triangle ABG_1} \geqslant S_{\triangle AOB}.$$

同理

$$S_{\triangle ACG_2} \geqslant S_{\triangle AOC}, \quad S_{\triangle BCG_3} \geqslant S_{\triangle BOC}.$$

而

$$S_{\triangle ABC}=S_{\triangle AOB}+S_{\triangle BOC}+S_{\triangle AOC}$$
$$\leqslant S_{\triangle ABG_1}+S_{\triangle BCG_3}+S_{\triangle ACG_2}$$
$$=\frac{1}{3}\left(\frac{\sqrt{3}}{4}a^2+\frac{\sqrt{3}}{4}b^2+\frac{\sqrt{3}}{4}c^2\right)$$
$$=\frac{\sqrt{3}}{12}(a^2+b^2+c^2),$$

图 3

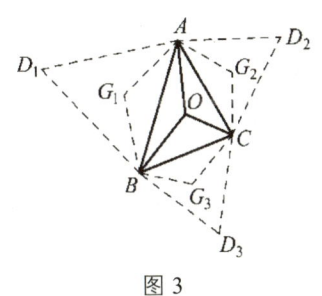

即 $$a^2+b^2+c^2 \geqslant 4\sqrt{3}S.$$

例 4 如果 $0<a<b<c<d$，且 $a^2+d^2=b^2+c^2$，那么 $a+d<b+c$．

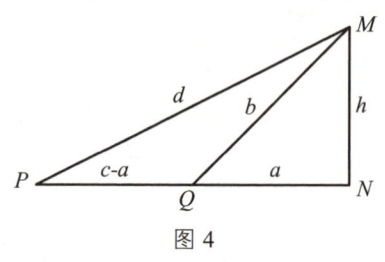

图 4

证明 由已知条件，可设
$$d^2-c^2=b^2-a^2=h^2(h>0).$$
故由勾股定理知，可构造图 4 所示的 $Rt\triangle PNM$．在 $\triangle PQM$ 中，由 $PQ+QM>PM$，得
$$(c-a)+b>d,$$
即 $$a+d<b+c.$$

4．构造梯形

例 5 已知 $a\geqslant c$，$b\geqslant c$，$c\geqslant 0$，求证 $\sqrt{c(a-c)}+\sqrt{c(b-c)}\leqslant \sqrt{ab}$．

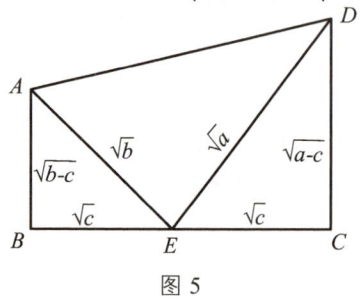

图 5

证明 在长度为 $2\sqrt{c}$ 的线段 BC 上作 $Rt\triangle ABE$ 和 $Rt\triangle DCE$，E 为 BC 的中点，如图 5. $AB=\sqrt{b-c}$，$CD=\sqrt{a-c}$，$BE=CE=\sqrt{c}$，那么有 $AE=\sqrt{b}$，$DE=\sqrt{a}$．连 AD，由图 5 可知
$$S_{梯形ABCD}=\frac{1}{2}\times 2\sqrt{c}\times(\sqrt{b-c}+\sqrt{a-c})=\sqrt{c(a-c)}+\sqrt{c(b-c)}.$$
易证 $$S_{\triangle ABE}+S_{\triangle DEC}=S_{\triangle AED}.$$
所以 $$S_{梯形ABCD}=2S_{\triangle AED}=2\times\frac{1}{2}\sqrt{a}\sqrt{b}\sin\angle AED\leqslant \sqrt{ab}.$$
故 $$\sqrt{c(a-c)}+\sqrt{c(b-c)}\leqslant \sqrt{ab}.$$

二、巧用图表解应用题

有些应用题，已知条件比较复杂，我们可以通过画图或列表来表现数量关系，从而求得应用题的解.

例1 由甲、乙两站同时对开第一辆电车后，每隔 6 分钟再同时对开一辆. 假如电车是匀速前进的，需要 30 分钟到达对方站. 有一乘客乘坐从甲站开出的第一辆电车到乙站，那么这个乘客在途中遇到从乙站开出的电车有几辆？

分析 这道应用题用列方程解应用题的方法来求解是很困难的. 我们可以用图像来模拟电车的行驶情况，便可轻易看出，从甲站开出的第一辆电车在运行过程中与从乙站开出的电车在图像上有几个交点即遇到几辆从乙站开出的电车.

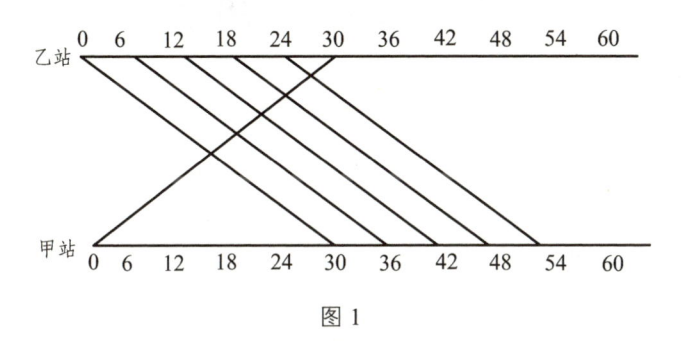

图 1

解 画出电车行驶情况模拟图，如图 1 所示. 由图中可以看出有五个交点，故从甲站开出的第一辆电车到乙站途中遇到从乙站开出的电车有五辆.

评注 用图像法解这类应用题形象、直观、方法简便.

例2 有一个小组收割两块地的小麦，大块地面积是小块地面积的 2 倍. 第一天上午，整个小组都在大块地收割；下午留一半人在大块地收割，另一半人到小块地收割，收工时，大块地小麦收割完毕，小块地还剩下一小块. 第二天，派一个人工作一天将剩下的一小块地收割完毕. 如果每个人的工作效率相等，求这个小组有几个人？

分析 这道题用列方程的方法求解有一定难度，用图形来帮助思考解题就很方便.

- 197 -

解 如图 2 所示，设大块地面积为 1，小块地面积为 $\frac{1}{2}$。根据题设，第一天上午完成面积的 $\frac{2}{3}$（大块地的 $\frac{2}{3}$），第一天下午也完成面积的 $\frac{2}{3}$（大块地、小块地各 $\frac{1}{3}$），小块地剩下的面积为 $\frac{1}{2}-\frac{1}{3}=\frac{1}{6}$。剩下的面积由 1 人工作一天完成，整个小组一天完成面积的 $\left(1+\frac{1}{3}\right)$，所以小组人数应为

$$\left(1+\frac{1}{3}\right)\div\left(\frac{1}{2}-\frac{1}{3}\right)=8 \text{ 人}.$$

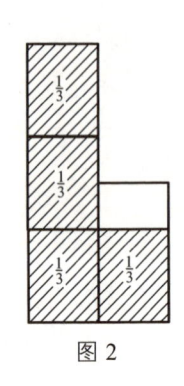

图 2

评注 本题巧妙地用图形来揭示数量关系，既直观，又方便.

三、巧构图，妙解题

例 1 已知 x,y,z 满足 $x^2+y^2=9$，$x^2+z^2+\sqrt{2}xz=16$，$y^2+z^2+\sqrt{2}yz=25$，求 $\sqrt{2}xy+yz+xz$ 的值.

解 将已知条件化为

$$\begin{cases} x^2+y^2=3^2, \\ x^2+z^2-2xz\cos 135°=4^2, \\ y^2+z^2-2yz\cos 135°=5^2. \end{cases}$$

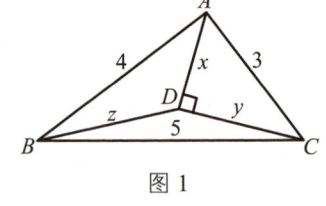

作出 Rt△ABC，其中 $\angle A=90°$，$\angle ADB=\angle BDC=135°$，$AB=4$，$AC=3$，$BC=5$. 令 $AD=x$，$BD=z$，$CD=y$. 如图 1，于是有面积等式

$$S_{\triangle DBC}+S_{\triangle DAB}+S_{\triangle DAC}=S_{\triangle ABC}.$$

所以

$$\frac{yz}{2}\sin 135°+\frac{xz}{2}\sin 135°+\frac{xy}{2}=6,$$

即

$$\sqrt{2}xy+yz+xz=12\sqrt{2}.$$

图 1

例 2 在 △ABC 中，$AB=AC=2$，BC 边上有 100 个不同的点 P_i，记 $m_i=AP_i^2$

$+BP_i \times CP_i (i=1,2,\cdots,100)$,求 $m_1 + m_2 + \cdots + m_{100}$ 的值.

解 以 A 为圆心,AB 为半径作 $\odot A$,如图 2,延长 AP_i 交 $\odot A$ 于 D 和 E. 因为
$$AB = AC = AD = AE = 2,$$
所以
$$BP_i \times P_iC = DP_i \times P_iE = (AD - AP_i)(AE + AP_i)$$
$$= (2 - AP_i)(2 + AP_i) = 4 - AP_i^2,$$
由此可得
$$AP_i^2 + BP_i \times CP_i = 4.$$
故
$$m_1 + m_2 + \cdots + m_{100} = 100 \times 4 = 400.$$

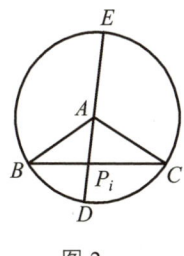

图 2

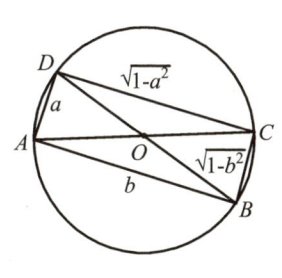

图 3

例 3 已知 $a\sqrt{1-b^2} + b\sqrt{1-a^2} = 1$,求证 $a^2 + b^2 = 1$.

证明 以 $AC = 1$ 为直径作 $\odot O$,又作 $AD = a$,$AB = b$,则
$$DC = \sqrt{1-a^2},\quad BC = \sqrt{1-b^2}.$$
如图 3,应用托勒密定理,
$$a\sqrt{1-b^2} + b\sqrt{1-a^2} = AC \times BD = 1,$$
所以 $BD = 1$,则 BD 也是直径. 于是 $a^2 + b^2 = 1$.

四、巧用参数法,妙解竞赛题

例 1 设 x, y 是两个不同的正整数,并且 $\dfrac{1}{x} + \dfrac{1}{y} = \dfrac{2}{5}$,则 $x + y = $ _____.(第 6 届全国部分省市初中数学通讯赛题)

解 因为 $\frac{1}{x}+\frac{1}{y}=\frac{2}{5}$，所以
$$\frac{1}{2x}+\frac{1}{2y}=\frac{1}{5}.$$

显然
$$2x>5，2y>5.$$

从而可设 $2x=5+t$，$2y=5+s(t,s$ 是不同的自然数），那么有
$$\frac{1}{5}=\frac{1}{5+t}+\frac{1}{5+s}.$$

整理得
$$ts=25.$$

由于 $t\neq s$．所以
$$\begin{cases}t=1,\\s=25,\end{cases}\text{或}\begin{cases}t=25,\\s=1.\end{cases}$$

由此
$$\begin{cases}x=3,\\y=15,\end{cases}\text{或}\begin{cases}x=15,\\y=3.\end{cases}$$

故 $x+y=18$．

例2 方程 $\frac{1}{x}+\frac{1}{y}=\frac{1}{7}$ 的整数解的个数为（　）．（吉林省长春市数学奥林匹克培训班（初中组）竞赛题）．

（A）1　　　　　（B）3　　　　　（C）5　　　　　（D）6

解 先考虑 x,y 为自然数的情况，显然 $x>7$，$y>7$，故可设
$$x=7+t，y=7+s\,(s,t\text{ 为自然数）},$$

则由 $\frac{1}{7+t}+\frac{1}{7+s}=\frac{1}{7}$，得
$$st=49=1\times 49=49\times 1.$$

故
$$\begin{cases}s=1,\\t=49,\end{cases}\begin{cases}s=7,\\t=7,\end{cases}\begin{cases}s=49,\\t=1.\end{cases}$$

由此，$\begin{cases}x=8,\\y=56,\end{cases}\begin{cases}x=14,\\y=14,\end{cases}\begin{cases}x=56,\\y=8,\end{cases}$ 共三组解．

再考虑 x,y 中一正一负的情况．

不妨设 $x>0, y<0$，

$$\frac{1}{7}+\frac{1}{-y}=\frac{1}{x},$$

显然

$$7>x, \quad -y>x.$$

可设 $7=x+s$，$-y=x+t(s,t$ 为自然数$)$，那么有

$$\frac{1}{x+s}+\frac{1}{x+t}=\frac{1}{x}.$$

整理得

$$st=x^2.$$

由分析可知

$$s=1, \quad t=x^2,$$

进而解得

$$x=6, \quad y=-42,$$

由对称性又得

$$x=-42, \quad y=6.$$

所以又有两组解

$$\begin{cases}x=6,\\y=-42,\end{cases} \begin{cases}x=-42,\\y=6.\end{cases}$$

综上可知共有五组解，应选（C）.

例3 解方程组 $\begin{cases}x^3+x^3y^3+y^3=17,\\x+xy+y=5,\end{cases}$ 求其实数解.（1990 年浙江省绍兴市初二赛题）

解 设 $x+y=s, xy=t$，则原方程组变为

$$\begin{cases}s^3+t^3-3st=17 & \text{①}\\s+t=5 & \text{②}\end{cases}$$

由 ②³ － ①，得

$$st=6 \quad \text{③}$$

解②,③ 得

$$\begin{cases}s=3,\\t=2,\end{cases} \text{或} \begin{cases}s=2,\\t=3,\end{cases}$$

即

$$\begin{cases}x+y=3,\\xy=2,\end{cases} \text{或} \begin{cases}x+y=2,\\xy=3,\end{cases}$$

由此可得原方程其实数解为 $\begin{cases} x=2, \\ y=1, \end{cases}$ 或 $\begin{cases} x=1, \\ y=2. \end{cases}$

例4 解方程组 $\begin{cases} x+y+\sqrt{(x+2)(y+3)}=39, \\ (x+2)^2+(y+3)^2=741-(x+2)(y+3). \end{cases}$ （第4届全国初中数学通讯赛题）

解 设 $x+2=s$，$y+3=t$，则原方程组为

$$\begin{cases} s+t+\sqrt{st}=39, \\ s^2+t^2=741-st. \end{cases}$$

又设 $s+t=u$，$st=v$，上述方程变为

$$\begin{cases} u+\sqrt{v}=39, & ① \\ u^2-v=741. & ② \end{cases}$$

由②÷①，得

$$u-\sqrt{v}=19. \quad ③$$

由①，③得

$$\begin{cases} u=29, \\ v=100, \end{cases} \text{即} \begin{cases} s+t=29, \\ st=100. \end{cases}$$

从而

$$\begin{cases} s=25, \\ t=4, \end{cases} \begin{cases} s=4, \\ t=25, \end{cases}$$

故

$$\begin{cases} x+2=25, \\ y+3=4, \end{cases} \begin{cases} x+2=4, \\ y+3=25. \end{cases}$$

解之得 $\begin{cases} x=23, \\ y=1, \end{cases}$ 或 $\begin{cases} x=2, \\ y=22. \end{cases}$

五、巧用辅助圆，妙解几何题

圆是初中平面几何中的一个重要的知识点，无论是历年全国各地的中考题，还是竞赛题，都时常出现．因此，学好且能灵活运用圆的定义和性质是解答一些平面几何问题的关键．对于一些较难的平面几何问题，若能构造出一个辅助圆，就会使问题出现转机，化难为易．下面举例说明．

1. 证明两直线平行

例1 如图 1，在 $\triangle ABC$ 中，BD, CE 为高，F, G 分别为 ED, BC 的中点，O 为圆心. 求证：$AO /\!/ FG$. （1988 年哈尔滨市初中数学竞赛题）

证明 过 A 作 $\odot O$ 的切线 AT.

因为 BD, CE 为高，

所以 B, C, D, E 四点共圆.

所以 $\angle TAC = \angle ABC = \angle ADE$.

所以 $AT /\!/ ED$.

又 $AO \perp AT$，

所以 $AO \perp DE$.

而 G 为 BC 的中点，

所以 $DG = EG = \dfrac{1}{2} BC$.

又 $EF = DF$，

所以 $FG \perp ED$.

所以 $AO /\!/ FG$.

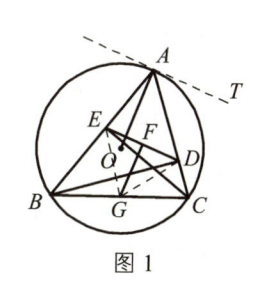

图 1

2. 证明两线段垂直

例2 如图 2，在等腰 $\mathrm{Rt}\triangle ABC$ 的斜边 BC 上任取一点 P，作 $PD \perp AC$ 于 D，$PE \perp AB$ 于 E，M 是 BC 的中点，求证：$EM \perp DM$.

证明 因为 $\triangle ABC$ 为等腰直角三角形，M 为 BC 的中点，

所以 $\angle 2 = 45° = \angle BAM$.

又 $PE \perp AB$，

所以 $\angle 1 = \angle B = 45° = \angle 2 = \angle BAM$.

所以 E, P, M, A 四点共圆.

所以 $\angle PEM = \angle PAM$.

因为 $PD \perp AC$，

所以 $\angle DPC = \angle C = 45°$，$\angle 2 = \angle DPC$.

所以 A, P, M, D 四点共圆.

所以 $\angle PAM = \angle PDM$，

所以 $\angle PEM = \angle PDM$.

所以 E, P, M, D 四点共圆.

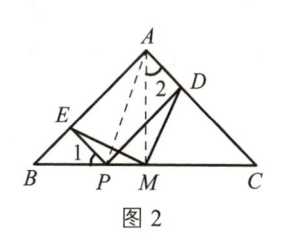

图 2

所以 $\angle EPD = \angle EMD$.

因为 $\angle EPD = 90°$,

所以 $\angle EMD = 90°$, 即 $EM \perp MD$.

3. 求线段的长

例3 如图3, 在四边形 $ABCD$ 中, $AB /\!/ CD$, $BC = b$, $AB = AC = AD = a$, 求 BD 的长.

解 以 A 为圆心、a 为半径作圆,

因为 $AB = AC = AD = a$,

故 B, C, D 三点在 $\odot A$ 上,

延长 BA 交 $\odot A$ 于 E, 连结 DE.

因为 $DC /\!/ AB$,

所以 DE 的弧长 $= BC$ 的弧长.

所以 $DE = BC = b$.

在 $\triangle BDE$ 中,

因为 BE 是 $\odot A$ 的直径,

所以 $\angle EDB = 90°$.

由勾股定理, 得 $BD = \sqrt{4a^2 - b^2}$.

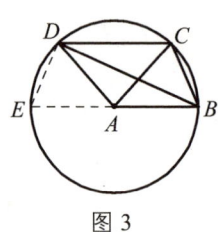

图3

4. 证明两线段相等

例4 如图4, 已知 M 为 $\triangle ABC$ 内一点, MD, ME, MF 分别与 BC, CA, AB 垂直. 如果 $BF = BD$, $CD = CE$, 求证: $AF = AE$. (1979年中国科技大学少年班招生复试题)

证明 因为 $BF = BD$,

故可以 B 为圆心, BD 为半径作 $\odot B$.

同样作 $\odot C$.

假设两圆交于一点 K,

因为 BC 为连心线,

所以 $KD \perp BC$.

因为 $MD \perp BC$,

故 M 必在 KD 上.

延长 FM 交 $\odot B$ 于 H, 延长 EM 交 $\odot C$ 于 G,

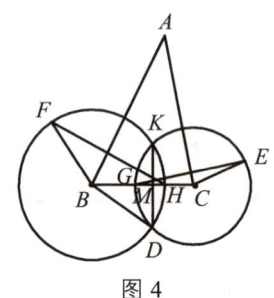

图4

则 $FM \cdot MH = KM \cdot MD = EM \cdot MG$，

所以 F, G, H, E 四点共圆.

又 $AB \perp FH$，

所以 AB 为 FH 的垂线，

过 F, H 的圆的圆心必在直线 AB 上.

同理过 E, G 的圆的圆心必在直线 AC 上.

所以过 F, G, H, E 四点的圆的圆心必在 AB 与 AC 的交点上，即在 A 点，

所以 F, E 在以 A 为圆心的同一圆上.

所以 $AF = AE$.

5. 求角度

例 5 如图 5，△ABC 为等边三角形，在 AC 边外侧作 $AD = BC$，求 $\angle BDC$ 的度数.

解 因为 △ABC 是等边三角形，

所以 $AB = AC = AD$,

所以 B, C, D 三点在以 A 为圆心、AB 为半径的圆上.

因为 △ABC 为等边三角形，

所以 $\angle BAC = 60°$,

所以 BC 的弧度数为 $60°$.

所以 $\angle BDC = 30°$.

图 5

6. 证明两角相等

例 6 如图 6，在五边形 $AMFEN$ 中，已知 $MF = FE = EN$，$\angle A = 3\alpha$，$\angle MFE = \angle FEN = 180° - 2\alpha$，求证：$\angle MAF = \angle FAE = \angle FAN$.（1990 年全国初中联赛题）

证明 连结 ME, FN, MN.

因为 $MF = FE = EN$，$\angle MFE = \angle FEN = 180° - 2\alpha$,

所以 $\angle FME = \angle FEM = \angle EFN = \angle ENF = \alpha$,

所以 M, F, E, N 四点共圆.

所以 $\angle EMN = \angle FNM = \alpha$.

又 $\angle AME = \angle AMN + \angle EMN = \angle AMN + \alpha$，

$\angle ANE = \angle ANM + \angle MNE = \angle ANM + 2\alpha$,

图 6

所以 $\angle MAN + \angle AMN + \angle MNA = 3\alpha + \angle AMN + \angle ANM = 180°$,

所以 $\angle AME + \angle ANE = 180°$.

所以 A, M, E, N 四点共圆.

所以 A, M, F, N 四点共圆.

又因为 $MF = FE = EN$,

从而 $\angle MAF = \angle FAE = \angle FAN$.

7. 证明等式

例 7 已知如图 7, 在 $\triangle ABC$ 中, $AB=AC$, D 为 BC 上任一点. 求证: $AB^2 - AD^2 = BD \cdot DC$.

证明 以 A 为圆心、AB 为半径作圆, 向两侧延长 AD, 分别交 $\odot A$ 于 E, F, 则

$$BD \cdot DC = ED \cdot DF$$
$$= (EA + AD)(AF - AD)$$
$$= (AB + AD)(AB - AD)$$
$$= AB^2 - AD^2.$$

所以 $AB^2 - AD^2 = BD \cdot DC$.

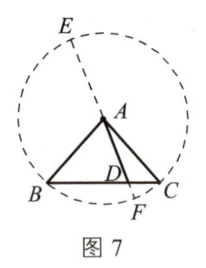

图 7

六、再证一道 MO 试题

在下面一道 MO 试题的证明方法中, 包括了解析法、向量法、平面几何证法, 其中平面几何证法中, 用到了梅涅劳斯定理, 以及避开这一定理的适合初中学生的证法. 但证明时, 其辅助线较多, 证明也不够明快, 下面再给出一种证法.

题目 在 $\triangle ABC$ 中, AA_1 为中线, AA_2 为角平分线, K 为 AA_1 上一点, 使 $KA_2 \parallel AC$. 求证 $AA_2 \perp KC$.

分析 平面几何证法中主要考虑延长 CK 交 AB 于 D, 证明 $AD=AC$ 即可. 但如另辟蹊径, 如图 1, 连接 A_1M 交 AC 于 E, 只要证 $AE=EC$, 进而可证明 $AE = ME = EC$, 得证 $\angle AMC = 90°$, 我们先引出如下命题.

- 206 -

图1　　　　　　　　　图2

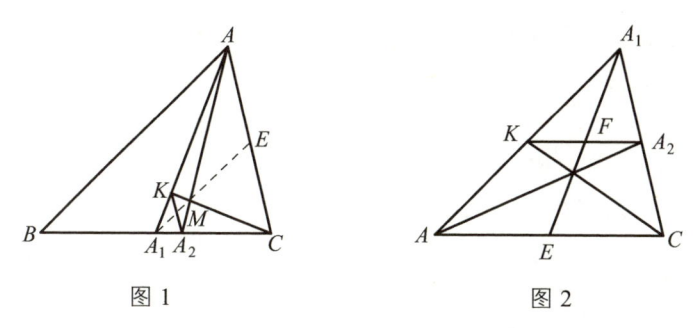

命题　如图2，在$\triangle A_1AC$中，$KA_2 \parallel AC$，AA_2与KC交于M，A_1M分别交KA_2，AC于F,E，则$KF = FA_2$，$AE = EC$.

这个命题在平面几何中是比较有名的，用塞瓦定理很容易证明.

证明1　由塞瓦定理有$\dfrac{A_1K}{KA} \times \dfrac{AE}{EC} \times \dfrac{CA_2}{A_2A_1} = 1$.

又因为$KA_2 \parallel AC$，

所以$\dfrac{A_1K}{KA} = \dfrac{A_2A_1}{CA_2}$.

所以$\dfrac{AE}{EC} = 1$，

即$AE = EC$.

进而可证得$KF = FA_2$.（如从射影几何来看此命题的结论一下可得出）

因为A_1KMA_2是完全四边形，

又$KA_2 \parallel AC$，

由其调和性质有$(AC, E\infty) = -1$，

所以$AE = EC$.

证明2（不用塞瓦定理）如图2，因为$KA_2 \parallel AC$，

所以$\dfrac{KF}{AE} = \dfrac{A_1K}{A_1A} = \dfrac{A_1A_2}{A_1C} = \dfrac{FA_2}{EC}$，

$\dfrac{KF}{EC} = \dfrac{FM}{MF} = \dfrac{FA_2}{AE} = \dfrac{KA_2}{AC} = \dfrac{A_1A_2}{A_1C}$.（此等式中用了合比定理）

所以$\dfrac{KF}{AE} = \dfrac{KF}{EC}$.

所以$AE = EC$.

同时也可得$KF = FA_2$.

证明原题目，由上命题的结论，如图 1，有 $AE = EC$.

又 $BA_1 = A_1C$，

所以 $A_1E \parallel AB$，

所以 $\angle BAM = \angle AME$.

但 $\angle BAM = \angle MAE$，

所以 $\angle MAE = \angle AME$.

所以 $AE = ME = EC$，

所以 $\angle AMC = 90°$.

故 $AA_2 \perp KC$.

中学生错误剖析教学研究与实践

一、中考几何题的漏解失误分析

二、例谈解不等式中常见的错误与辨析

三、例谈数学中的诡证问题

四、解析几何中常见错误剖析

一、中考几何题的漏解失误分析

近年来，关于全国各省市中考几何题的漏解失误，常有以下四种情况：

1. 忽视延长线的概念

例1 AD，BE 是 $\triangle ABC$ 中的高，H 是 AD 与 BE 或 AD 的延长线与 EB 的延长线的交点，若 $BH = AC$，则 $\angle ABC = $ _____.

误解 如图1，
在 Rt$\triangle ADC$ 和 Rt$\triangle BDH$ 中，易证 $\angle 1 = \angle 2$.
因为 $AC = BH$，
所以 Rt$\triangle ADC \cong$ Rt$\triangle BDH$，
所以 $AD = BD$.
因为 $\angle ADB = 90°$，
所以 $\angle ABC = 45°$.
又如图2，若满足已知条件，
可以证明 Rt$\triangle ADC \cong$ Rt$\triangle BDH$，
所以 $AD = BD$，$\angle ABC = 45°$，
综上可知，$\angle ABC = 45°$.

分析 图2不合要求，H 是 AD，EB 的反向延长线的交点，而题设为 H 是 AD，EB 的延长线的交点，矛盾.

如图3，易证 $\angle C = \angle H$.
所以 Rt$\triangle ADC \cong$ Rt$\triangle BDH$，
所以 $AD = BD$，
所以 $\angle ABD = 45°$.
从而 $\angle ABC = 135°$.
从而正确答案为 $\angle ABC = 45°$ 或 $135°$.

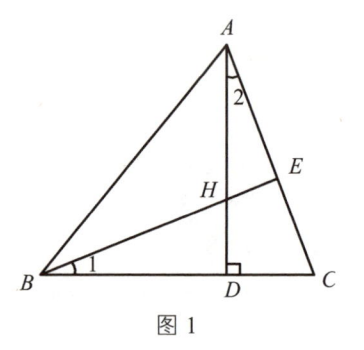

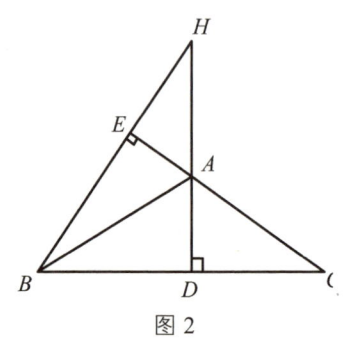

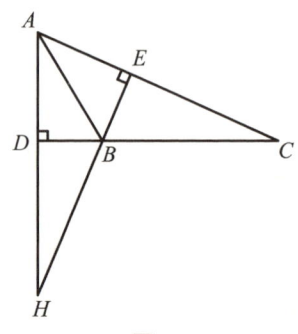

2. 忽视等腰三角形底、腰关系

例 2 已知等腰三角形的两条边 a,b 是方程 $x^2-kx+12=0$ 的两根，另一条边 $c=4$，求 k 的值.

误解 由韦达定理知

$$\begin{cases} a+b=k, \\ ab=12. \end{cases}$$

因为 $a=b$，所以 $a^2=12$，即 $a=2\sqrt{3}$，所以 $k=4\sqrt{3}$.

分析 上解只注意了以 c 为底边，a,b 为腰的情况. 还应有以 c 为腰，设另一腰为 a，所以

$$a=4，\ 即\ 4+b=k.$$

又 $4b=12$，所以 $b=3$，所以 $k=4+3=7$.

综上可知，正确答案应为 $k=4\sqrt{3}$ 或 7.

3. 忽视矩形对称轴有两条

例 3 已知矩形 $ABCD$ 的边 $AB=2$，$AB \neq BC$. 矩形 $ABCD$ 的面积为 S，沿矩形对称轴折叠一次得到一个新矩形，求这个矩形的对角线的长.

误解 如图 4，因为 $AD=\dfrac{S}{2}$，$AE=\dfrac{S}{4}$，

所以对角线 $BE=\sqrt{\left(\dfrac{S}{4}\right)^2+2^2}=\dfrac{\sqrt{S^2+64}}{4}$.

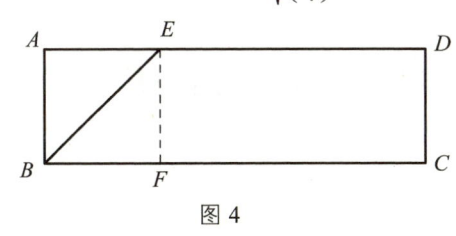

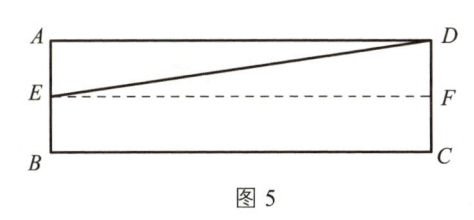

图 4

图 5

分析 矩形 $ABCD$ 的对称轴有两条，还应有平行于 AD 的一条 EF，如图 5，因为 $AD=\dfrac{S}{2}$，$AE=1$，

所以对角线 $ED=\sqrt{\left(\dfrac{S}{2}\right)^2+1^2}=\dfrac{1}{2}\sqrt{S^2+4}$.

综上可知，新矩形的对角线的长度为 $\dfrac{1}{4}\sqrt{S^2+64}$ 或 $\dfrac{1}{2}\sqrt{S^2+4}$.

4. 忽视两圆半径的大小关系

例 4 已知半径分别为 r_1 和 r_2 的 $\odot O_1$ 和 $\odot O_2$ 外切于点 P。求若 O_1A 切 $\odot O_2$ 于点 A，O_2B 切 $\odot O_1$ 于点 B，试指出 O_1A 和 O_2B 的大小关系.

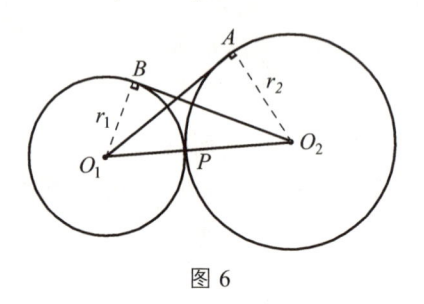

图 6

误解 如图 6，$O_1O_2 = r_1 + r_2$，$BO_1 = r_1$，$AO_2 = r_2$，
所以 $O_1A^2 = (r_1 + r_2)^2 - r_2^2$，$O_2B^2 = (r_1 + r_2)^2 - r_1^2$.
因为 $r_1 < r_2$，
所以 $O_1A < O_2B$.

分析 已知条件并没有指出一定有 $r_1 < r_2$，也可以有 $r_1 > r_2$，这时 $O_1A > O_2B$. 还可以有 $r_1 = r_2$，这时 $O_1A = O_2B$.

综上可知，正确答案为：当 $r_1 < r_2$ 时，$O_1A < O_2B$；当 $r_1 = r_2$ 时，$O_1A = O_2B$；当 $r_1 > r_2$ 时，$O_1A > O_2B$.

二、例谈解不等式中常见的错误与辨析

例 1 解不等式 $\dfrac{2x+1}{x-3} > \dfrac{2x+1}{3x-2}$.

错解 两边同时约去 $2x+1$，得 $\dfrac{1}{x-3} > \dfrac{1}{3x-2}$.

两边取倒数，改变不等号方向，得 $x - 3 < 3x - 2$.

所以不等式的解为 $x > -\dfrac{1}{2}$.

辨析　错误在于不等式的两边约去了整式 $2x+1$，这不符合不等式的性质，会引起方程的失根.

正解　移项，得 $\dfrac{2x+1}{x-3} - \dfrac{2x+1}{3x-2} > 0$.

通分，得 $\dfrac{(2x+1)(2x+1)}{(x-3)(3x-2)} > 0$.

所以原不等式的解为 $x > 3$ 或 $x < \dfrac{2}{3}$ 且 $x \neq \dfrac{1}{2}$.

例 2　解不等式 $x + \dfrac{3x+7}{x+2} > \dfrac{1}{x+2}$.

错解　整理原不等式，得 $x + 3 + \dfrac{1}{x+2} > \dfrac{1}{x+2}$，

即 $x + 3 > 0$.

所以原不等式的解为 $x > -3$.

辨析　错解没有注意到分式的分母 $x+2 \neq 0$. 所以原不等式的解应为 $x > -3$ 且 $x \neq -2$.

例 3　解不等式 $\sqrt{13-3x} > 3 - x$.

错解　整理原不等式，得 $\begin{cases} 13 - 3x \geqslant 0, \\ 13 - 3x > (3-x)^2. \end{cases}$

解得 $\begin{cases} x \leqslant \dfrac{13}{3}, \\ -1 < x < 4. \end{cases}$

所以原不等式的解为 $-1 < x < 4$.

辨析　错解忽略了两边平方后会使不等式解的范围扩大.

正解　由原不等式得 $\begin{cases} 13 - 3x \geqslant 0, \\ 3 - x \geqslant 0, \\ 13 - 3x > (3-x)^2, \end{cases}$ 或 $\begin{cases} 13 - 3x \geqslant 0, \\ 3 - x < 0. \end{cases}$

解得 $-1 < x \leqslant 3$ 或 $3 < x \leqslant \dfrac{13}{3}$.

所以原不等式的解为 $-1 < x \leqslant \dfrac{13}{3}$.

例 4 解不等式 $\begin{cases} x^2 - 3x > 4, & ① \\ -x^2 + 7x > 6. & ② \end{cases}$

错解 由① + ②，得原不等式的解为 $x > \dfrac{5}{2}$．

辨析 取 $x = 3$，不等式组就不成立，显然错解是错误的．

正解 原不等式组变形，得 $\begin{cases} (x-4)(x+1) > 0, \\ (x-6)(x-1) < 0. \end{cases}$

所以原不等式组的解为 $4 < x < 6$．

例 5 解不等式 $3x + 1 + \lg \dfrac{1}{x+2} > \lg \dfrac{1}{x+2} + 5x - 1$．

错解 由原不等式的两边减去 $\lg \dfrac{1}{x+2}$，

得 $3x + 1 > 5x - 1$．

所以原不等式的解为 $x < 1$．

辨析 由对数定义可知，$x + 2 > 0$，即 $x > -2$，当不等式的两边同时减去 $\lg \dfrac{1}{x+2}$ 时，扩大了 x 的取值范围．

正解 由原不等式，得 $\begin{cases} x + 2 > 0, \\ 3x + 1 > 5x - 1. \end{cases}$

所以原不等式的解为 $-2 < x < 1$．

例 6 证明不等式：$(x_1 x_2 + y_1 y_2)^2 \leqslant (x_1^2 + y_1^2)(x_2^2 + y_2^2)$．

错解 设 $x_1 = \sin \alpha$，$x_2 = \sin \beta$，$y_1 = \cos \alpha$，$y_2 = \cos \beta$，

则 $x_1^2 + y_1^2 = \sin^2 \alpha + \cos^2 \alpha = 1$，$x_2^2 + y_2^2 = \sin^2 \beta + \cos^2 \beta = 1$．

所以 $(x_1 x_2 + y_1 y_2)^2 = (\sin \alpha \sin \beta + \cos \alpha \cos \beta)^2 = \cos^2(\alpha - \beta) \leqslant 1$，

故 $(x_1 x_2 + y_1 y_2)^2 \leqslant (x_1^2 + y_1^2)(x_2^2 + y_2^2)$．

辨析 错解中的假设是错误的，使本来就没有关系的 x_1 与 y_1、x_2 与 y_2 成为同一个角的正、余弦，即附加了平方和等于 1 的条件，因此证明失去了一般性．

正解 $(x_1 x_2 + y_1 y_2)^2 = x_1^2 x_2^2 + y_1^2 y_2^2 + 2 x_1 x_2 y_1 y_2$
$\leqslant x_1^2 x_2^2 + y_1^2 y_2^2 + x_1^2 y_2^2 + x_2^2 y_1^2$
$= (x_1^2 + y_1^2)(x_2^2 + y_2^2)$

故原不等式成立．

三、例谈数学中的诡证问题

1. 0 能做分母吗

例 1 已知 $x=y$,求证 $1=2$.

证明 因为 $x=y$,

所以 $x^2=xy$,

$x^2-y^2=xy-y^2$,

$(x+y)(x-y)=y(x-y)$.

所以 $\dfrac{(x+y)(x-y)}{x-y}=\dfrac{y(x-y)}{x-y}$,

$x+y=y$,

$y+y=y$,

$2y=y$,

所以 $1=2$.

错在哪里?

2. 非负数开平方后能为负数吗

例 2 求证 $2\times 2=5$.

证明 因为 $16-36=25-45$,

所以 $16-36+\left(\dfrac{9}{2}\right)^2=25-45+\left(\dfrac{9}{2}\right)^2$,

$4^2-2\times 4\times\dfrac{9}{2}+\left(\dfrac{9}{2}\right)^2=5^2-2\times 5\times\dfrac{9}{2}+\left(\dfrac{9}{2}\right)^2$,

$\left(4-\dfrac{9}{2}\right)^2=\left(5-\dfrac{9}{2}\right)^2$,

$\sqrt{\left(4-\dfrac{9}{2}\right)^2}=\sqrt{\left(5-\dfrac{9}{2}\right)^2}$.

所以 $4-\dfrac{9}{2}=5-\dfrac{9}{2}$.

从而 $4=5$，

所以 $2\times 2=5$.

错在哪里？

3. 不等式两边能同乘以一个负数吗

例3 求证 $2>3$.

证明 因为 $\dfrac{1}{4}>\dfrac{1}{8}$，

所以 $\left(\dfrac{1}{2}\right)^2>\left(\dfrac{1}{2}\right)^3$，

$\lg\left(\dfrac{1}{2}\right)^2>\lg\left(\dfrac{1}{2}\right)^3$，

$2\lg\dfrac{1}{2}>3\lg\dfrac{1}{2}$.

所以 $2>3$.

错在哪里？

4. 不正确画图可以吗

例4 求证直角等于钝角.

证明 在线段 BC 上作直角 $\angle ABC$，作钝角 $\angle BCD$. 截取 $BA=CD$，连结 AD，分别作 BC 和 AD 的中垂线，交于点 M.

如图1，因为 $AB=DC$（所作），

$AM=DM$（中垂线的性质），

$BM=CM$（中垂线性质）.

所以 $\triangle AMB\cong\triangle DMC$（边边边），

$\angle ABM=\angle DCM$（对应角相等）.

又因为 $BM=CM$，（已证）

所以 $\angle CBM=\angle BCM$，（等腰三角形的底角相等）

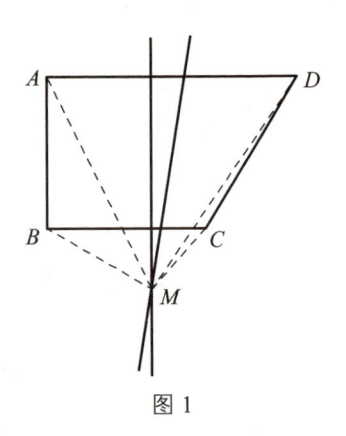

图1

所以 $\angle ABC = \angle DCB$.（等量之差相等）

但 $\angle ABC$ 是直角，$\angle DCB$ 是钝角，因此，直角等于钝角. 错在哪里？

错误原因 例 1 中的 $x-y=0$ 做了分母；例 2 中的 $\sqrt{\left(4-\dfrac{9}{2}\right)^2}$ 应为 $-\left(4-\dfrac{9}{2}\right)$；例 3 中的不等式两边同除以负数 $\lg\dfrac{1}{2}$ 后，不等号应改变方向；例 4 中的错误是由于画图不正确所造成的，若正规的作 BC 和 AD 的中垂线，它们的交点 M 离 BC 很远，再连结 MC 和 MD，所组成的 $\triangle MDC$ 中，并没有内角 $\angle DCM$，因而也就不可能证出 $\angle ABC = \angle BCD$. 在解题中，正确画图是非常重要的.

四、解析几何中常见错误剖析

例 1 方程 $|x|-1 = \sqrt{1-(y-1)^2}$ 表示的曲线是（ ）.

（A）抛物线　　　　　　（B）一个圆
（C）两个圆　　　　　　（D）两个半圆

错解 答案选（C）.

正解 答案选（D）.

辨析 在曲线方程的变形中，忽视了 x,y 的取值范围的变化. 将原方程化为 $(|x|-1)^2+(y-1)^2=1$，从而方程所表示的曲线是以 $(1,1)$ 与 $(-1,1)$ 为中心、半径为 1 的两个圆. 故误选（C）.

原方程 $|x|-1 = \sqrt{1-(y-1)^2} \geq 0$，

可化为 $\begin{cases}(|x|-1)^2+(y-1)^2=1,\\ |x|-1\geq 0,\\ 1-(y-1)^2\geq 0,\end{cases}$

即 $(|x|-1)^2+(y-1)^2=1$ ($x\geq 1$ 或 $x\leq -1$ 且 $0\leq y\leq 2$).

图 1

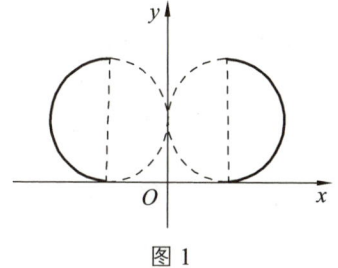

从而原方程表示的是图 1 所示的两个半圆，故正确答案应选（D）.

例 2 端点为 $A(-3,5)$，$B(4,-7)$ 的线段 AB 与圆 $(x-2)^2+(y+3)^2=25$ 的位置关系是（ ）.

（A）与圆相离 （B）与圆相交，只有一个交点

（C）与圆相交，有两个交点 （D）与圆相切，有一个公共点

错解 答案选（C）.

辨析 错解误将线段 AB 作为直线，因为 $(-3-2)^2+(5+3)^2-25>0$，而 $(4-2)^2+(-7+3)^2-25<0$，A 点在圆外，B 点在圆内，它们的连线必与圆相交，有两个交点，所以误选（C）. 但结合图形，易知线段 AB 与圆只有一个交点，正确答案应选（B）.

正解 设线段 AB 上任意一点 $P(x,y)$，则

$$\begin{cases} x=\dfrac{-3+4\lambda}{1+\lambda}, \\ y=\dfrac{5-7\lambda}{1+\lambda}. \end{cases}(\lambda>0)$$

代入圆的方程，得

$$\left(\dfrac{-3+4\lambda}{1+\lambda}-2\right)^2+\left(\dfrac{5-7\lambda}{1+\lambda}+3\right)^2=25.$$

化简，得

$$5\lambda^2+84\lambda-64=0.$$

因为该方程的判别式 $\Delta>0$，且两根之和为 $-\dfrac{84}{5}<0$，两根之积为 $-\dfrac{64}{5}<0$，可知必有一正实根与一负实根，即线段 AB 与圆相交，且只有一个公共点，故应选（B）.

例 3 等腰 $\triangle AOB$ 内部有一动点 P，已知 $\angle AOB=2\alpha$，$|OA|=|OB|$，顶点 O 到底边 AB 的距离为 h，点 P 到三边 OA,AB,OB 的距离分别为 $|PD|,|PE|,|PF|$，如果 $|PE|$ 是 $|PD|$，$|PF|$ 的比例中项，求动点 P 的轨迹.

错解 取 O 为原点，$\angle AOB$ 的平分线 Ox 为 x 轴，建立直角坐标系，如图 2. 设 $P(x,y)$ 为轨迹上任意一点，$\triangle AOB$ 的三边所在直线的方程分别为：

OA：$x\sin\alpha-y\cos\alpha=0$，

AB：$x-h=0$，

OB：$x\sin\alpha+y\cos\alpha=0$.

所以

$$|PD|=\dfrac{x\sin\alpha-y\cos\alpha}{-\sqrt{\sin^2\alpha+\cos^2\alpha}}，\quad |PE|=x-h，\quad |PF|=\dfrac{x\sin\alpha+y\cos\alpha}{\sqrt{\sin^2\alpha+\cos^2\alpha}}.$$

因为 $|PE|^2=|PD|\cdot|PF|$，所以

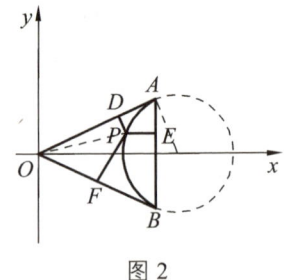

图 2

$$y^2\cos^2\alpha - x^2\sin^2\alpha = (x-h)^2,$$

即
$$x^2(1+\sin^2\alpha) - y^2\cos^2\alpha - 2hx + h^2 = 0.$$

故轨迹为双曲线.

正解 坐标系取法，$P(x,y)$ 为轨迹上任意一点（同错解）. 令 $\angle xOP = \theta$，那么

$$\begin{aligned}|PD| &= |OP|\sin(\alpha - \theta) \\ &= |OP|\sin\alpha\cos\theta - |OP|\cos\alpha\sin\theta \\ &= x\sin\alpha - y\cos\alpha,\end{aligned}$$

$$\begin{aligned}|PF| &= |OP|\sin(\alpha + \theta) \\ &= |OP|\sin\alpha\cos\theta + |OP|\cos\alpha\sin\theta \\ &= x\sin\alpha + y\cos\alpha.\end{aligned}$$

而 $|PD| = h - x$，又因为 $|PE|^2 = |PD|\cdot|PF|$，所以

$$(h-x)^2 = x^2\sin^2\alpha - y^2\cos^2\alpha,$$

即
$$x^2 + y^2 - 2hx\sec^2\alpha + h^2\sec^2\alpha = 0.$$

由于点 P 在 $\triangle AOB$ 内部，所以 $0 \leqslant x \leqslant h$，故所求轨迹方程为

$$x^2 + y^2 - 2hx\sec^2\alpha + h^2\sec^2\alpha = 0 \ (0 \leqslant x \leqslant h).$$

综上可知，所求轨迹为以 $(h\sec^2\alpha, 0)$ 为中心，$h\tan\alpha\sec\alpha$ 为半径，在 $\triangle AOB$ 内部的一段圆弧.

例 4 已知圆 $C: x^2 + y^2 = 1$ 与直线 $l: y = \dfrac{1}{2}$，试求到圆 C 的最近距离等于到直线 l 的距离之点的轨迹.

错解 设 $P(x,y)$ 为所求轨迹上任意一点，则

$$\sqrt{x^2+y^2} - 1 = \left|y - \frac{1}{2}\right|. \qquad ①$$

将①变形得

$$x^2 = -y + 2\left|y - \frac{1}{2}\right| + 1 + \frac{1}{4} = \begin{cases}y + \dfrac{1}{4} \ \left(y \geqslant \dfrac{1}{2}\right), \\ -3y + \dfrac{9}{4} \ \left(y < \dfrac{1}{2}\right).\end{cases}$$

故轨迹为两抛物线 $x^2 = y + \dfrac{1}{4}$ 或 $x^2 = -3y + \dfrac{9}{4}$ 在圆 $x^2 + y^2 = 1$ 外的部分.

辨析 错解中 $\sqrt{x^2+y^2}-1=\left|y-\dfrac{1}{2}\right|$ 隐含了一条件 $\sqrt{x^2+y^2}-1\geq 0$，即点 $P(x,y)$ 在圆 $x^2+y^2=1$ 外，显然这与已知不符. 由此求得点 P 的轨迹只能是在圆 $x^2+y^2=1$ 外的那部分. 为了得到完整的点 P 的轨迹，方程①应改为

$$\left|\sqrt{x^2+y^2}-1\right|=\left|y-\dfrac{1}{2}\right|. \qquad ②$$

当点 P 在圆 $x^2+y^2=1$ 外时，此错解得轨迹为两抛物线 $x^2=y+\dfrac{1}{4}$ 或 $x^2=-3y+\dfrac{9}{4}$ 在圆 $x^2+y^2=1$ 外的部分，当点 P 在圆 $x^2+y^2=1$ 内时，从②可得轨迹为两抛物线 $x^2=y+\dfrac{1}{4}$ 或 $x^2=-3y+\dfrac{9}{4}$ 在圆 $x^2+y^2=1$ 内的部分.

所以，所求轨迹为两条抛物线 $x^2=y+\dfrac{1}{4}$ 或 $x^2=-3y+\dfrac{9}{4}$，如图 3 所示. 可见错解所求得的轨迹是不完备的.

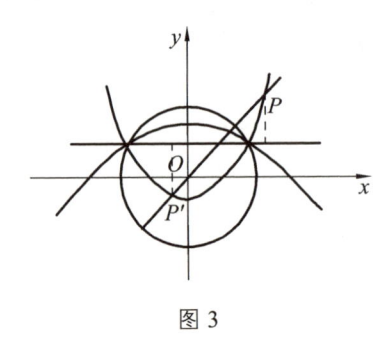

图 3

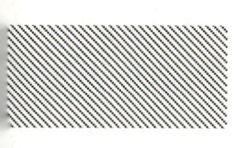

中学数学思想、方法、技巧研究与实践

一、如何巧取主字母进行因式分解

二、增元后如何消元

三、利用对称性证明几何不等式

四、利用旋转变换，寻找解题途径

五、分解因式常用的五种基本方法

六、巧用字母妙解题

一、如何巧取主字母进行因式分解

在分解含有多个字母的多项式时，如果选取某个字母为主字母，将多项式按这个主字母的降幂重新排列后再分解，往往容易奏效．一般地，选取主字母的原则是：选取多项式中指数最低的字母作主字母．

例 1 分解因式 $a^3 + ba^2 + ba + b - 1$．

分析 原式中 a 的最高次数为三次，b 的最高次数为一次，故选 b 为主字母，将多项式按 b 的降幂排列后再分解．

解 原式 $= (ba^2 + ba + b) + (a^3 - 1)$
$= b(a^2 + a + 1) + (a - 1)(a^2 + a + 1)$
$= (a^2 + a + 1)(b + a - 1)$．

例 2 分解因式 $1 + x(x + y + x^2 y)$．

分析 原式中 y 的次数较低，故以 y 为主字母将多项式整理后再分解．

解 原式 $= (xy + x^3 y) + (1 + x^2)$
$= xy(1 + x^2) + (1 + x^2)$
$= (1 + x^2)(xy + 1)$．

例 3 分解因式 $a^2(b - c) + b^2(c - a) + c^2(a - b)$．

分析 原式中 a, b, c 的次数均为二次，可以以这三个字母中的任何一个字母为主字母整理原式，然后再分解．

解 选取 a 为主字母，将多项式按字母 a 的降幂排列后分解得

原式 $= (b - c)a^2 + (c^2 - b^2)a + (b^2 c - c^2 b)$
$= (b - c)a^2 - (b - c)(b + c)a + bc(b - c)$
$= (b - c)[a^2 - (b + c)a + bc]$
$= (b - c)(a - b)(a - c)$．

例 4 分解因式 $(x + y)(y + z)(z + x) + xyz$．

解 以 x 为主字母，整理后分解得

- 222 -

原式 $= (y+z)x^2 + (y^2 + 3yz + z^2)x + yz(y+z)$
$= (y+z)x \times x + [xyz + (y+z)(y+z)x] + yz(y+z)$
$= [x + (y+z)][(y+z)x + yz]$
$= (x+y+z)(xy+yz+zx).$

二、增元后如何消元

有些数学问题，恰当地增设未知数，往往能化繁为简，化难为易．但增元后如何设法消元呢？常用的有如下五种方法：

1. 代入法

例 1 如果一元二次方程 $ax^2 + bx + c = 0$ 的两根之比为 $2：3$．求证：$6b^2 = 25ac$．

证明 设方程的两根分别为 $2t$ 和 $3t$，根据韦达定理有

$$\begin{cases} 2t + 3t = -\dfrac{b}{a}, & \text{①} \\ 2t \times 3t = \dfrac{c}{a}. & \text{②} \end{cases}$$

由①得 $t = -\dfrac{b}{5a}$，代入②得

$$6\left(-\dfrac{b}{5a}\right)^2 = \dfrac{c}{a},$$

即

$$\dfrac{6b^2}{25a^2} = \dfrac{c}{a}.$$

所以 $6b^2 = 25ac$．

2. 加减法

例 2 已知：$\dfrac{a}{b-c} = \dfrac{b}{c-a} = \dfrac{c}{a-b}$．求证：$a^3 + b^3 + c^3 = 3abc$．

证明 设 $\dfrac{a}{b-c} = \dfrac{b}{c-a} = \dfrac{c}{a-b} = k$，则

$$a=(b-c)k, \quad b=(c-a)k, \quad c=(a-b)k,$$

所以
$$a+b+c=k(b-c+c-a+a-b)=0.$$

因为
$$a^3+b^3+c^3-3abc=(a+b+c)(a^2+b^2+c^2-ab-bc-ac)=0.$$

所以
$$a^3+b^3+c^3=3abc.$$

3. 求值法

例3 已知实数 l, m, n 满足 $m=6-n$，$l^2=mn-9$. 求证：$m=n$.

证明 由已知有
$$m+n=6.$$

设 $m=3+t$，$n=3-t$，代入 $l^2=mn-9$，得
$$l^2=9-t^2-9,$$

即
$$l^2+t^2=0.$$

所以 $t=0$. 所以
$$m=n.$$

4. 代换法

例4 已知 x, y 为实数，且 $2x^2+xy+2y^2=15$，求 $x+y$ 的取值范围.

解 由已知得
$$2(x+y)^2-3xy=15.$$

设 $x=k+t$，$y=k-t$，则上式变形为
$$8k^2-3(k^2-t^2)=15,$$

即
$$5k^2+3t^2=15.$$

所以
$$15-5k^2=3t^2\geqslant 0, \; k^2\leqslant 3.$$

所以 $-\sqrt{3}\leqslant k\leqslant \sqrt{3}$，即
$$-2\sqrt{3}\leqslant x+y\leqslant 2\sqrt{3}.$$

5. 约分法

例5 已知 $\dfrac{a}{2}=\dfrac{b}{3}=\dfrac{c}{4}$，求 $\dfrac{2a-b+2c}{2a+3b-c}$ 的值.

解 设 $a=2t, b=3t, c=4t$，则

$$原式=\dfrac{4t-3t+8t}{4t+9t-4t}=1.$$

三、利用对称性证明几何不等式

例1 如图1，在△ABC中，$AB>AC$，AD 是 BC 边上的中线，求证：$\angle BAD<\angle CAD$.

分析 注意到 AD 是 BC 边上的中线，中线加倍是常见的添辅助线的方法，然后把研究对象集中在△ABE中，由大边对大角，使问题得以解决.

证明 延长 AD 到 E，使 $DE=AD$，连接 BE，

则 D 是△ADC与△EDB的对称中心，

所以 $BE=CA$，$\angle E=\angle CAD$.

因为 $AB>AC$，

所以 $AB>BE$，$\angle BAD<\angle E$，

所以 $\angle BAD<\angle CAD$.

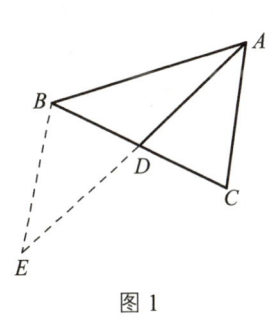

图1

例2 如图2，在△ABC中，D 是 BC 边的中点，$ED\perp DF$，EF 分别交 AB, AC 于 E, F 两点，求证：$BE+FC>FE$.

分析 能否将 BE, FC, EF 移到同一三角形，考察线段不等关系？利用对称性作图是可以实施的，于是问题得以解决.

证明 以 ED 为对称轴作△EDF的轴对称图形△EDG，连接 BG，

则 $EG=EF$，$GD=DF$.

因为 D 是 BC 边的中点，

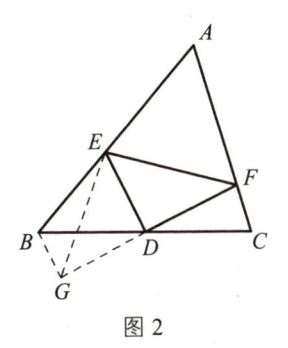

图2

所以 $BD=DC$,
又 $\angle BDG=\angle CDF$, 连接 BG,
则 $\triangle BDG \cong \triangle CDF$,
所以 $BG=CF$,

$$BE+FC=BE+BG>EG=EF.$$

由例 1 可知, 证明角的不等式, 常常利用点关于点的对称性, 过渡到证明边的不等, 反之也一样, 添辅助线常要考虑这种关系. 从例 2 可以看出, 几何不等式的证明常常运用到轴对称图形, 通过轴对称图形, 把有关的线段 (角) 集中到同一个三角形中来研究, 从而使问题获解.

四、利用旋转变换, 寻找解题途径

把图形 F 绕定点 O 按一定方向旋转一个角度 θ 而得到另一个图形 F' 的变换 R 称为旋转变换. 特殊地, $\theta=180°$ 时, 就得到关于 O 点的中心对称图形. 在解题时, 对于图形具有等边特征的几何题, 常可通过旋转变换, 使题设和结论中的相关元素相对集中到某一图形之中或重新组合成的图形, 为沟通题设和结论、方便解题创设有利条件. 运用旋转变换, 也能使已知或所求的部分集中到一个基本图形中, 从而简便地解决问题. 下面举例说明:

例 1 如图 1, 四边形 $ABEG$, $GEFH$, $HFCD$ 都是正方形, 求 $\angle AFB+\angle ACB$ 的值.

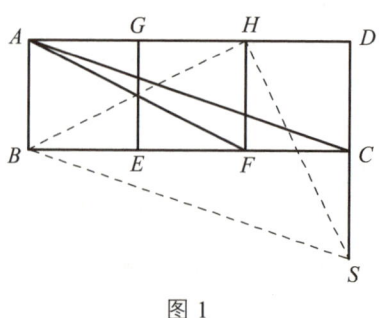

图 1

解 将 $\triangle HBF$ 绕点 H 逆时针旋转 $90°$, 得 $\triangle HSD$.
那么 $\triangle HBS$ 为等腰三角形, $\angle HBS=45°$.

因为四边形 $ABSC$ 为平行四边形，

所以 $\angle ACB = \angle CBS$，$\angle AFB = \angle HBF$.

因为 $\angle CBS + \angle HBC = 45°$，

所以 $\angle AFB + \angle ACB = 45°$.

例 2 已知 P 是正方形 $ABCD$ 内一点，$2BP^2 + AP^2 = PC^2$，求证 $\angle APB = 135°$.

证明 如图 2，将 $\triangle BPC$ 绕点 B 逆时针旋转 $90°$，得 $\triangle BP'A$，连结 $P'P$，

则 $BP = BP'$，$PC = P'A$，$\angle PBP' = 90°$，

所以 $\angle BPP' = 45°$.

又因为 $2BP^2 + AP^2 = PB^2 + PB^2 + AP^2$
$= BP'^2 + BP^2 + AP^2$
$= P'P^2 + PA^2$
$= P'A^2$,

所以 $P'P^2 + PA^2 = P'A^2$，

所以 $\triangle AP'P$ 是 $Rt\triangle$，$\angle APP' = 90°$.

因为 $\angle BPP' = 45°$，

所以 $\angle APB = 135°$.

图 2

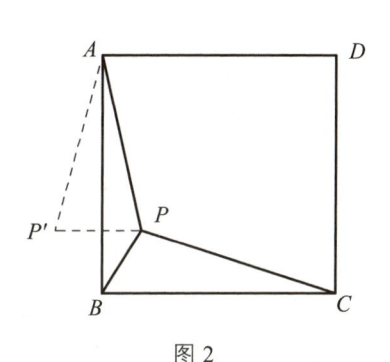

例 3 如图 3，在已知正方形 $ABCD$ 边 BC 上任取一点 E，AF 平分 $\angle DAE$ 交 CD 于 F，求证：$AE = BE + DF$.

证明 将 $Rt\triangle ABE$ 绕顶点 A 旋转 $90°$ 至 $\triangle ADG$ 的位置，

则 $AG = AE$，$DG = BE$，$\angle DAG = \angle BAE$，且 F, D, G 共线.

所以 $FG = DG + DF = BE + DF$.

因为 AF 平分 $\angle DAE$，

所以 $\angle GAF = \angle DAG + \angle DAF$
$= \angle BAE + \angle EAF$
$= \angle BAF$.

又因为 $BA \parallel CD$，

所以 $\angle BAF = \angle GFA$，

所以 $\angle GAF = \angle GFA$，

所以 $AG = FG$.

从而 $AE = FG = BE + DF$.

图 3

例 4 如果正方形 $ABCD$ 内一点 P 到三顶点 A, B, C 距离之和的最小值为 $\sqrt{6} + \sqrt{2}$，求这个正方形的边长.

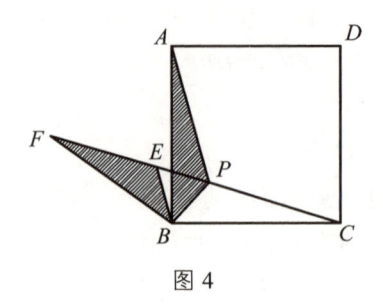

图 4

解 如图 4，将 △ABP 绕 B 点旋转 60° 到 △FBE 的位置，
可知 △EBP 为正三角形，
于是 $PA + PB + PC = EF + PC$.
所以当 $PA + PB + PC$ 最小时，必有 F, E, P, C 四点共线，
故在 △BFC 中，$PC = \sqrt{6} + \sqrt{2}$.
又 $\angle FBC = 150°$，
设正方形边长为 a，
则由余弦定理，
得 $(\sqrt{6} + \sqrt{2})^2 = a^2 + a^2 - 2a^2 \cos 150°$.
解得 $a = 2$，
故所求正方形边长为 2.

例 5 如图 5，P 是等边 △ABC 内一点，$PA = 2$，$PB = 2\sqrt{3}$，$PC = 4$，求 △ABC 的边长.

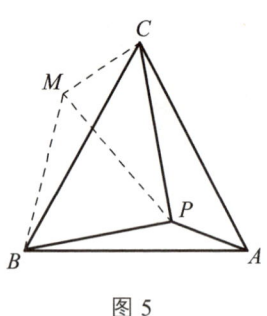

图 5

分析 本例所给的三条线段比较分散，直接使用不方便，派不上用场，若能将三条线段集中到同一个三角形中，根据它们的数量关系可知，这是一个直角三角形，这就给我们求解出未知提供了一种可能. 因此，我们利用旋转变换.

解 将 △BPA 绕点 B 逆时针旋转 60°，

则 BA 与 BC 重合，BP 移到 BM 处，PA 移到 MC 处，

所以 $BM = BP$，$MC = PA$，$\angle PBM = 60°$，

则 $\triangle BPM$ 是等边三角形．

所以 $PM = PB = 2\sqrt{3}$．

在 $\triangle MCP$ 中，$PC = 4$，$MC = PA = 2$，$PM = 2\sqrt{3}$，

所以 $PC^2 = PM^2 + MC^2$，且 $PC = 2MC$，

所以 $\triangle MCP$ 是 $Rt\triangle$，且 $\angle CMP = 90°$，$\angle CPM = 30°$．

又 $\triangle BPM$ 是等边三角形，$\angle BPM = 60°$，

所以 $\angle BPM = 90°$，$\triangle BPC$ 是 $Rt\triangle$，

所以 $BC^2 = BP^2 + PC^2 = (2\sqrt{3})^2 + 4^2 = 28$．

从而 $BC = 2\sqrt{7}$，

即所求等边 $\triangle ABC$ 的边长．

由上例可以看出，运用旋转应注意：（1）确定旋转中心（上例中的点 B）；（2）确定旋转图形（上例中的 $\triangle BPA$）；（3）确定旋转的角度和方向（上例中的 60°，逆时针方向）．一般情况下，条件中有共点且相等的线段，可以考虑利用旋转变换，如等腰三角形、正方形等．

五、分解因式常用的五种基本方法

1. 提取公因式法

提取公因式法是因式分解的最基本也是最常用的方法，它的理论根据就是乘法分配律，关键是找出公因式．

例 1 分解因式：（1）$ma + bm + mc$；（2）$2a(b+c) - 3(b+c)$；（3）$4q(1-p)^3 + 2(p-1)^2$．

解（1）因为各项都有公因式 m，所以
$$原式 = m(a+b+c).$$

（2）因为各项都有公因式 $b+c$，所以
$$原式 = (b+c)(2a-3).$$

（3）因为$1-p$与$p-1$互为相反数，所以各项都有公因式$1-p$，所以

原式$=2(1-p)^2[2q(1-p)+1]=2(1-p)^2(2q-2pq+1)$.

2. 运用公式法

运用公式法的关键是熟悉公式：

（1）$a^2-b^2=(a+b)(a-b)$.

（2）$a^3\pm b^3=(a\pm b)(a^2\pm ab+b^2)$.

（3）$a^2\pm 2ab+b^2=(a\pm b)^2$.

例2 因式分解：（1）$16a^2-9b^2$；（2）x^3-27；（3）a^2-6a+9.

解 （1）原式$=(4a)^2-(3b)^2=(4a+3b)(4a-3b)$；

（2）原式$=x^3-3^3=(x-3)(x^2+3x+9)$；

（3）原式$=a^2-2a\times 3+3^2=(a-3)^2$.

3. 十字相乘法

运用十字相乘法分解因式时，要注意总结符号规律：常数项为正数时，应分解成两个同号因数，且它们的符号与一次项系数的符号相同；常数项是负数时，应分解成两个异号因数，其中绝对值较大的因数与一次项系数的符号相同.

例3 分解因式：（1）a^2-2a-8；（2）$(a-b)^2-4(a-b)+3$；（3）$5a^2+6ab-8b^2$.

解 （1）原式$=(a+2)(a-4)$.

（2）原式$=(a-b-1)(a-b-3)$.

（3）原式$=(a+2b)(5a-4b)$.

4. 求根公式法

用求根公式法分解二次三项式的关键是，先令二次三项式ax^2+bx+c为0，求出它的两根x_1，x_2，然后根据$ax^2+bx+c=a(x-x_1)(x-x_2)$写出结果.

例4 分解因式：$2x^2-8xy+5y^2$.

解 令$2x^2-8xy+5y^2=0$，得

$$x = \frac{8y \pm \sqrt{64y^2 - 40y^2}}{4} = \frac{4 \pm \sqrt{6}}{2} y.$$

所以

$$原式 = 2\left(x - \frac{4+\sqrt{6}}{2}y\right)\left(x - \frac{4-\sqrt{6}}{2}y\right).$$

5. 分组分解法

分组分解法常用于四项或四项以上的多项式，它不是一种独立的分解因式的方法，也没有固定的模式，灵活性较大．关键是把各项适当分组，保证先使因式分解能分组进行，再使因式分解能在各组之间进行，并且一直分解到不能分解为止．

（1）分组后直接提取公因式法．

例 5 因式分解：$x^3 + x^2y - xy^2 - y^3$．

解 原式 $= (x^3 + x^2y) - (xy^2 + y^3)$
$= x^2(x+y) - y^2(x+y)$
$= (x+y)(x^2 - y^2)$
$= (x+y)(x+y)(x-y)$
$= (x+y)^2(x-y).$

（2）分组后直接运用公式法．

例 6 因式分解：$4x^2 - 9y^2 - 4x + 1$．

解 原式 $= (4x^2 - 4x + 1) - 9y^2$
$= (2x-1)^2 - (3y)^2$
$= (2x+3y-1)(2x-3y-1).$

（3）分组后直接运用十字相乘法．

例 6 因式分解：$x^2 + 5xy + 6y^2 + x + 3y$．

解 原式 $= (x^2 + 5xy + 6y^2) + (x + 3y)$
$= (x+3y)(x+2y) + (x+3y)$
$= (x+3y)(x+2y+1).$

因式分解的一般步骤可按照：一提（提取公因式）、二套（套用公式）、三叉（十字相乘）、四分组、五其他进行，对结果要注意化简整理．

六、巧用字母妙解题

用字母表示数是由特殊到一般的抽象，是中学数学中重要的代数方法．先让学生在实例中计算一些具体的数值，启发学生归纳出用字母表示数的思想，认识到字母表示数具有问题的一般性，也便于问题的研究和解决，由此产生从算术到代数的认识飞跃．学生领会了用字母表示数的思想，就可顺利地进行以下内容的教学：① 用字母表示问题（代数式概念，列代数式）；② 用字母表示规律（运算定律，计算公式，认识数式通性的思想）；③ 用字母表示数来解题（适应字母式问题的能力）．因此，用字母表示数的思想，对指导学生学好代数入门知识能起关键作用，并为后续代数学习奠定了基础．下面例谈用字母表示数解题的几种类型．

1. 计算

例 1 计算：$1.2345^2 + 0.7655^2 + 2.469 \times 0.7655$．

解 设 $1.2345 = x$，则 $0.7655 = 2 - x$，则

$$原式 = x^2 + (2-x)^2 + 2x(2-x) = 4.$$

例 2 计算：$\dfrac{2008^3 + 1998^3}{2008^3 + 10^3}$．

解 设 $2008 = x$，$1998 = y$，则 $x - y = 10$，故

$$\begin{aligned}
原式 &= \frac{x^3 + y^3}{x^3 + (x-y)^3} \\
&= \frac{(x+y)(x^2 - xy + y^2)}{[x+(x-y)][x^2 - x(x-y) + (x-y)^2]} \\
&= \frac{x+y}{2x-y} = \frac{2008 + 1998}{2 \times 2008 - 1998} = \frac{4006}{2018} = \frac{2003}{1009}.
\end{aligned}$$

2. 化简

例 3 化简 $\dfrac{\sqrt{2} + \sqrt{3}}{\sqrt{12} + \sqrt{18} + \sqrt{10} + \sqrt{15}}$．

解 设 $\sqrt{2}=a$，$\sqrt{3}=b$，$\sqrt{5}=c$，则

$$原式 = \frac{a+b}{a^2b+ab^2+ac+bc}$$
$$= \frac{a+b}{ab(a+b)+c(a+b)}$$
$$= \frac{a+b}{(a+b)(ab+c)}$$
$$= \frac{1}{ab+c} = \frac{1}{\sqrt{6}+\sqrt{5}} = \sqrt{6}-\sqrt{5}.$$

3. 求值

例 4 已知 $(x+y):(y+z):(z+x)=2:3:4$，求 $x:y:z$ 的值.

解 设 $x+y=2a$，$y+z=3a$，$z+x=4a$，所设三式相加，得

$$x+y+z=\frac{9}{2}a.$$

所以

$$x=\frac{3}{2}a, \quad y=\frac{1}{2}a, \quad z=\frac{5}{2}a,$$

即

$$x:y:z = \frac{3}{2}a : \frac{1}{2}a : \frac{5}{2}a = 3:1:5.$$

4. 比较大小

例 5 比较 $\dfrac{28^{2007}+1}{28^{2008}+1}$ 与 $\dfrac{28^{2008}+1}{28^{2009}+1}$ 的大小.

解 设 $28^{2007}=a$，则原来两数可化为 $\dfrac{a+1}{28a+1}$ 与 $\dfrac{28a+1}{28^2a+1}$. 由于

$$\frac{a+1}{28a+1} \div \frac{28a+1}{28^2a+1} = \frac{(a+1)(28^2a+1)}{(28a+1)^2}$$
$$= \frac{28^2a^2+(28^2+1)a+1}{28^2a^2+56a+1} > 1,$$

所以

$$\frac{a+1}{28a+1} > \frac{28a+1}{28^2a+1},$$

即 $$\frac{28^{2007}+1}{28^{2008}+1} > \frac{28^{2008}+1}{28^{2009}+1}.$$

5. 分解因式

例6 分解因式：$x^4 + 2008x^2 + 2007x + 2008$.

解 设 $2008 = a$，则 $2007 = a-1$，所以
$$\begin{aligned}原式 &= x^4 + ax^2 + (a-1)x + a \\ &= (x^4 - x) + a(x^2 + x + 1) \\ &= (x^2 + x + 1)(x^2 - x + a) \\ &= (x^2 + x + 1)(x^2 - x + 2008).\end{aligned}$$

6. 解方程（组）

例7 解方程：$\dfrac{x-2}{3} + \dfrac{x-3}{2} = \dfrac{3}{x-2} + \dfrac{2}{x-3}$.

解 设 $\dfrac{x-2}{3} = a$，$\dfrac{x-3}{2} = b$，则
$$a + b = \frac{1}{a} + \frac{1}{b},$$

即 $$ab(a+b) = a+b.$$

所以 $$(a+b)(ab-1) = 0,$$

即 $$a+b = 0 \text{ 或 } ab - 1 = 0,$$

即 $$\frac{x-2}{3} + \frac{x-3}{2} = 0, \quad \frac{x-2}{3} \times \frac{x-3}{2} = 1.$$

解得 $x_1 = \dfrac{13}{5}$，$x_2 = 0$，$x_3 = 5$（经检验，都是原方程的解）.

例8 解方程组 $\begin{cases} x + y + \sqrt{(x+2)(y+3)} = 34, & ① \\ (x+2)^2 + (y+3)^2 = 741 - (x+2)(y+3). & ② \end{cases}$

解 将①式化为
$$(x+2) + (y+3) + \sqrt{(x+2)(y+3)} = 39. \quad ③$$

设 $x + 2 = a$，$y + 3 = b$，则原方程组化为

$$\begin{cases} a+b+\sqrt{ab}=39, & ④ \\ a^2+b^2+ab=741. & ⑤ \end{cases}$$

由⑤÷④，得

$$a+b-\sqrt{ab}=19. \quad ⑥$$

由④，⑥，得

$$\begin{cases} a+b=29, \\ ab=10. \end{cases}$$

解得 $\begin{cases} a_1=25, \\ b_1=4 \end{cases}$ 或 $\begin{cases} a_2=4, \\ b_2=25. \end{cases}$ 所以 $\begin{cases} x_1=23, \\ y_1=1 \end{cases}$ 或 $\begin{cases} x_2=2, \\ y_2=22. \end{cases}$ （经检验，均为原方程组的解）.

7. 证明不等式

例 8 求不等式 $\dfrac{\sqrt{5}+\sqrt{2}-\sqrt{10}}{\sqrt{10}-3}+\dfrac{\sqrt{2}+\sqrt{10}-\sqrt{5}-2}{\sqrt{5}-2}+\dfrac{\sqrt{10}+\sqrt{5}-\sqrt{2}-4}{\sqrt{2}-1}>3$.

证明 设 $\sqrt{10}-3=a$，$\sqrt{5}-2=b$，$\sqrt{2}-1=c$，则 a,b,c 均为正数，所以不等式左边可化为：

$$\dfrac{b+c-a}{a}+\dfrac{c+a-b}{b}+\dfrac{a+b-c}{c}$$

$$=\dfrac{b}{a}+\dfrac{c}{a}+\dfrac{c}{b}+\dfrac{a}{b}+\dfrac{a}{c}+\dfrac{b}{c}-3$$

$$>\left(\dfrac{b}{a}+\dfrac{a}{b}\right)+\left(\dfrac{c}{a}+\dfrac{a}{c}\right)+\left(\dfrac{c}{b}+\dfrac{b}{c}\right)-3$$

$$>2+2+2-3=3.$$

故原不等式成立.

8. 确定字母的取值范围

例 9 x,y,z 是实数，且满足 $x^2-yz-8x+7=0$，$y^2+z^2+yz-6x+6=0$，求 x 的取值范围.

解 设 $z=s+t$，$y=s-t$，则

$$s^2-t^2=x^2-8x+7. \qquad ①$$

$$3s^2+t^2=6x-6. \qquad ②$$

由①，②得

$$t^2=-\frac{3}{4}(x^2-10x+9).$$

由 t 为实数，得

$$x^2-10x+9\leqslant 0,$$

即

$$(x-9)(x-1)\leqslant 0.$$

所以 $1\leqslant x\leqslant 9$.

中考数学教学研究与实践

一、初等数学解题策略

二、初等数学中常见的解题方法

三、利用直角三角形，妙解中考应用题

四、列方程（组）解中考应用题

五、列不等式（组）解中考应用题

六、相似三角形在中考中的应用

七、如何解中考数学应用问题

一、初等数学解题策略

解题策略的确定，对解题的顺利进行起到很重要的作用. 数学解题的策略就是为实现解题目标而确定的采取行动的方针、方式和方法. 与其他事物一样，数学解题策略有其内在的规律性，这个规律性表现在解题策略遵循其策略的原则：熟悉化原则、简单化原则、具体化原则、和谐化原则和逆向思维原则. 其中熟悉化原则是这些原则中最根本的策略原则. 掌握好这些原则，将有利于解题策略的制订. 以往有的同学较注重具体的解题方法的学习，而忽视了隐蔽在具体技巧后面更丰富、更一般的思想方法——解题策略的学习. 下面介绍一些常用的解题策略.

1. 枚举寻径

有些数学题，题中包含着多种可能情形，难以用一个算式解答. 这时可以根据问题的条件，把各种可能情形一一列举出来，分别予以具体运用. 在枚举各种可能情形时，要充分利用划分的思想，做到不遗漏、不重复.

例 1 试求方程 $x=\sqrt{2+\sqrt{2+x}}$ 的根，并证明仅有一个根.

证明 显然此方程的根 $x>0$ 且 $x=2$ 是它的一个根.

假设除 $x=2$ 之外，还有其他正根，则此方程的根只能有两种情形：

（1）若 $x>2$ 时，因为

$$\sqrt{2+x}<\sqrt{x+x}<x,$$

所以 $\sqrt{2+\sqrt{2+x}}<\sqrt{2+x}<x$，在 $(2,+\infty)$ 内不能有根.

（2）若 $x<2$ 时，设根 $x=2\cos 4\theta$（4θ 为锐角），代入方程右边，有

$$\sqrt{2+\sqrt{2+2\cos 4\theta}}=2\cos\theta,$$

则

$$2\cos\theta=2\cos 4\theta.$$

所以 $\theta = 0$，这与 θ 为锐角矛盾．故在 (0,2) 内不能有它的根．

综上可知，此方程只能有一个正根 2．

2. 问题转化

问题转化也叫作化归，化归是数学家特别善于使用的解题策略．所谓"化归"，就是说，在解决问题时，将原问题进行变形，使之转化，直到最终归结为我们熟悉的，或易于解决，或已经解决的问题．

例 2 一个农民有鸡、兔若干，它们共有 50 个头和 140 只脚，问鸡、兔各有多少？

解 我们可以假想出现了这样一个奇特的现象：所有的鸡都抬起了一只脚，同时，所有的兔子也仅用后腿站立在地上．显然，问题就容易多了．因为，现在鸡的头数与脚的数目是相等的，如果有一只兔子，脚的数目比头的数目大 1．所以脚数（140÷2=70）与头数（50）的差（20）就是兔子的数目．于是得兔子 20 只，鸡 30 只．

这种化归的思想方法很巧妙，它是把问题的已知条件进行变形，达到了化归的目的．

3. 以退求进

善于"退"，足够的"退"，退到最原始而不失去重要性的地方，是学好数学的一个诀窍．当我们遇到一个难度大的问题难以下手时，可以采用"退"的方法，这种"退"，常常使我们获得材料上和方法上的帮助．退的目的是进，我们把这种策略形象地称之为"退下来，跃上去．"

例 3 关于 x 的一元二次方程 $ax^2 + bx + c = 0$ 的两根 n 次方的和为 S_n，求证：$S_n = -\dfrac{bS_{n-1} + cS_{n-2}}{a}(n = 3, 4, 5, \cdots)$．

证明 为了找到证题方法，我们先"退"到 $n=3$，以探求 S_3 时公式的证法．设方程的两根为 x_1, x_2，则 $x_1 + x_2 = -\dfrac{b}{a}$，$x_1 x_2 = \dfrac{c}{a}$．因为

$$S_1 = x_1 + x_2,$$
$$S_2 = x_1^2 + x_2^2,$$

$$S_3 = x_1^3 + x_2^3 = (x_1^2 + x_2^2)(x_1 + x_2) - x_1 x_2 (x_1 + x_2)$$
$$= S_2\left(-\frac{b}{a}\right) - \frac{c}{a}S_1 = -\frac{bS_2 + cS_1}{a}.$$

由 S_3 的启示，我们找到了解题的方法，即可"进"到 S_n：

$$S_n = (x_1^{n-1} + x_2^{n-1})(x_1 + x_2) - x_1 x_2 (x_1^{n-2} + x_2^{n-2})$$
$$= S_{n-1}\left(-\frac{b}{a}\right) - \frac{c}{a}S_{n-2}$$
$$= -\frac{bS_{n-1} + cS_{n-2}}{a}.$$

如果不先"退却"，一时便很难想到上述这种变形技巧。通过对特例成功经验的剖析，为我们寻找解题方法提供了一座重要的桥梁。

4. 以进求退

"以退求进"是数学解题中的一种重要的策略，而"以进求退"的思路恰好与其相反，这也是数学解题中的一种重要策略。也就是说，我们要解决的是一个特殊问题，可先将这个问题做一般化探讨，通过一般问题的解决，来达到解决特殊问题的目的。也许有人会有这样的感觉：特殊问题比一般问题容易解决。但事实绝非尽然，有时一般问题的解决反而比特殊问题的解决来得简单、明快、奇妙。这是因为带有普遍规律性的一般问题揭示了问题的本质属性，而在带有个别特性的特殊问题中，这种本质属性常常被个别特性所掩盖，使人不易发觉，不易开发利用。因此，当我们面对一个特殊问题而不易解决时，不妨采用"以进求退"策略。

例 4 证明：方程 $\sqrt{x} + \sqrt{y} = \sqrt{1991}$ 在正整数集中没有解。

证明 因为 $1991 = 11 \times 181$，而 11 与 181 都是质数，下面先证明一个一般性的命题：当 p_1 与 p_2 是不同的质数时，证明方程

$$\sqrt{x} + \sqrt{y} = \sqrt{p_1 p_2} \qquad ①$$

在正整数集中无解。

事实上，方程①两边平方后，得

$$p_1 p_2 = x + y + 2\sqrt{xy}.$$

考虑 $(p_1 p_2 - x + y)^2$，并利用上式，则有

$$(p_1p_2 - x + y)^2 = (x + y + 2\sqrt{xy} - x + y)^2$$
$$= (2y + 2\sqrt{xy})^2$$
$$= 4[\sqrt{y}(\sqrt{x} + \sqrt{y})]^2$$
$$= 4yp_1p_2,$$

即
$$(p_1p_2 - x + y)^2 = 4yp_1p_2.$$

因为 p_1 与 p_2 是质数，所以上式仅当 $y = k^2 p_1 p_2$（k 为非负整数）时才能被满足.

（1）当 $k = 0$ 时，则 $y = 0$，$x = p_1 p_2$；

（2）当 $k = 1$ 时，则 $y = p_1 p_2$，$x = 0$ 或 $x = 4 p_1 p_2$；

（3）当 $k > 1$，则 $\sqrt{y} > \sqrt{p_1 p_2}$，而 $\sqrt{x} + \sqrt{y} \geq \sqrt{y}$，从而推出

$$\sqrt{x} + \sqrt{y} > \sqrt{p_1 p_2}.$$

以上三种情况，方程①均出现矛盾. 因此，在正整数集中，方程①无解. 由于原方程是方程①的特殊情况，所以，在正整数集中，原方程也无解.

5. 数形结合

数学是研究数量关系与空间形式的科学，数与形两者本没有不可逾越的鸿沟. 解题经验告诉我们：当寻找解题思路发生困难的时候，不妨借助图形去探索；当解题过程中的繁杂运算使人望而生畏的时候，不妨借助图形去开辟新路；当需要检验结论的正确性的时候，不妨借助图形去验证.

例 5 已知正数 a, b, c, m, n, p，且满足

$$a + m = b + n = c + p = k,$$

求证：$an + bp + cm < k^2$.

证明 考虑到 k^2 是边长为 k 的正方形的面积，如果能把 an, bp, cm 所表示的面积纳入该正方形内，那么此题将迎刃而解. 因为

$$a + m = b + n = c + p = k,$$

所以构造一个正方形 $ABCD$，使边长为 k，如图 1. 故

$$an + bp + cm < k^2.$$

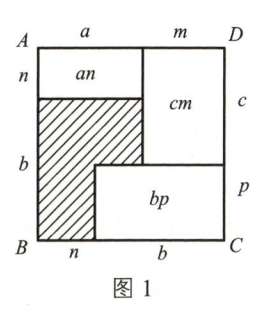

图 1

6. 整体思维

整体思维就是将问题看成一个完整的整体，把注意力和着眼点放在问题的整体上，全面地收集和获取信息，达到顺利而又简捷地解决问题的目的．

例 6 证明：$\dfrac{4}{5} \times \dfrac{6}{7} \times \dfrac{8}{9} \times \cdots \times \dfrac{2008}{2009} < \dfrac{1}{22}$．

证明 设

$$a = \dfrac{4}{5} \times \dfrac{6}{7} \times \dfrac{8}{9} \times \cdots \times \dfrac{2008}{2009},$$

$$b = \dfrac{5}{6} \times \dfrac{7}{8} \times \dfrac{9}{10} \times \cdots \times \dfrac{2007}{2008},$$

显然 $a < b$．则

$$ab = \dfrac{4}{2009} < \dfrac{4}{1936} = \dfrac{1}{484}.$$

而 $a^2 < ab < \dfrac{1}{484}$，所以 $a < \dfrac{1}{22}$，故原不等式成立．

7. 回到定义

我们知道，定义、定理、公式和法则是解题的依据，但当人们学习了定理、公式和法则之后，往往忽视利用定义进行解题．其实，某些数学问题利用定义进行解答，往往能达到化繁为简、事半功倍的效果．

例 7 设方程 $ax^2 + bx + c = 0$ 的两根之和为 m，两根的平方之和为 n，两根的立方之和为 p，求证：$ap + bn + cm = 0$．

证明 设方程 $ax^2 + bx + c = 0$ 的两根分别为 x_1 和 x_2，则由根的定义可得

$$ax_1^2 + bx_1 + c = 0, \quad ax_2^2 + bx_2 + c = 0.$$

所以

$$\begin{aligned}
ap + bn + cm &= a(x_1^3 + x_2^3) + b(x_1^2 + x_2^2) + c(x_1 + x_2) \\
&= x_1(ax_1^2 + bx_1 + c) + x_2(ax_2^2 + bx_2 + c) \\
&= x_1 \times 0 + x_2 \times 0 = 0.
\end{aligned}$$

注 利用根的定义解题，比先利用韦达定理求出 m, n, p，再进行证明简捷得多．

8. 反面思考

解数学题时，对于某些数学问题，当从正面思考难以解决时，人们就转向反面思考；当用直接解法不能奏效时就转用间接解法；当命题难以被解决时就转而举反例加以否定．反面思考策略通常通过反证法、淘汰法、主元法、逆推法、构造法反例和旁敲侧击等来实现．

例 8 从 $1, 2, 3, \cdots, 2008$ 这 2008 个自然数中，取出 9 个互不相邻的自然数，有多少种方法？

分析 从问题的形式与内容来看，这是个排列组合问题，但由于符合题意的条件错综复杂，所以正面攻克时，思维受阻．在此情况下，姑且从侧面来考虑问题．

问题相当于"9 个女学生不相邻地插入站成一列横队的 2008 个男学生之间（包括首尾外侧），有多少种方法？"

解 任意相邻 2 个男学生之间最多站 1 个女学生，队伍中的男学生首尾两侧最多也可各站 1 个女学生，于是，这就是从 2009 个位置中任选 9 个位置的组合问题，故共有 C_{2009}^{9} 种方法．

9. 发掘隐含

在数学解题中，隐含条件具有干扰性、迷惑性，常给解题带来消极因素．但是，任何事物总具有两面性，隐含条件往往也具有利于人们解题的潜在功能，解题时应充分发掘并利用命题中的隐含条件，寻找解题突破口，以提高解题的完整性、准确性．因此，发掘隐含条件也是解题的常用策略之一．

例 9 假设 a, b, c 为有理数，且 $a+c-b \neq 0$，试证明关于 x 的方程 $(a+c-b)x^2 + 2cx + (b+c-a) = 0$ 的两根也为有理数．

分析 利用常规方法先求出根，本题自然也可获证，但相当繁难．现在，我们从其他途径寻求思路，注意到方程中还隐含这样的结构特点：

$$(a+c-b) - 2c + (b+c-a) = 0，$$

知 -1 为方程的一根，这才是题目的最关键的地方，也是一个隐含条件，它一方面起到了"补充"作用，另一方面也确定了思路的导向．

解 因为方程有一根为 $x_1 = -1$，利用韦达定理，求出另一根为 $x_2 = -\dfrac{b+c-a}{a+c-b}$，显然 x_1, x_2 皆为有理数．

10. 函数观点

函数是中学数学的重要内容之一，函数的思想和方法已渗透到数学的各个方面．解题时，若能注意用函数的观点考察面对的问题，借助函数的性质来处理，常可使问题化难为易，化繁为简．

例 10 一等差数列共有 $3n$ 项，前 n 项的和为 A，次 n 项的和为 B，后 n 项的和为 C，求证：$B^2 - AC = \left(\dfrac{A-C}{2}\right)^2$．

分析 由等差数列的通项公式 $a_n = a_1 + (n-1)d$ 可知，a_n 是 n 的一次函数，故所有点 (n, a_n) 共线；将等差数列的前 n 项和公式 $S_n = na_1 + \dfrac{n(n-1)}{2}d$ 变形得：$\dfrac{S_n}{n} = a_1 + \dfrac{n-1}{2}d$，由此便知所有的点 $\left(n, \dfrac{S_n}{n}\right)$ 共线．

证明 因为三点 $\left(n, \dfrac{A}{n}\right)$，$\left(2n, \dfrac{A+B}{2n}\right)$，$\left(3n, \dfrac{A+B+C}{3n}\right)$ 共线，所以

$$\dfrac{\dfrac{A+B}{2n} - \dfrac{A}{n}}{2n - n} = \dfrac{\dfrac{A+B+C}{3n} - \dfrac{A+B}{2n}}{3n - 2n}.$$

整理得，$A + C = 2B$．

故 $B^2 - AC = \left(\dfrac{A+C}{2}\right)^2 - AC = \left(\dfrac{A-C}{2}\right)^2$．

11. 方程思想

方程在数学中占有非常重要的地位．但利用方程思想来考虑一般数学问题还不为广大同学所熟悉．所谓方程思想，就是从方程的角度出发，设法将一些数学问题转化为方程问题进行求解．

例 11 设 $f(x)$ 是定义在 $(0, +\infty)$ 上的一个函数，并且满足 $f(x) = f\left(\dfrac{1}{x}\right)\lg x + 1$，求 $f(x)$．

解 已知式可视为关于 $f(x), f\left(\dfrac{1}{x}\right)$ 的方程，下面设法寻找关于 $f(x), f\left(\dfrac{1}{x}\right)$ 的另一个方程，通过解方程组求出 $f(x)$．

因为 $x \in (0, +\infty)$，所以 $\dfrac{1}{x} \in (0, +\infty)$，故已知式中的 x 可用 $\dfrac{1}{x}$ 代换，得

$$f\left(\frac{1}{x}\right) = f(x)\lg\frac{1}{x} + 1.$$

由此式和已知式，消去 $f\left(\dfrac{1}{x}\right)$ 可得

$$f(x) = \frac{\lg x + 1}{\lg^2 x + 1}.$$

二、初等数学中常见的解题方法

初等数学的解题方法很多，下面介绍常见的九种方法：

1. 配方法

配方法就是这种变形：

$$ax^2 + bx + c = a\left[\left(x + \frac{b}{2a}\right)^2 - \frac{b^2 - 4ac}{4a^2}\right]$$
$$= a\left(x + \frac{b}{2a}\right)^2 - \frac{b^2 - 4ac}{4a}.$$

它是一种重要的解题方法，在解题中应用广泛．

例 1 求方程 $\dfrac{18}{\sqrt{x+2}} + \dfrac{25}{\sqrt{y-1}} = 22 - 2\sqrt{x+2} - \sqrt{y-1}$ 的实数解．

解 原方程为

$$\frac{18}{\sqrt{x+2}} + 2\sqrt{x+2} + \frac{25}{\sqrt{y-1}} + \sqrt{y-1} - 22 = 0.$$

把方程的左边配成两个完全平方式的和，得

$$2\left(\frac{9}{\sqrt{x+2}} - 6 + \sqrt{x+2}\right) + \left(\frac{25}{\sqrt{y-1}} - 10 + \sqrt{y-1}\right) = 0,$$

$$2\left(\sqrt[4]{x+2} - \frac{3}{\sqrt[4]{x+2}}\right)^2 + \left(\sqrt[4]{y-1} - \frac{5}{\sqrt[4]{y-1}}\right)^2 = 0.$$

所以

$$\sqrt[4]{x+2} - \frac{3}{\sqrt[4]{x+2}} = \sqrt[4]{y-1} - \frac{5}{\sqrt[4]{y-1}} = 0,$$

即
$$\begin{cases} \sqrt[4]{x+2} = \dfrac{3}{\sqrt[4]{x+2}}, \\ \sqrt[4]{y-1} = \dfrac{5}{\sqrt[4]{y-1}}. \end{cases}$$

解方程组得 $x=7$，$y=26$.

2. 配凑法

为了证明需要，凑上一个与解答有关的式子的方法称为配凑法．只要配得好，凑得巧，往往可使解题顺利进行．凑，就是为实现最终目标，或先凑成某种熟悉的形式，或凑出条件以便运用熟悉的公式、定理等．

例 2 求证：$\dfrac{1}{2} \times \dfrac{3}{4} \times \dfrac{5}{6} \times \dfrac{7}{8} \times \cdots \times \dfrac{99}{100} < \dfrac{1}{10}$.

证明 设 $x = \dfrac{1}{2} \times \dfrac{3}{4} \times \dfrac{5}{6} \times \dfrac{7}{8} \times \cdots \times \dfrac{99}{100}$，则 x 是 50 个分数的乘积，直接与 $\dfrac{1}{10}$ 比较大小相当困难．我们再设

$$y = \dfrac{2}{3} \times \dfrac{4}{5} \times \dfrac{6}{7} \times \dfrac{8}{9} \times \cdots \times \dfrac{100}{101}.$$

因为 $\dfrac{1}{2} < \dfrac{2}{3}$，$\dfrac{3}{4} < \dfrac{4}{5}$，$\cdots$，$\dfrac{99}{100} < \dfrac{100}{101}$，所以

$$x < y,$$

即
$$x^2 < xy = \dfrac{1}{101} < \dfrac{1}{100}.$$

故 $x < \dfrac{1}{100}$，原不等式得证.

3. 换元法

代数方程中，未知量或变量称为"元"．在解题中，为了化繁为简，化难为易，促使未知向已知转化，可把某个式子看成一个新的未知数，实行变量替换，这种方法称为换元法．

例3 若 $x^5+y^5=2$，求证：$xy \leqslant 1$.

证明 设 $x^5=1-a$（a 为任意实数），则 $y^5=1+a$. 于是

$$x=\sqrt[5]{1-a}, \quad y=\sqrt[5]{1+a},$$

所以

$$xy=\sqrt[5]{1-a} \times \sqrt[5]{1+a}=\sqrt[5]{1-a^2} \leqslant 1(\text{当且仅当 } a=0 \text{ 时，等号成立}).$$

注 本题证法简捷，妙在一设.

4. 待定系数法

在一些数学问题中，为了求得问题的解答，先判断所求结果的结构具有某种特定的形式，尽管其中尚有一些关键的系数一时还不知道，但可以通过给定的已知条件来确定他们，以致最终求得解答，这种处理问题的方法叫作待定系数法. 它在分解因式、求方程的根、求函数表达式等问题中常有应用.

例4 是否存在常数 a,b,c，使得等式

$$1 \times 2^2+2 \times 3^2+\cdots+n(n+1)^2=\frac{n(n+1)}{12}(an^2+bn+c)$$

对一切正整数都成立？并证明你的结论.

解 假设存在 a,b,c，使题设的等式成立，这时分别取 $n=1,2,3$ 得到

$$\begin{cases} a+b+c=24, \\ 4a+2b+c=44, \\ 9a+3b+c=70. \end{cases}$$

解得 $a=3, b=11, c=10$. 后面可用数学归纳法进行证明.（略）

5. 消元法

消元法就是由一些元素间的已知等量关系，通过有限次的变换消去其中某些元素，从而得出其他一些元素间的等量关系的解题方法. 通常用代入、加减、代换等方法消元.

例5 已知 $f(x-1)+2f(1-x)=x$，求 $f(x)$.

解 令 $u=x-1$，得

$$f(u)+2f(-u)=1+u. \qquad ①$$

令 $u = 1-x$，得

$$f(-u) + 2f(u) = 1-u. \qquad ②$$

由①$-2\times$②，消去 $f(-u)$，得

$$f(u) - 4f(u) = 3u - 1.$$

所以 $f(u) = \dfrac{1-3u}{3}$，故 $f(x) = \dfrac{1-3x}{3}$.

6. 拆项法

在中学数学里，拆项法是经常使用的解题方法之一，它的表现形式也是多样化的，如拆项成和、拆项成差、拆项成积、拆项成商，等等.

例 6　分解因式 $x^3 + 8x^2 + 17x + 10$.

解　因为 $8x^2 = x^2 + 7x^2$，$17x = 7x + 10x$，所以

$$\begin{aligned}原式 &= x^3 + x^2 + 7x^2 + 7x + 10x + 10 \\ &= x^2(x+1) + 7x(x+1) + 10(x+1) \\ &= (x+1)(x^2 + 7x + 10) \\ &= (x+1)(x+2)(x+5).\end{aligned}$$

7. 类比法

人们在进行观察与思考的时候，总是习惯地把性质相似的事物加以比较，而且往往把处理某些事物上取得成功的经验用到处理与这些事物性质相似的另一些事物上去，这种思考问题与处理问题的方法，叫作类比法. 类比法是一种从特殊到特殊的推理方法.

例 7　证明方程 $x^2 + y^5 = z^3$ 有无限多个满足 $xyz \neq 0$ 的整数解.

分析　由勾股定理，方程 $x^2 + y^2 = z^2$ 是有满足 $xyz \neq 0$ 的整数解的. 例如，取 $x=3$，$y=4$，$z=5$，就有 $3^2 + 4^2 = 5^2$. 而且把 3, 4, 5 分别乘上同一个正整数 n，则 $3n, 4n, 5n$ 仍是勾股数：$(3n)^2 + (4n)^2 = (5n)^2$. 将勾股数满足的方程与本题类比，容易看出，$x=3$，$y=-1$，$z=2$ 也是本题方程的一组满足 $xyz \neq 0$ 的整数解. 那么我们能否将 3, -1, 2 分别乘上某些正整数，使它们仍然是满足原方程的呢？这样就得到了本题的解法.

解 因为 $3^2+(-1)^5=2^3$，所以 $x=3$，$y=-1$，$z=2$ 是方程的一个解．任取一个正整数 n，考虑 $3n^{15}$，$-n^6$，$2n^{10}$，即 $x=3n^{15}$，$y=-n^6$，$z=2n^{10}$ 也是满足原方程条件 $xyz\neq 0$ 的整数解．由于自然数 n 的个数无限，所以方程有无限多个满足条件 $xyz\neq 0$ 的整数解．

8. 构造法

通过对条件与要求的分析，构造出辅助问题，这也是常用的解题方法．通常有构造命题、构造图形、构造函数、构造数组、构造方程等．

例 8 求证：$\dfrac{|a+b|}{1+|a+b|}\leqslant \dfrac{|a|}{1+|a|}+\dfrac{|b|}{1+|b|}$．

分析 观察不等式左、右两边，各项的式子外形结构相似于 $\dfrac{x}{1+x}$ 的形式，构造函数

$$f(x)=\dfrac{x}{1+x}，\quad x\geqslant 0，$$

即

$$f(x)=1-\dfrac{1}{1+x}．$$

由于 $\dfrac{1}{1+x}$ 在 $[0,+\infty)$ 上单调递减，因而 $f(x)$ 在 $[0,+\infty)$ 上单调递增．令 $x_1=|a+b|$，$x_2=|a|+|b|$，则有 $x_1\leqslant x_2$，所以

$$f(x_1)\leqslant f(x_2)，$$

即

$$\dfrac{|a+b|}{1+|a+b|}\leqslant \dfrac{|a|+|b|}{1+|a|+|b|}=\dfrac{|a|}{1+|a|+|b|}+\dfrac{|b|}{1+|a|+|b|}\leqslant \dfrac{|a|}{1+|a|}+\dfrac{|b|}{1+|b|}．$$

9. 判别式法

利用一元二次方程 $ax^2+bx+c=0$ 的判别式 $\Delta=b^2-4ac$ 来解题的方法称为判别式法．判别式法在一元二次方程、二次三项式、因式分解、等式与不等式的证明、函数极值和解析几何中有广泛的应用．

例 9 已知 x,y,z 是实数，有

$$x^2-yz-8x+7=0，\qquad ①$$

$$y^2+z^2+yz-6x+6=0，\qquad ②$$

求证：$1 \leq x \leq 9$.

证明 由①得
$$yz = x^2 - 8x + 7. \quad ③$$

由②得
$$(y+z)^2 = yz + 6x - 6. \quad ④$$

③代入④得
$$(y+z)^2 = x^2 - 8x + 7 + 6x - 6 = (x-1)^2.$$

所以
$$y + z = \pm(x-1). \quad ⑤$$

由③和⑤可知，y 和 z 是关于 t 的一元二次方程
$$t^2 \pm (x-1)t + (x^2 - 8x + 7) = 0$$

的两个根. 因为 t 是实数，所以 $\Delta = (x-1)^2 - 4(x^2 - 8x + 7) \geq 0$，解得 $1 \leq x \leq 9$.

三、利用直角三角形，妙解中考应用题

近年来，有些中考数学应用题，可利用直角三角形来解决，在这些直角三角形中，常包含 30°, 45°, 60° 等特殊角. 下面举例说明.

1. 求山高或建筑物的高

例 1（1997 年河南） 如图 1，从山顶 A 望地面 C, D 两点，测得它们的俯角分别是 45°和 30°，已知 $CD = 100$ 米. 点 C 位于 BD 上，则山高 AB 等于（ ）米.

（A）100   （B）$50\sqrt{3}$ （C）$50\sqrt{2}$ （D）$50(\sqrt{3}+1)$

解 设 $AB = x$，则 $CB = x$.

在 Rt△ADB 中，$\tan 30° = \dfrac{AB}{DB}$，

所以 $\dfrac{x}{100+x} = \dfrac{\sqrt{3}}{3}$.

- 250 -

解得 $x = 50(\sqrt{3}+1)$.

从而正确答案应选（D）.

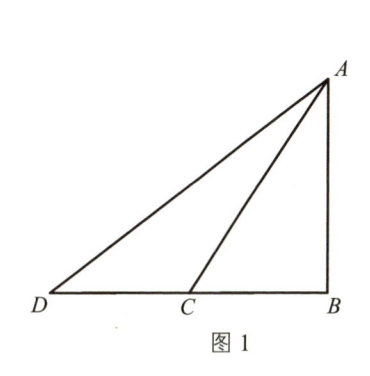

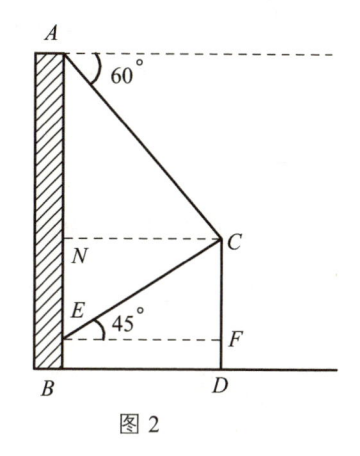

图 1

图 2

例 2（1998 年江苏） 如图 2，已知楼高 $AB = 30$ 米，从楼顶 A 处测得旗杆顶 C 的俯角为 $60°$，又从离地面 5 米的一窗口 E 处测得旗杆顶 C 的仰角为 $45°$，求旗杆的高 CD（精确到 0.1 米）.

解 作 $CN \perp AB$ 于 N，$EF \perp CD$ 于 F.
由已知 $\angle NAC = 30°$，$\angle CEF = 45°$，
假设 $CD = x$，
那么 $CF = x - 5 = EF$.
在 Rt△ANC 中，$NC = EF = x - 5$，
而 $AN = AB - NB = AB - CD = 30 - x$，
所以 $\tan 30° = \dfrac{x-5}{30-x} = \dfrac{\sqrt{3}}{3}$.

解得 $x = \dfrac{25\sqrt{3} - 15}{2} \approx 14.1$.

答 旗杆 CD 的高约为 14.1 米.

2. 修渠与筑坝问题

例 3（1998 年江苏） 如图 3，水库大坝的横断面是梯形，坝顶宽 BC 为 8 米，坝高 18 米，迎水坡 CD 的坡角为 $45°$，背水坡 AB 的坡角的余弦值是 $\dfrac{4}{5}$，求

坝底宽 AD．

分析 作高 BE 和 CF，将梯形分解为两个直角三角形和一个矩形，然后再解直角三角形．

解 作 $BE \perp AD$ 于 E，$CF \perp AD$ 于 F．

根据题意，知 $BE = CF = 18$，$EF = BC = 8$．

因为 $\angle CDF = 45°$，

所以 $DF = CF = 18$．

在 Rt△BAE 中，因为 $\cos A = \dfrac{4}{5}$，

所以可设 $AE = 4x$，$AB = 5x$，

则 $BE = 3x$，

即 $3x = 18$．

所以 $x = 6$，

即 $AE = 24$．

所以 $AD = AE + EF + FD = 24 + 8 + 18 = 50$．

答 坝底宽为 50 米．

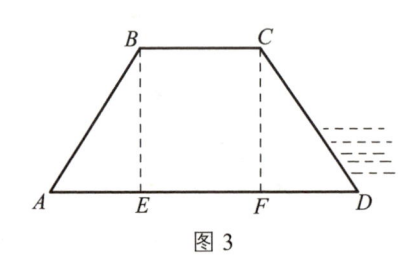

图 3

3. 隔河测量问题

例 4（1998 年四川） 如图 4，河对岸有 A，B 两目标，但不能到达．在河这边沿着与 AB 平行的方向取相距 40 米的 C，D 两点（点 A，B，C，D 在同一平面内），并测得 $\angle ACB = 70°$，$\angle BCD = 65°$，$\angle ADC = 30°$．求 A，B 两目标之间的距离（结果不取近似值，用含锐角三角函数的式子表示）．

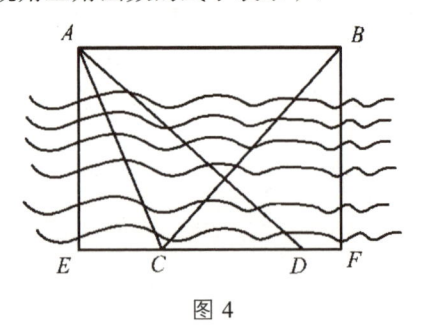

图 4

分析 作 $AE \perp CD$，$BF \perp CD$，可将一般三角形的问题转化为直角三角形和矩形．

解 作 $AE \perp CD$ 于 E，$BF \perp CD$ 于 F，
则四边形 $AEFB$ 是矩形，$AB = EF$.
在 $Rt\triangle ACE$ 中，$\angle ACE = 180° - 70° - 65° = 45°$，
所以 $\angle EAC = 45°$，$AE = EC$.
假设 $EC = x$，在 $Rt\triangle AED$ 中，$AD = 2AE = 2x$.
由勾股定理，得 $x^2 + (x+40)^2 = (2x)^2$.
所以 $x_1 = 20 + 20\sqrt{3}$ 或 $x_1 = 20 - 20\sqrt{3}$（舍去）.

$$AE = EC = BF = 20 + 20\sqrt{3}.$$

所以在 $Rt\triangle BFC$ 中，$\cot \angle BCF = \dfrac{CF}{BF}$，
那么 $CF = (20 + 20\sqrt{3})\cot 65°$.
所以 $AB = EF = EC + CF = 20 + 20\sqrt{3} + (20 + 20\sqrt{3})\cot 65°$.

答 A，B 两目标之间的距离为 $20 + 20\sqrt{3} + (20 + 20\sqrt{3})\cot 65°$ 米.

四、列方程（组）解中考应用题

应用题是中考试卷中必不可少的题型，是近年来中考试题改革的重要内容之一. 它越来越贴近于生活实际，已渗透到社会关注的热点问题，如生产收入、商品利润、行程问题等. 常用建立方程或方程组的方法来解决. 下面举例说明：

1. 生产收入问题

例 1 小明家的鱼塘中养了某种鱼 2000 条，现准备打捞出售. 为了估计鱼塘中这种鱼的总质量，现从鱼塘中捕捞了三次，得到的数据如下表：

	鱼的条数	平均每条鱼的质量
第一次捕捞	15	1.6 千克
第二次捕捞	15	2.0 千克
第三次捕捞	10	1.8 千克

（1）鱼塘中这种鱼平均每条质量约是多少千克？鱼塘中所有这种鱼的总质量约是多少千克？若将这些鱼不分大小，按每千克 7.5 元的价格售出，小明家约可收入多少元？

（2）若鱼塘中这种鱼的总质量就是（1）中估计到的值，现将鱼塘中的鱼分大鱼与小鱼两类出售，大鱼每千克 10 元，小鱼每千克 6 元．要使小明家的此项收入不低于（1）中估计到的收入，问：鱼塘中大鱼的总质量应至少有多少千克？

解　（1）鱼塘中这种鱼平均每条质量约是

$$\frac{1.6\times15+2.0\times15+1.8\times10}{15+15+10}=1.8（千克）.$$

鱼塘中所有这种鱼的总质量为 $1.8\times2000=3.6\times10^3$（千克）；

小明家收入为 $7.5\times3.6\times10^3=2.7\times10^4$（元）．

（2）**解法** 1　设鱼塘中大鱼的总质量为 x 千克，

则小鱼总质量为 $(3600-x)$ 千克．

根据题意，得 $10x+6(3600-x)\geqslant 27000$，

解得 $x\geqslant 1350$．

答　鱼塘中大鱼总质量应至少有 1350 千克．

解法 2　设鱼塘中大鱼总质量至少为 x 千克，

由题意得 $10x+6(3600-x)=27000$，

解得 $x=1350$．

答　鱼塘中大鱼总质量应至少有 1350 千克．

评注　本题考查了样本平均数的计算以及用样本平均数去估计总体平均数这一统计学方法．

2. 商品利润（率）问题

例 2　某商场在第一年年初投入 50 万元进行商品经营，以后每年年终将当年获得的年利润与当年年初投入资金相加所得的总资金，作为下一年年初投入的资金继续进行经营．

（1）如果第一年的年利率为 p，则用代数式表示第一年年终的总资金；（**注**：年获利率 = 年利润/年初投入资金×100%）

（2）如果第二年的年获利率比第一年的年获利率多 10 个百分点（即第二年的年获利率是第一年的年获利率与 10% 的和），第二年年终的总资金为 66 万元，

求第一年的年获利率.

分析 由注可知,

年利润=年获利率×年初投入资金.

年终的总资金=年初投入资金+年利润.

故第一年年终的总资金 $= 50 + 50p = 50(1+p)$.

第二年年初投入资金=上一年年终总资金.

从而第二年年终总资金=第二年年初投入资金+第二年的年利润

$$= 50(1+p) + 50(1+p) \cdot (p+10\%)$$
$$= 50(1+p) \cdot (1+p+10\%).$$

解 （1）第一年年终的总资金为 $= 50(1+p)$.

（2）由题意,得

$$50(1+p) \cdot (1+p+10\%) = 66.$$

解得 $p_1 = 0.1 = 10\%$，$p_2 = -2.2$（不合题意，舍去）.

答 第一年的年获利率是 10%.

评注 正确理解"年获利率""年利润""年投入资金""总资金""百分点"等概念是解答本题的前提.

3. 行程问题

例 1 一汽船用一定的速度走完一段路程，若汽船每小时少走 8 千米，走完这段路程要多用 4 小时；若汽船每小时多走 8 千米，走完这段路程可少用 2 小时，求这段路程.

解 设路程是 x 千米，汽船原来的速度是 y 千米/小时. 由题意,得

$$\begin{cases} \dfrac{x}{y-8} - \dfrac{x}{y} = 4, \\ \dfrac{x}{y} - \dfrac{x}{y+8} = 2. \end{cases}$$

解得 $\begin{cases} x = 192, \\ y = 24. \end{cases}$ 经检验 $\begin{cases} x = 192 \\ y = 24 \end{cases}$ 是原方程组的解，且符合题意.

答 这段路程是 192 千米.

评注 行程问题的基本量是距离、速度、时间，它们的关系是距离=速度×时间.

五、列不等式（组）解中考应用题

应用题是中考试卷中必不可少的题型，常常涉及不等式等有关的知识，重在考查学生的阅读能力，培养学生应用数学的意识．下面举例说明．

1. 春游问题

例 1 某校组织师生春游，如果单独租用 45 座客车若干辆，刚好坐满；如果单独租用 60 座客车，可少租 1 辆，且余 30 个空座位．

（1）求该校能参加春游的人数；

（2）已知 45 座客车的租金为每辆 250 元，60 座客车的租金为每辆 300 元，这次春游同时租用了这两种客车，其中 60 座客车比 45 座客车多租 1 辆，所用租金比单独用一种客车要节省，按这种方案需用租金多少元？

解 （1）设该校参加春游的人数为 x，由题意，得

$$\frac{x}{45} = \frac{x+30}{60} + 1.$$

解得 $x = 270$．

（2）设租用 45 座客车 y 辆，则租用 60 座客车 $y+1$ 辆．由于单独用 45 座客车时，需用 $\frac{270}{45} = 6$ 辆，需租金 $250 \times 6 = 1500$ 元，而单独租用 60 座客车时，需车 5 辆，也需租金 1500 元．由题意得

$$250y + 300(y+1) < 1500.$$

解得 $y < \frac{24}{11}$．

因为租用的车辆数应为正整数，所以 $y = 1$ 或 $y = 2$．

当 $y = 1$ 时，$y+1 = 2$，则 $45 \times 1 + 60 \times 2 = 165 < 270$，不合题意，舍去；

当 $y = 2$ 时，$y+1 = 3$，则 $45 \times 2 + 60 \times 3 = 165 = 270$，符合题意．这时需租金 $2 \times 250 + 3 \times 300 = 1400$（元）．

答 该校参加春游的人数为 270 人，需用租金 1400 元．

2. 种植农作物问题

例 2 先阅读下列一段文字，然后解答问题：

某农场 300 名职工耕种 51 公顷土地，分别种植水稻、蔬菜和棉花，种植这些农作物每公顷所需职工人数如下表：

农作物	每公顷所需人数	每公顷预计产值
水稻	4	4.5 万元
蔬菜	8	9 万元
棉花	5	7.5 万元

设水稻、蔬菜、棉花的种植面积分别为 x 公顷、y 公顷、z 公顷．

（1）用含 x 的代数式分别表示 y 和 z：$y=$ _____，$z=$ _____．

（1）若这些农作物的预计产值如上表所示，且产值 p 满足关系式：$360 \leqslant p \leqslant 370$（$x,y,z$ 均为整数），求这个农场应怎样安排水稻、蔬菜、棉花的种植面积？

分析 种植人数＝公顷数×每公顷所需人数；

产值＝公顷数×每公顷预计产值．

解（1）由上表，得

$$\begin{cases} 4x+8y+5z=300, & \text{①} \\ x+y+z=51. & \text{②} \end{cases}$$

由 ① $-5\times$ ② 得

$$y=\frac{x}{3}+15.$$

由 ① $-8\times$ ②，得

$$z=-\frac{4}{3}x+36.$$

（2）因为 $p=4.5x+9y+7.5z=-2.5x+405$，又 $360\leqslant p\leqslant 370$，故

$$360\leqslant -2.5x+405\leqslant 370.$$

解得 $14\leqslant x\leqslant 18$．

因为 x 为整数,所以 $x=14,15,16,17$ 或 18.

把 x 代入(1)中的关系式,因为 x,y,z 均为整数,得 $\begin{cases} x=15, \\ y=20, \\ z=16 \end{cases}$ 或 $\begin{cases} x=18, \\ y=21, \\ z=12. \end{cases}$

答 这个农场应安排种植水稻 15 公顷,蔬菜 20 公顷,棉花 16 公顷;或安排种植水稻 18 公顷,蔬菜 21 公顷,棉花 12 公顷.

评注 本题以列表的形式给出已知条件,要求同学们有一定的阅读能力和进行数据处理的能力,是一道考查列方程、不等式组的综合应用题.

3. 选择最佳方案问题

例 3 某工厂现有甲种原料 360 千克,乙种原料 290 千克,计划利用这两种原料生产 A,B 两种产品,共 50 件. 已知生产一件 A 种产品,需用甲种原料 9 千克,乙种原料 3 千克,可获利润 700 元;生产一件 B 种产品,需用甲种原料 4 千克,乙种原料 10 千克,可获利润 1200 元.

(1)按要求安排两种产品的生产件数,有哪几种方案?请你设计出来.

(2)设生产 A,B 两种产品获总利润为 y 元,其中一种的生产件数为 x,试写出 y 与 x 之间的函数关系式,并利用函数的性质说明(1)中哪种生产方案获总利润最大?最大利润是多少?

解 (1)设安排生产 A 种产品 x 件,那么生产 B 种产品为 $(50-x)$ 件,由题意,得

$$\begin{cases} 9x+4(50-x)\leqslant 360, & ① \\ 3x+10(50-x)\leqslant 290. & ② \end{cases}$$

所以 $\begin{cases} x\leqslant 32, \\ x\geqslant 30. \end{cases}$ 所以 $30\leqslant x\leqslant 32$.

因为 x 为整数,所以 x 只能取 $30,31,32$. 相应的 $50-x$ 的值为 $20,19,18$. 所以生产方案有三种:

第一种方案:生产 A 种产品 30 件,B 种产品 20 件;

第二种方案:生产 A 种产品 31 件,B 种产品 19 件;

第三种方案:生产 A 种产品 32 件,B 种产品 18 件.

(2)设生产 A 种产品的件数为 x,那么生产 B 种产品的件数为 $(50-x)$. 由题意,得

$$y = 700x + 1200(50-x) = -500x + 60000,$$

其中 x 只能取 30, 31, 32.

因为 $-500 < 0$，所以这个一次函数 y 随 x 的增大而减小，故当 $x = 30$ 时，y 的值最大，即按第一种生产方案安排生产，获总利润最大，且最大值为 $-500 \times 30 + 60000 = 45000$ 元.

六、相似三角形在中考中的应用

在中考数学试题中，会着重考查相似三角形的判定与性质及其灵活应用和综合应用. 下面举例说明.

1. 相似三角形的判定

例 1 如图 1 所示，在 Rt△ABC 中，$\angle ACB = 90°$，$CD \perp AB$，M 是 CD 上的点，$DH \perp BM$，DH 交 BM 于点 H，交 AC 的延长线于点 E.

求证：（1）△AED ∽ △CBM；

（2）$AE \times CM = AC \times CD$.

证明 （1）因为 $CD \perp AB$，

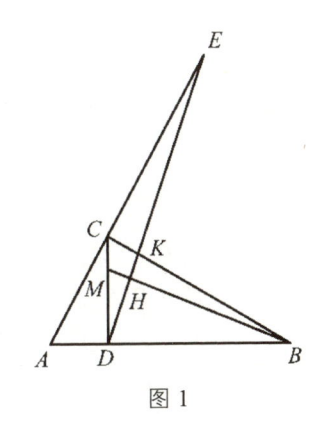

所以 $\angle ACD + \angle A = 90°$.

又 $\angle ACB = 90°$，

所以 $\angle ACD + \angle DCB = 90°$，

所以 $\angle A = \angle DCB = \angle MCB$.

设 ED 与 BC 相交于 K 点，

在 Rt△KCE 和 Rt△KHB 中，

因为 $\angle EKC = \angle BKH$，

所以 $\angle HBK = \angle KEC$，

即 $\angle CBM = \angle AED$.

所以 △AED ∽ △CBM.

（2）因为 $\angle CAD = \angle BCD$，

所以 Rt△CAD ∽ Rt△BCD．

所以 $\dfrac{AC}{BC} = \dfrac{AD}{CD}$，

即 $AC \times CD = BC \times AD$．①

由（1）可知，$AE \times CM = BC \times AD$，②

比较①，②得 $AE \times CM = AC \times CD$．

点评 （1）证明四条线段成比例，往往证明一对三角形相似是不够的，需要证明两对或三对三角形相似，方可达到目的；（2）一道数学问题若有两个结论，有时结论（2）的证明，常常需要用结论（1），请同学们予以重视，否则会给解题、证题带来困难．

2. 相似三角形性质的应用

例 2 如图 2 所示，已知 $\angle C = \angle D = 90°$，$AD$，$BC$ 相交于 E 点．求证：$AB^2 = AE \times AD + BE \times BC$．

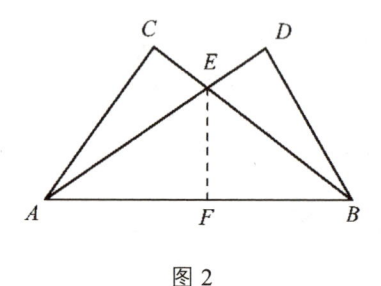

图 2

证明 过 E 点作 $EF \perp AB$ 于 F，

在 Rt△AEF 和 Rt△ABD 中，

因为 $\angle EAF = \angle BAD$，

所以 Rt△AEF ∽ Rt△ABD，

所以 $\dfrac{AE}{AB} = \dfrac{AF}{AD}$，

$AE \times AD = BF \times AB$．

同理可证 $BE \times BC = BF \times AB$．

所以 $AE \times AD + BE \times BC$

$= AB \times AF + AB \times BF$

$= AB \times (AF + BF)$

$= AB \times AB = AB^2$.

点评 例 2 是对证题方法进行探索的一道试题，应注意辅助线的添置、两对相似三角形的构造.

3. 相似三角形与方程之间的联系

例 3 如图 3 所示，在 $\triangle ABC$ 中，$\angle C = 90°$，D 是 BC 上一点，若 $DE \perp AE$，$\angle ADC = 45°$，$DE : AE = 1 : 5$，$BE = 3$，求 $\triangle ABD$ 的面积.

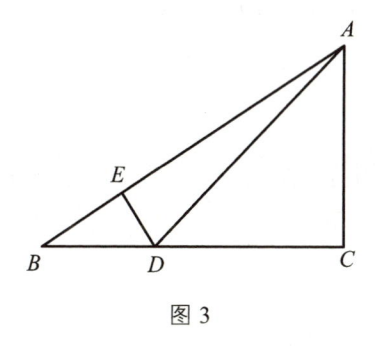

图 3

解 在 Rt$\triangle ADE$ 中，假设 $DE = x$，

所以 $AE = 5x$，$AD = \sqrt{(5x)^2 + x^2} = \sqrt{26}x$.

在 Rt$\triangle ADC$ 中，$AC = CD = \sqrt{26}x \times \dfrac{\sqrt{2}}{2} = \sqrt{13}x$.

在 Rt$\triangle BDE$ 中，$BD = \sqrt{3^2 + x^2} = \sqrt{9 + x^2}$.

在 Rt$\triangle BDE$ 和 Rt$\triangle BAC$ 中，

因为 $\angle DBE = \angle ABC$，

所以 Rt$\triangle BDE \backsim$ Rt$\triangle BAC$，

所以 $\dfrac{DE}{AC} = \dfrac{BD}{AB}$，

$\dfrac{x}{\sqrt{13}x} = \dfrac{\sqrt{9 + x^2}}{5x + 3}$.

所以 $5x+3 = \sqrt{13x^2+117}$.

所以 $2x^2+5x-18 = 0$.

得 $x_1 = 2$，$x_2 = -\dfrac{9}{2}$（增根）．

所以 $x = 2$.

从而 $S_{\triangle ABD} = \dfrac{1}{2} \times BD \times AC$
$= \dfrac{1}{2} \times \sqrt{13} \times \sqrt{13} \times 2$
$= 13$.

点评 例 3 求解的关键是借助于 Rt△BDE ∽ Rt△BAC 建立已知量和未知量的关系，并列方程表示它们之间的依赖关系．

七、如何解中考数学应用问题

如何解中考数学应用题，其关键是建模，即能根据题意列出方程（组）．掌握列方程解应用题的一般步骤有：

（1）审题：审清题意，明确问题中的已知量和未知量，找出已知量和未知量之间的数量关系；

（2）设未知数：选择一个或几个未知数，用字母表示；

（3）列代数式：根据题目中给出的条件，用含未知数的代数式表示其他有关的量；

（4）列方程（组）：认真分析题意，找出等量关系，依据等量关系列出方程（组）；

（5）解方程（组）；

（6）检验和答案：检验方程（组）的解是否符合题意，然后写出答案．

下面介绍三类传统的应用问题：

（1）行程问题．

例1 甲、乙两人同时从会展中心出发，步行 15 km 到《教与学报》编辑部．因甲比乙每小时多走 1 km，结果甲比乙早半小时到达，求这两人的速度．

解 假设甲的速度为每小时 x km，那么乙的速度为每小时 $(x-1)$ km. 根据题意，得

$$\frac{15}{x-1} - \frac{15}{x} = \frac{1}{2}.$$

整理得

$$x^2 - x - 30 = 0.$$

解得 $x_1 = 6$，$x_2 = -5$. 经检验，$x_1 = 6$，$x_2 = -5$ 都是原方程的根. 但速度为负数不合题意，所以只取 $x = 6$，这时 $x - 1 = 5$.

答 甲每小时走 6 km，乙每小时走 5 km.

注 行程问题的基本量距离 s，速度 v，时间 t 有如下关系：$s = v \cdot t$. 在行程问题中常见的有相遇问题和追击问题两种基本类型，这类问题通常是依据时间关系列出方程（组）来解决. 因此，应注意题目中一些表示时间的关键性词语，如"早出发""晚出发""早到""晚到""停留""休息"等.

（2）工程问题

例 2 西南交通大学附属中学七年级 1 班和 2 班义务为学校做美化校园工作. 如果两班合作，12 天可以完成；如果单独工作，1 班比 2 班少用 10 天. 两班单独工作各需多少天完成？

解 设 1 班单独工作需 x 天，则 2 班单独工作需 $(x+10)$ 天. 由题意，得：

$$\frac{1}{x} + \frac{1}{x+10} = \frac{1}{12}.$$

整理得

$$x^2 - 14x - 120 = 0.$$

解得 $x_1 = -6$，$x_2 = 20$. 经检验 $x_1 = -6$，$x_2 = 20$ 都是原方程的根，但负数不合题意，所以只取 $x = 20$.

答 1 班单独工作需 20 天，2 班单独工作需 30 天.

注 在工程问题中，常用 1 表示工作总量，找出等量关系，问题便可以解决.

（3）增长率问题.

例 3 金牛区某乡办企业 2016 年捐款 1 万元给希望工程，以后每年都捐款. 计划到 2019 年共捐款 4.75 万元，问该企业捐款的平均年增长率是多少？

解 设该企业捐款的平均每年增长率是 x，由题意，得

$$1+(1+x)+(1+x)^2 = 4.75.$$

解得 $x_1 = \dfrac{1}{2}$，$x_2 = \dfrac{7}{2}$（不合题意，舍去）. 所以取 $x = \dfrac{1}{2} = 50\%$，即该企业捐款的平均每年增长率.

注 解决这类问题的基本思路是：用 A 表示基数，m 表示增长（降低）的百分数，B 表示增长（降低）后的数，则增长两次后的值为 $A(1+m)^2 = B$，降低两次后的值是 $A(1-m)^2 = B$.

高考数学教学研究与实践

一、教材与高考数学试题

二、高考三角试题特点及复习对策

三、用"以新带旧"的方式进行高三数学复习

四、怎样解答高考试卷中的"陷阱题"

五、数形结合法在解题中的应用

六、高考中的数列问题及其解法

一、教材与高考数学试题

分析一下近些年来的高考数学试题与教材之间的联系，是很有必要的.

1. 用教材中的原题作为高考数学试题

（1）1984 全国理科卷（4）. 这是高中《立体几何》复习参考题（A）组的第 10 题.

（2）1986 全国理科卷（3）. 这是高中《立体几何》总复习参考题（A）组的第 2 题.

（3）1988 全国文科卷（3）. 这是高中《代数》上册 P.175 例 2（2）.

（4）1989 全国理科卷（8）. 这是高中《代数》上册 P.222 复习参考题八第 14（1）题.

（5）1991 全国文科卷（20）. 这是高中《立体几何》习题七第 6 题.

（6）1992 全国理科卷. 这是高中《立体几何》P.42 例 2.

（7）1995 全国理科卷（18）. 这是高中《代数》上册 P.205 第 21（2）题.

2. 用教材中的基本概念、定理、典型习题或例题编拟高考数学试题

教材是高考数学试题的生长点. 近年来，在高考试题中，多次出现了将教材中的例题、练习、习题和复习参考题略加改动、变形作为高考数学试题的现象. 例如：

（1）若函数 $y = \dfrac{6x+5}{x-1}(x \in \mathbf{R}$ 且 $x \neq 1)$，则它的反函数为（   ）.

（A）$y = \dfrac{6x+5}{x-1}(x \in \mathbf{R}$ 且 $x \neq 1)$

（B）$y = \dfrac{x+5}{x-6}(x \in \mathbf{R}$ 且 $x \neq 6)$

（C）$y = \dfrac{x-1}{6x+5}(x \in \mathbf{R}$ 且 $x \neq -\dfrac{5}{6})$

（D）$y = \dfrac{x-6}{x+5}(x \in \mathbf{R}$ 且 $x \neq -5)$

（1991 全国文科卷．这是将高中《代数》上册 P.44 例 4 中分式中的系数略做变化改编成的选择题．）

（2）方程 $\sin 2x = \sin x$ 在区间 $(0, 2\pi)$ 内的解的个数是（　　）．

（A）1　　　　　（B）2　　　　　（C）3　　　　　（D）4

（1990 全国理科卷．本题由高中《代数》上册 P.237 习题十四第 13 题改换一个数字编成的．）

（3）方程 $\dfrac{1+3^{-x}}{1+3^x} = 3$ 的解是_____．

（1992 全国卷．本题经去分母后，所得指数方程类似于高中《代数》上册 P.65 页习题五第 9（4）题，可以说是该题的变式．）

（4）求函数 $y = \dfrac{\sin 3x \sin^3 x + \cos 3x \cos^3 x}{\cos^2 2x + \sin 2x}$ 的最小值．

（1994 全国文科卷．这是将高中《代数》上册 P.189 例题 5 及 P.205 复习参考题三第 21（4）题综合改编而成的．）

（5）方程 $\sin 4x \cos 5x = -\cos 4x \sin 5x$ 的一个解是（　　）．

（A）10°　　　　（B）20°　　　　（C）50°　　　　（D）70°

（1992 全国理科卷．本题原型是高中《代数》（甲）第二册 P.37 复习参考题一第 15（1）题，仅改变了 x 的系数．）

（6）某种细菌在培养过程中，每 20 分钟分裂一次（一个分裂为两个），经过 3 小时，这种细菌由 1 个可繁殖成（　　）．

（A）511 个　　　（B）512 个　　　（C）1023 个　　　（D）1024 个

（1994 全国理科卷．这是将高中《代数》下册 P.59 习题十八第 8 题改换数字（30 改成 20，4 改成 3）改编成的选择题．）

（7）不等式 $6^{x^2+x-2} < 1$ 的解集是_____．

（1991 全国理科卷．本题是由高中《代数》下册 P.30 习题十六第 8（1）题改编而成的）

（8）不等式 $\lg(x^2 + 2x + 2) < 1$ 的解集是_____．

（1991 全国文科卷．本题是由高中《代数》下册 P.30 习题十六第 8（2）题改编而成的．）

（9）建造一个容积为 8 m³，深为 2 m 的长方体无盖水池，如果池底和池壁的造价每平方米分别为 120 元和 80 元，那么水池的最低总造价为_____元．

（1993全国卷. 这是将高中《代数》上册 P. 27 习题二第 9 题和下册 P.12 练习 3 综合改编而成的.）

（10）极坐标方程 $\rho = \cos\left(\dfrac{\pi}{4} - \theta\right)$ 所表示的曲线是（　）.

（A）双曲线　　　（B）椭圆　　　（C）抛物线　　　（D）圆

（1994全国理科卷. 这是将高中《平面解析几何》P. 138 习题十一第 10 题变形改编而成的.）

（11）焦点在 (-1,0)，顶点在 (1,0) 的抛物线方程是（　）.

（A）$y^2 = 8(x+1)$　　　　　　　（B）$y^2 = -8(x+1)$

（C）$y^2 = 8(x-1)$　　　　　　　（D）$y^2 = -8(x-1)$

（1994全国文科卷. 这是高中《平面解析几何》P. 106 习题九第 5（3）题的变题.）

特别是 1995 年高考数学试题中：第（18）题是高中《代数》上册 P. 205 第 21（2）题求 $y = \sin(x - 30°)\cos x$ 的最大值与最小值的改编；第（2）题由高中《代数》上册 P. 48 第 3（2）题函数 $y = \dfrac{1}{x+1}$ 的图像改编而来；对高中《平面解析几何》P. 34 例 3 这道典型题，画出其三条直线，就是第（5）题中的图形；第（22）题完全雷同于高中《代数》上册 P. 193 例 4；第（23）题可视为由高中《立体几何》P. 117 第 2 题改编而得；第（6）题可以从高中《代数》下册 P. 262 第 14（5）题改编而来.

3. 利用升华公式解答的高考数学试题

将课本中的例题或习题作为定理、公式，去解答其他题目，或从某些概念、性质延伸得到的结论，我们称这些例题、题目或结论为升华公式. 升华公式可以作为命题手段，也可以作为解题手段.

在历年的高考数学试题中，有许多是从升华公式演变得到的. 这就是我们平时所强调的高考数学试题源于教材，但又高于教材.

在历年的高考数学试题中，出现次数最多的升华公式有下述五个：

（1）设集合 A, B 是全集 I 的子集，则 $\overline{A} \cap \overline{B} = \overline{A \cup B}$；$\overline{A} \cup \overline{B} = \overline{A \cap B}$.（这是高中《代数》上册 P.18 第 14 题.）

（2）在平面直角坐标系中，点 $A(a,b)$ 关于直线 $y = x$ 的对称点为 $A'(b,a)$.（这是高中《代数》上册 P.48 练习 1（3）和练习 2.）

（3）等差数列和等比数列的性质.

（4）直线 AB 和平面所成的角是 θ_1，AC 在平面 α 内，AC 和 AB 在平面 α 内的射影 AB' 成角 θ_2，设 $\angle BAC = \theta$，则 $\cos\theta = \cos\theta_1 \cos\theta_2$（三角余弦公式）.（这是高中《立体几何》P.117 总复习参考题第 3 题.）

（5）一个平面图形的面积为 S，它与平面 M 所成的角为 α，并且在平面 M 内的射影面积为 S'，则 $S \cdot \cos\alpha = S'$（射影面积定理）.（这是高中《立体几何》P.102 例 1 的延伸.）

4. 用旧高考典型题编拟新高考试题

历年的高考数学试题是编拟新高考数学试题的重要背景. 例如，从 1986 年全国高考数学第三题可编拟得 1995 年第（23）题；改编 1992 年全国高考文科数学第（24）题，就得 1995 年理科第（22）题；1992 年全国高考数学第（14）题类似于 1995 年第（15）题，第（7）题与 1990 年全国高考理科数学第（2）题同属于考查向量的旋转问题.

综观近年来的高考数学试题，无论怎样变化，都体现了"一新二稳"，立足于课本，充分体现了试题源于教材，又高于教材的思想.

二、高考三角试题特点及复习对策

三角函数是继函数概念后的一个重要内容，为了更好地体现三角函数的工具性特征，现在在高考中对其能力的要求不是很高，可以肯定地说，试题均以中、低档题出现. 结合自身的教学实践和近年来考试的情况，笔者将从以下几方面谈些肤浅的看法.

1. 抓考纲，务实用

高考命题是以《考试说明》为依据的，因此，吃透《考试说明》是搞好复习工作的前提. 毋庸置疑，要吃透《考试说明》就必须吃透考试内容及能力层次要求，其实质就是精通教材. 应该看到，教材是考试内容的具体化，教材是中、低档题的直接来源，也是解题能力提高的生成点.

[附1]考试内容

（1）角的概念的推广；（2）弧度制；（3）任意角的三角函数；（4）同角三角函数的基本关系；（5）诱导公式；（6）已知三角函数值求角；（7）用单位圆中的线段表示三角函数值；（8）正弦、余弦函数的图像和性质；（9）函数 $y=A\sin(\omega x+\phi)$ 的图像；（10）正切函数和余切函数的图像、性质；（11）两角和与差的三角函数；（12）二倍角的正弦、余弦和正切；（13）半角的正弦、余弦和正切；（14）三角函数的积化和差与和差化积；（15）反正弦、反余弦、反正切和反余切函数；（16）最简单的三角方程和简单的三角方程.

[附2]命题方向

问题主要体现研究三角函数的性质和图像，进行三角式恒等变形以及解三角方程.

2. 高考三角试题特点及复习对策

（1）三角考试情况统计表（仅给出1994,1995,1996三年的情况）.

时间	类别	选择题个数	填空题个数	简答题个数	考查的主要知识点
1994年	理科	3	1	1	（1）（2）（3）（4）（8）（10）（11）（12）（14）（15）
	文科	3	1	1	（1）（2）（3）（4）（8）（10）（12）（14）
1995年	理科	3	1	1	（2）（4）（8）（11）（12）（13）（14）（15）
	文科	3	1	1	（2）（3）（4）（5）（8）（11）（12）（14）
1996年	理科	3	1	1	（2）（3）（5）（8）（11）（12）（14）（15）
	文科	3	1	1	（1）（3）（4）（5）（8）（11）（12）（13）（14）

（2）试题特点.

① 三角虽是一门工具学科，但它在复数、参数方程、极坐标、几何计算以

及某些代数问题中有着十分广泛的应用，跨学科应用是三角试题的明显特点.

②三角函数的性质与图像、反三角函数与简单的三角方程等知识一般以客观题出现；三角函数的恒等变换一般以中档型的主观题出现；三角求值、三角函数式的最值也是简答题的主要题型；解答题中也可能会出现三角与不等式、数列、复数、几何的综合题.

③平方关系、半角公式中双重符号的选择，综合运用各种三角公式进行化简、求值，以和差与积的互化公式为核心的题目常为考试的热点内容.

④三角恒等变换主要体现了等价变换的思想，未来高考试卷中的三角题，无论以何面孔出现，仍将以考查三角恒等变换为核心.

（3）复习中的几点思考.

①注意揭示概念的本质、公式、定理的内涵，建立系统的知识网络，在解题教学中力求揭示问题的背景.

②为了突破三角恒等变换这一难点，在教学中应渐次渗透和强化下列方法和技巧的训练：

ⓐ 常值代换：如 $\tan\alpha \cdot \cot\alpha = 1$，$\sin^2\alpha + \cos^2\alpha = 1$，$\sec^2\alpha - \tan^2\alpha = 1$，等等.

ⓑ 分拆与配凑：如：

$$\sin\alpha - 2\sin\beta = (\sin\alpha - \sin\beta) - \sin\beta;$$

$$\sin^3\alpha\cos\beta = \sin^2\alpha(\sin\alpha\cos\beta);$$

$$\alpha = (\alpha + \beta) - \beta;$$

$$2\alpha = (\alpha + \beta) + (\alpha - \beta);$$

$$\beta = \frac{\alpha + \beta}{2} - \frac{\alpha - \beta}{2};$$

等等.

ⓒ 降幂与升幂：如：

$$\sin^2\alpha = \frac{1 - \cos 2\alpha}{2};$$

$$\cos^2\alpha = \frac{1 + \cos 2\alpha}{2};$$

$$\sin(60° - \alpha) \cdot \sin\alpha \cdot \sin(60° + \alpha) = \frac{\sin 3\alpha}{4};$$

$$\cos(60° - \alpha) \cdot \cos\alpha \cdot \cos(60° + \alpha) = \frac{\cos 3\alpha}{4};$$

$$\tan(60°-\alpha)\cdot\tan\alpha\cdot\tan(60°+\alpha)=\tan 3\alpha;$$

$$1-\cos\alpha=2\sin^2\frac{\alpha}{2};$$

$$1+\cos\alpha=2\cos^2\frac{\alpha}{2}.$$

ⓓ 转化：如切割化弦，化异名为同名，化异角为同角，化异次为同次，化和差为乘积，化乘积为和差.

ⓔ 引入辅助角：如 $a\sin\theta+b\cos\theta=\sqrt{a^2+b^2}\sin(\theta+\phi)$，注意 ϕ 与 a,b 的关系.

ⓕ 妙用万能公式可将 θ 角的三角函数值转化为 $\frac{\theta}{2}$ 的正切值的有理式.

ⓖ 遇到正（余）弦式的和式或积式（积式角成等比，和式角成等差，特殊情况除外），常对分子、分母乘以其最小角的正弦值的两倍.

③要重点掌握和差与积的互化公式，掌握等价转化的思想和变量代换的方法，才能有效解答三角恒等变换问题. 由于和差与积的互化公式是学生记忆中的难点，故要抓反复、反复抓，力求万无一失.

三、用"以新带旧"的方式进行高三数学复习

1. 课前的以新带旧

所谓课前的以新带旧，就是在讲某一新知识之前组织学生复习旧知识. 如，在代数中，讲复数的几何表示法时，先复习各象限的角的三角函数的性质和三角函数的周期性；讲二次三项式的讨论之前，先系统地复习二次三项式的因式分解、二次函数的图像及其性质，等等. 又如，针对立体几何与平面几何、代数、三角之间联系不密切的特点，在讲第一章直线与平面时，要注意和平面几何中的定理加以比较，注意哪些平面几何中的定理在立体几何中成立，哪些定理不成立. 在讲有关立体几何的计算时，要注意和三角形的解法结合起来.

在复习旧知识时，由于新知识与旧知识的联系不同，因此，复习的方法也应有所差异. 若新课所需的旧知识较多，学过的时间相隔又较长，这就可以在讲新课之前，用几个课时对旧知识进行较系统的复习.

在系统复习时，应根据学生存在的问题，突出重点，抓住关键，解决难点，

揭示规律. 如讲述不等式组的解法后, 为了说明它的应用, 我们可以系统地复习一下函数定义域的求法, 如有理整函数、分式函数、无理函数、对数函数、正切函数、余切函数、反正弦函数、反余弦函数的定义域. 有了这几种基本类型后, 不论函数的形式如何复杂, 均可利用不等式(组)求其定义域.

2. 授课中的以新带旧

讲授新课时, 可以通过概念、公式、定理和例题来以新带旧. 如讲平面的概念时可复习直线的概念; 在讲柱体、锥体的侧面积和表面积公式时, 可以复习多边形的面积公式; 讲授立体几何的定理时, 可复习相应的平面几何的定理, 如讲垂直于同一平面的两条直线互相平行的定理时, 可复习平面几何中垂直于同一条直线的两条直线互相平行的定理, 并指出此定理在立体几何中不成立.

在例题的讲授中, 更是可以广泛地联系旧知识, 以培养学生的逻辑思维和空间想象力. 如将以下问题作为例题: "正三棱锥的底面边长为 a, 高为 $2a$, 求由顶点到底面正三角形内切圆的圆周上的距离".

（1）正三角形的边长为 a, 其高为多少?
（2）正三角形的高线、中线和角平分线的位置有什么关系?
（3）三角形三内角平分线的交点叫作三角形的什么心?
（4）何为三角形的重心? 正三角形的中心和重心有何关系?
（5）三角形的重心有什么性质?
（6）什么是三角形的内切圆?
（7）边长为 a 的正三角形内切圆的半径等于多少?

3. 练习中的以新带旧

掌握基本技能, 必须以基本知识为基础, 但掌握了基本知识不等于掌握了基本技能, 它需要一个训练的过程. 而基本训练的过程又是巩固和加深对基本知识理解的过程, 它对于发挥学生的逻辑思维能力和空间想象力同样起着重要作用. 因此, 要重视学生的基本训练, 并且在训练中有意识地巩固旧知识. 可采取以下具体做法:

（1）课后的作业中注意和旧知识的联系. 如讲平面和平面平行的性质之后, 给学生的作业中, 注意和旧知识的联系. 如, 讲二次三项式的讨论之后让学生做这样一题: "方程 $x^2 - 4x\sin\theta + 3 = 0$ 有无根? 求 θ 的取值范围". 在作此题之前,教师指定学生复习有关知识.

（2）机动作业中复习旧知识. 每周可给学生留一些机动作业，让学生自由选择练习，以复习旧知识并加深对新知识的理解. 题目的类型如：

①指出下式成立的条件：

ⓐ $\sqrt{a} \cdot \sqrt{b} = \sqrt{ab}$ ；

ⓑ $\lg(a+b) = \lg a + \lg b$ ；

ⓒ $x + y > 2\sqrt{xy}$ ；

ⓓ 垂直于同一条直线的若干直线互相平行.

②回答下列各问题：

ⓐ 如果等腰三角形底角的正弦与余弦的和是 $\dfrac{\sqrt{6}}{2}$，那么它的顶角是多少度？

ⓑ 如果 $\lim\limits_{n\to\infty}\dfrac{1}{a^n}=0$，那么 a 是什么样的数？

ⓒ 方程 $4\arctan(x^2+5x+7)=\pi$ 的根是什么？

ⓓ 方程 $x^{\frac{1}{4}} = 12 - \sqrt{x}$ 是什么？

ⓔ $\sin\left[\dfrac{1}{2}\arcsin\left(-\dfrac{2\sqrt{3}}{3}\right)\right]$ 的值是多少？

ⓕ 如果正四面体的全面积为 $18\sqrt{3}\ cm^2$，那么它的体积是多少？

ⓖ 方程 $\lg\sin x + \lg\lg 2^{\sqrt{2}} + \lg\sqrt{2} - \lg\lg 2 = 0$ 的根是什么？

要提高学生的知识水平，使学生能灵活地运用数学知识，就必须加强复习巩固工作，尽可能地使学生学一节掌握一节，学一章掌握一章，而不能把巩固知识和掌握技能的希望寄托在学期、学年或毕业时的总复习上；否则，学生存在的问题得不到及时解决，等到考试前再算总账那就晚了. 因此，在平时的教学中，采取以新带旧的复习方式是一种巩固知识的好方法.

四、怎样解答高考试卷中的"陷阱题"

"陷阱题"通常也叫"圈套题"，是中学生极易做错的一种考题. "陷阱题"与常规题不同，它具有较强的诱惑性，较大的迷惑性，较高的隐蔽性. 近年来，高考试卷中常有这种性质的试题出现. 当考生遇到这种试题时，常感到不知所措，无从下手. 怎样指导学生解答这种"陷阱题"，是值得我们认真探讨的一个课题. 笔者在近20年的教学实践中，摸索出了以下几点.

1. 认真审题，发现"陷阱"

"陷阱题"一般是不明显的，编拟者常把它巧妙地设计在题目中，只要考生认真审题，这个"陷阱"是可以发现的. 如下面几道题.

例1 已知 $(1-2x)^7 = a_0 + a_1 x + a_2 x^2 + \cdots + a_7 x^7$，求 $a_1 + a_2 + \cdots + a_7$.

误解 令 $x=1$，得出结果 $(1-2\times1)^7 = -1$. 不少成绩好的考生，由于审题不仔细，把求 $a_1 + a_2 + \cdots + a_7$ 看成了求 $a_0 + a_1 + a_2 + \cdots + a_7$，虽然运算有合理部分，却因结果不正确，以致劳而无功.

例2 已知圆柱的侧面展开图是边长为2与4的矩形，求圆柱的体积.

误解 由圆柱的高 $h=2$，底圆周长 $2\pi \cdot r = 4$，所以 $r = \dfrac{2}{\pi}$. 于是圆柱的体积为

$$V = \pi \cdot r^2 h = \dfrac{8}{\pi}.$$

不少考生因考虑题设条件不全，忽视了圆柱的高也可以为4，底圆周长为2的情况，掉了另一解，因得不到满分而令人遗憾.

例3 已知方程 $(k-1)x^2 - (2k-1)x + (k+1) = 0$ 的根必为正数，则 k 的取值范围是（　）.

（A） $k < -1$ 或 $k \geq 1$　　　　（B） $k < -1$ 或 $1 < k \leq \dfrac{5}{4}$

（C） $k < -1$ 或 $k > 1$　　　　（D） $k < -1$ 或 $1 \leq k \leq \dfrac{5}{4}$

解此题时，若忽视了判别式 $\Delta \geq 0$，可能得出 $k < -1$ 或 $k \geq 1$，对照选择支，感到心里"踏实"而错选（A）为正确支；若把题干中的"方程"仅从形式上理解为一元二次方程，而疏漏 $k=1$ 为一元一次方程的情况，可能会错选（B）为正确支；又若 $\Delta \geq 0$ 或 $k=1$ 均未考虑，可能会错选（C）为正确支. 本题中的迷惑支（A）、（B）、（C）是命题者为应试者布下的"陷阱"，稍不留意就会误入歧途. 因此，学生要学会揣摩命题者的意图，识破"阴谋陷阱"，避免"上当受骗".

2. 去伪存真，识别"陷阱"

鱼目混珠的陷阱题，多数是以选择题的形式出现，学生解答时，一会儿看

着这个对，一会儿看着那个对，举棋不定，疑三惑四. 若学生对一些定义、概念一知半解，或只是死记硬背定理、公式，或教师没有把基础知识讲清讲透，那么做这些题就不能去伪存真. 因此，教师在教学实践中，要抓住基本知识点及特殊现象，不厌其烦地讲，讲到学生彻底懂了为止，这样学生就会分清选择题目中的鱼目及珍珠，避免落入"陷阱".

3. 加强验证，跳出"陷阱"

"陷阱题"总能使一些学生落入"陷阱"，怎么办？在平时的教学中，应教会学生跳出"陷阱"的方法，加强验证. 如向学生介绍基本估计法、逆运算法、抽样检验法、类比检验法、针对性检查法和以形判数法等，这些都是行之有效的方法. 例如，求出的圆锥的内切球半径大；求的双曲线离心率小于 1；解对称方程组得到的解不对称；推出的体积公式不是长度的三次型. 碰到这些情况，解法必然有错. 又如，解答的过程没有用到题设的某些条件，解法也很可能有错. 有些粗心大意的学生，不能根据题目验证结果，而是被表面现象所迷惑，在选择答案时，落入"陷阱"，而心细的学生能在验证过程中发现"陷阱"，迅速地跳出来. 当然，学生的这种能力，要靠教师耐心地去培养，恰到好处地去指导.

若学生一时掌握不了这种解题方法，可用类似的习题，多训练几次，力求达到熟练掌握、灵活运用的程度. 教师应随时观察和分析学生的解题心理，并通过"心理换位"来研究学生落入"陷阱"的原因，寻求合适的启发角度，帮助不同程度的学生获得不同层次的成功，排除影响学生解题的心理障碍，使学生具有"落井自救"的本领. 这既是提高学生分析总结问题和解决问题的能力的需要，更是从"应试教育"向素质教育转化的需要.

五、数形结合法在解题中的应用

我们借助于坐标系，用数形结合方法，既能用代数方法去研究图形的形状、大小及位置关系，又能用图形的性质来说明代数事实. 有些题目改用坐标法解答，不仅能使我们触类旁通，开阔眼界，而且能使证法简便，避免讨论各种情况的麻烦，从而不断丰富解题策略.

例 1 已知 $a>3$，求证 $\sqrt{a}-\sqrt{a-2}<\sqrt{a-1}-\sqrt{a-3}$.

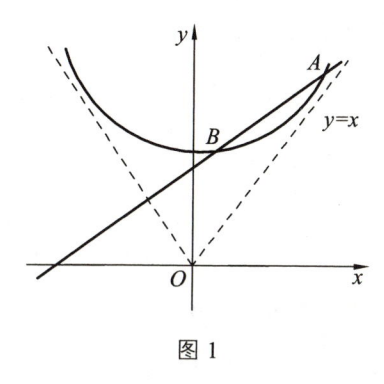

图 1

证明 如图 1，取双曲线 $y^2-x^2=1$ 上的 $A(\sqrt{a-1},\sqrt{a})$，$B(\sqrt{a-3},\sqrt{a-2})$ 两点，那么 AB 的斜率夹在两渐近线之间，故

$$-1<\frac{\sqrt{a}-\sqrt{a-2}}{\sqrt{a-1}-\sqrt{a-3}}<1.$$

所以

$$\sqrt{a}-\sqrt{a-2}<\sqrt{a-1}-\sqrt{a-3}.$$

例 2 求证 $\dfrac{4-\sqrt{7}}{3}\leqslant\dfrac{2-\sin x}{2-\cos x}\leqslant\dfrac{4+\sqrt{7}}{3}$.

证明 如图 2，构造一斜率为 $\dfrac{2-\sin x}{2-\cos x}$，且过两点 $A(2,2)$，$B(\cos x,\sin x)$ 的直线. B 在单位圆上运动，直线斜率的最大值为 k_{AC}，最小值为 k_{AD}（C，D 为切点），设过 A 点的圆的切线方程为

$$y-2=k(x-2),$$

即

$$kx-y+2-2k=0.$$

由

$$\frac{|2-2k|}{\sqrt{k^2+1}}=r=1,$$

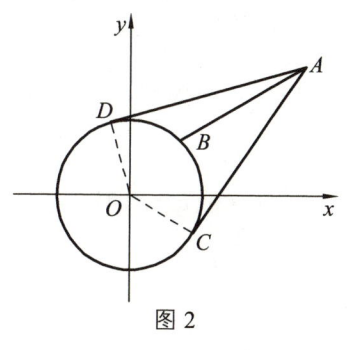

得

$$3k^2-8k+3=0.$$

图 2

- 277 -

解得
$$k_{AD} = \frac{4-\sqrt{7}}{3}, \quad k_{AC} = \frac{4+\sqrt{7}}{3}.$$

所以
$$\frac{4-\sqrt{7}}{3} \leqslant \frac{2-\sin x}{2-\cos x} \leqslant \frac{4+\sqrt{7}}{3}.$$

2. 巧证恒等式

例3 证明正切半角公式：$\tan\dfrac{\theta}{2} = \dfrac{\sin\theta}{1+\cos\theta} = \dfrac{1-\cos\theta}{\sin\theta}$.

证明 如图3，对任意角 $\theta(\theta \neq 2k\pi+\pi, k \in \mathbf{Z})$，作单位圆与始边 Ox 轴的正向交于 C 点，与终边交于 A 点，有 $A(\cos\theta, \sin\theta)$，$C(1,0)$. 又角 $\dfrac{\theta}{2}$ 的终边在点 A, C 的对称轴上，或为射线 OB，或为射线 OB'，而直线 BB' 的方程为

$$y = x\tan\dfrac{\theta}{2}.$$

由 $AC \perp BB'$ 有

$$\tan\dfrac{\theta}{2} = \dfrac{1-\cos\theta}{\sin\theta}.$$

又由 AC 的中点在 BB' 上，有

$$\dfrac{\sin\theta}{2} = \dfrac{1+\cos\theta}{2} \times \tan\dfrac{\theta}{2},$$

即
$$\tan\dfrac{\theta}{2} = \dfrac{\sin\theta}{1+\cos\theta}.$$

综上可知原公式成立.

例4 证明等式 $ad - bc = (a-c)\dfrac{b+md}{1+m} - (b-d)\dfrac{a+mc}{1+m}$.

证明 当 $a=c$ (或 $b=d$) 时，等式显然成立.

当 $a \neq c$ (或 $b \neq d$) 时，在直角坐标系上取两个点 $A(a,b)$，$B(c,d)$. 直线 AB 的方程为

$$(b-d)x - (a-c)y + (ad-bc) = 0. \qquad ①$$

记点 C 分 AB 为定比 $m(m \neq -1)$，从而有 $C\left(\dfrac{a+mc}{1+m}, \dfrac{b+md}{1+m}\right)$，代入①式得.

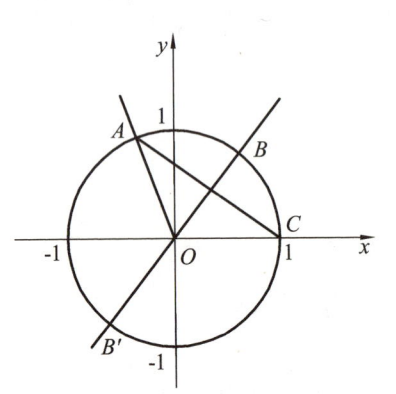

3. 巧求值

例 5 假设 a,b,c 为正数，且

$$\begin{cases} a^2+ab+\dfrac{b^2}{3}=25, \\ \dfrac{b^2}{3}+c^2=9, \\ a^2+ac+c^2=16, \end{cases}$$

求 $ab+2bc+3ac$ 的值.

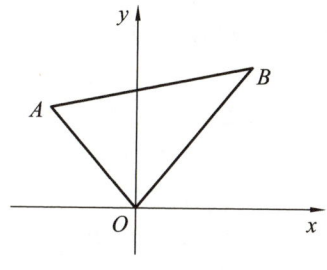

图 4

解 如图 4，在坐标系上取点 $A\left(-\dfrac{b}{\sqrt{3}},c\right)$，$B\left(\dfrac{\sqrt{3}}{2},\dfrac{a+2c}{2}\right)$，则

$$OA=\sqrt{\dfrac{b^2}{3}+c^2}=3,$$

$$OB=\sqrt{\dfrac{3a^2}{4}+\dfrac{a^2+4ac+4c^2}{4}}=\sqrt{a^2+ac+c^2}=4.$$

$$AB=\sqrt{\left(\dfrac{\sqrt{3}}{2}a+\dfrac{b}{\sqrt{3}}\right)^2+\left(\dfrac{a+2c}{2}-c\right)^2}=\sqrt{a^2+ab+\dfrac{b^2}{3}}=5.$$

由 $OA^2+OB^2=AB^2$ 知，$\triangle AOB$ 是 Rt$\triangle$. 又直线 OA 的方程为

$$\dfrac{b}{\sqrt{3}}y+cx=0,$$

由 $OA\perp OB$ 知，B 到 OA 的距离，一方面为 $|OB|=4$；另一方面由点到直线的距离公式，有

$$\dfrac{\left|\dfrac{b}{\sqrt{3}}\times\dfrac{a+2c}{2}+c\times\dfrac{\sqrt{3}}{2}a\right|}{\sqrt{\left(\dfrac{b}{\sqrt{3}}\right)^2+c^2}}=\dfrac{|ab+2bc+3ac|}{2\sqrt{3}\times3}=4.$$

所以 $ab+2bc+3ac=24\sqrt{3}$.

4. 判断等差数列

例6 若等差数列 a，b，c 中的 3 个数都是正数，且公差不为零，求证它们的倒数组成的数列 $\dfrac{1}{a},\dfrac{1}{b},\dfrac{1}{c}$ 不可能成等差数列.

证明 设 $\dfrac{1}{a},\dfrac{1}{b},\dfrac{1}{c}$ 也成等差数列，按定义，同时有

$$b-a=c-b,\quad \dfrac{1}{b}-\dfrac{1}{a}=\dfrac{1}{c}-\dfrac{1}{b}.$$

相除，得

$$\dfrac{\dfrac{1}{b}-\dfrac{1}{a}}{b-a}=\dfrac{\dfrac{1}{c}-\dfrac{1}{b}}{c-b}.$$

这表明双曲线 $y=\dfrac{1}{x}(x>0)$ 上的三点 $A\left(a,\dfrac{1}{a}\right)$，$B\left(b,\dfrac{1}{b}\right)$，$C\left(c,\dfrac{1}{c}\right)$ 共线，但直线与双曲线最多有两个公共点，这一矛盾证明 $\dfrac{1}{a},\dfrac{1}{b},\dfrac{1}{c}$ 不可能成等差数列.

六、高考中的数列问题及其解法

数列是中学数学中的重要内容，是进一步学习高等数学的重要基础知识，也是历届高考的重点.

1. 主要内容

（1）数列，等差数列及其通项公式、前 n 项和的公式，等比数列及其通项公式、前 n 项和的公式.

（2）数列的极限及其四则运算法则.

（3）数学归纳法及其应用.

从高考试题来看，通项公式、前 n 项和公式、递推公式仍是考查的重点．既可以把数列、极限、数学归纳法等内容组成一个大题目，也可以将数列、极限等有关基础知识与参数、不等式、对数、三角等知识结合进行考查．更值得注意的是重点内容反复考，有的高考题是课本上的例题、习题改编而成的，这些无疑是高考的新动向.

数列综合题在高考试卷中常常作为中档题或压轴题，用来考查考生综合运用知识和数学思想方法的能力．数列的综合题应引起人们的足够重视．因为在高中数学中，数列不仅是重要的基础知识，而且它与数、式、函数、方程、不等式有着十分密切的联系，加之数列中还包含着重要的数学思想方法和技巧，故其在高考数学命题中，处在必考和重点考查的范围之内．因此，数列综合题是高考命题的热点.

2. 高考试卷中数列的主要题型

（1）等差数列与等比数列的综合.

例 1 两数列 $\{a_n\}, \{b_n\}$ 满足条件 $a_n > 0$，$b_n > 0$，a_n，b_n，a_{n+1} 成等差数列，b_n，a_{n+1}，b_{n+1} 成等比数列.

（i）求证数列 $\{\sqrt{b_n}\}$ 是等差数列；

（ii）试比较 a_n 与 b_n 的大小，并证明你的结论.

（i）**证明** 由题意，得

$$b_n = \frac{1}{2}(a_n + a_{n+1}). \quad \text{①}$$

$$a_{n+1} = \sqrt{b_n b_{n+1}}. \quad \text{②}$$

$$a_n = \sqrt{b_{n-1} b_n}. \quad \text{③}$$

将②、③式代入①式，得

$$b_n = \frac{1}{2}(\sqrt{b_{n-1} b_n} + \sqrt{b_n b_{n+1}}).$$

因为 $\sqrt{b_n} > 0$，所以

$$\sqrt{b_n} = \frac{1}{2}(\sqrt{b_{n-1}} + \sqrt{b_{n+1}}).$$

所以 $\{\sqrt{b_n}\}$ 是等差数列.

（ii）**解** 因为 $b_n > 0$，所以 $\{\sqrt{b_n}\}$ 为递增数列（若 $\{\sqrt{b_n}\}$ 为递减等差数列，即公差 $d < 0$，则从某一项开始，以后各项均为负，这与 $b_n > 0$ 矛盾）。所以

$$\frac{a_n}{b_n} = \frac{\sqrt{b_n b_{n-1}}}{b_n} = \sqrt{\frac{b_{n-1}}{b_n}} \leq 1.$$

所以 $a_n \leq b_n (n \geq 2)$.

（2）数列 $\{a_n\}$ 与数列 $\{S_n\}$ 的综合.

例2 设 S_n 是等差数列 $\{a_n\}$ 的前 n 项和，已知 $\frac{1}{3}S_3$ 与 $\frac{1}{4}S_4$ 的等比中项为 $\frac{1}{5}S_5$，$\frac{1}{3}S_3$ 与 $\frac{1}{4}S_4$ 的等差中项为 1，求等差数列 $\{a_n\}$ 的通项 a_n。（1997 年全国文科卷）

解 设等差数列 $\{a_n\}$ 的首项 $a_1 = a$，公差为 d，则通项为

$$a_n = a + (n-1)d.$$

前 n 项和 $S_n = na + \frac{n(n-1)}{2}d$，依题意有

$$\begin{cases} \dfrac{1}{3}S_3 \times \dfrac{1}{4}S_4 = \left(\dfrac{1}{5}S_5\right)^2, \\ \dfrac{1}{3}S_3 + \dfrac{1}{4}S_4 = 2, \end{cases} (S_5 \neq 0).$$

由此可得

$$\begin{cases} \dfrac{1}{3}\left(3a + \dfrac{3 \times 2}{2}d\right) \times \dfrac{1}{4}\left(4a + \dfrac{4 \times 3}{2}d\right) = \dfrac{1}{25}\left(5a + \dfrac{5 \times 4}{2}d\right)^2, \\ \dfrac{1}{3}\left(3a + \dfrac{3 \times 2}{2}d\right) \times \dfrac{1}{4}\left(4a + \dfrac{4 \times 3}{2}d\right) = 2. \end{cases}$$

整理，得

$$\begin{cases} 3ad + 5d^2 = 0, \\ 2a + \dfrac{5}{2}d = 2. \end{cases}$$

解得 $\begin{cases} d = 0 \\ a = 1 \end{cases}$ 或 $\begin{cases} d = -\dfrac{12}{5} \\ a = 4. \end{cases}$，得

$$a_n = 1 \quad \text{或} \quad a_n = 4 - \frac{12}{5}(n-1) = \frac{32}{5} - \frac{12}{5}n.$$

经验证知 $a_n=1$ 时，$S_5=5$；或 $a_n=\dfrac{32}{5}-\dfrac{12}{5}n$ 时，$S_5=-4$，均符合题意，故所求等差数列的通项为 $a_n=1$ 或 $a_n=\dfrac{32}{5}-\dfrac{12}{5}n$.

（3）数列与方程的综合.

例 3　设数列 $\{a_n\}$ 满足 $Aa_{k+2}+Ba_{k+1}+Ca_k=0$（其中 $A\times C\neq 0$，A,B,C 为常数，$k\in \mathbf{N}$），x_1,x_2 是方程 $Ax^2+Bx+C=0$ 的两个实根，求证：

（ⅰ）新数列 $\{a_{n+1}-x_1a_n\}$ 和 $\{a_{n+1}-x_2a_n\}$ 分别是以 x_1,x_2 为公比的等比数列；

（ⅱ）当 $x_1\neq x_2$ 时，数列 $\{a_n\}$ 的通项公式为

$$a_n=A_0x_1^{n-1}+B_0x_2^{n-1}\,(A_0,B_0\text{ 为待定常数})；$$

（ⅲ）当 $x_1=x_2$ 时，数列 $\{a_n\}$ 的通项公式为

$$a_n=(A_0+nB_0)x_1^{n-1}\,(A_0,B_0\text{ 为待定常数}).$$

证明　（ⅰ）由韦达定理，得

$$\begin{cases}x_1+x_2=-\dfrac{B}{A},\\ x_1x_2=\dfrac{C}{A}.\end{cases}$$

由条件知

$$a_{k+2}=-\dfrac{B}{A}a_{k+1}-\dfrac{C}{A}a_k.$$

所以

$$a_{k+2}=(x_1+x_2)a_{k+1}-x_1x_2a_k.$$

所以

$$a_{k+2}-x_1a_{k+1}=x_2(a_{k+1}-x_1a_k).\qquad ①$$

因此 $\{a_{n+1}-x_1a_n\}$ 是以 x_2 为公比的等比数列.

将①式改写为

$$a_{k+2}-x_2a_{k+1}=x_1(a_{k+1}-x_2a_k).$$

因此数列 $\{a_{n+1}-x_2a_n\}$ 又是以 x_1 为公比的等比数列. 由于 $\{a_{n+1}-x_1a_n\}$ 是以 x_2 为公比，$a_2-x_1a_1$ 为首项的等比数列，故有

$$a_{n+1}-x_1a_n=(a_2-x_1a_1)x_2^{n-1}.\qquad ②$$

同理有

$$a_{n+1} - x_2 a_n = (a_2 - x_2 a_1) x_1^{n-1}. \qquad ③$$

因此，对②，③小题可证如下：

（ii）当 $x_1 \neq x_2$ 时，由②，③式得

$$-(x_1 - x_2) a_n = (a_2 - x_1 a_1) x_2^{n-1} - (a_2 - x_2 a_1) x_1^{n-1}.$$

所以

$$a_n = -\frac{a_2 - x_1 a_1}{x_1 - x_2} x_2^{n-1} + \frac{a_2 - x_2 a_1}{x_1 - x_2} x_1^{n-1} = A_0 x_1^{n-1} + B_0 x_2^{n-1},$$

这里 $A_0 = \dfrac{a_2 - x_2 a_1}{x_1 - x_2}$，$B_0 = \dfrac{a_2 - x_1 a_1}{x_1 - x_2}$ 是由 x_1, x_2 及 a_1, a_2 确定的待定系数.

（iii）当 $x_1 = x_2$ 时，②式化为

$$a_{n+1} - x_1 a_n = (a_2 - x_1 a_1) x_1^{n-1},$$

即

$$\frac{a_{n+1}}{x_1^{n+1}} - \frac{a_n}{x_1^n} = \frac{a_2 - x_1 a_1}{x_1^2}.$$

因此数列 $\left\{\dfrac{a_n}{x_1^n}\right\}$ 是以 $\dfrac{a_2 - x_1 a_1}{x_1^2}$ 为公差的等差数列，所以

$$\frac{a_n}{x_1^n} = \frac{a_1}{x_1} + (n-1) \frac{a_2 - x_1 a_1}{x_1^2}.$$

所以

$$a_n = a_1 x_2^{n-1} + (n-1)(a_2 - x_1 a_1) x_1^{n-2}$$
$$= \left(\frac{a_2 - x_1 a_1}{x_1} n + \frac{2 a_1 x_1 - a_2}{x_1} \right) x_1^{n-1},$$

即

$$a_n = (A_0 + n B_0) x_1^{n-1}.$$

（4）数列与函数的综合.

例4 已知函数 $f(x) = \sqrt{x^2 - 4} (x \leqslant -2)$，则

（i）求 $y = f^{-1}(x)$.

（ii）设 $a_1 = 1$，$a_n = -f^{-1}(a_{n-1})(n \geqslant 2)$，求 a_n.

（iii）求 $\dfrac{1}{a_1 + a_2} + \dfrac{1}{a_2 + a_3} + \cdots + \dfrac{1}{a_{n-1} + a_n}$ 的和.

解 （i）因为 $f(x) = \sqrt{x^2 - 4} (x \leqslant -2)$，所以

$$y = f^{-1}(x) = -\sqrt{x^2+4}\,(x \geqslant 0).$$

（ii）因为 $a_1 = 1$，$a_n = -f^{-1}(a_{n-1}) = \sqrt{a_{n-1}^2 + 4}$，所以

$$a_n^2 - a_{n-1}^2 = 4(n \geqslant 2).$$

这表明 $\{a_n^2\}$ 是首项为 1，公差为 4 的等差数列，于是

$$a_n^2 = 1 + 4(n-1) = 4n - 3.$$

所以
$$a_n = \sqrt{4n-3}\,(n \in \mathbf{N}).$$

（iii）$S_n = \dfrac{a_1 - a_2}{a_1^2 - a_2^2} + \dfrac{a_2 - a_3}{a_2^2 - a_3^2} + \cdots + \dfrac{a_{n-1} - a_n}{a_{n-1}^2 - a_n^2}$

$= -\dfrac{1}{4}[(a_1 - a_2) + (a_2 - a_3) + \cdots + (a_{n-1} - a_n)]$

$= \dfrac{1}{4}(a_n - a_1) = \dfrac{1}{4}(\sqrt{4n-3} - 1).$

（5）数列与不等式的综合.

例 5（1995 年全国文科卷）设 $\{a_n\}$ 是由正数组成的等比数列，S_n 是其前 n 项和，证明 $\dfrac{\log_{0.5} S_n + \log_{0.5} S_{n+2}}{2} > \log_{0.5} S_{n+1}$.

证明 设 $\{a_n\}$ 的公比为 q，由题设知 $a_1 > 0$，$q > 0$.

① 当 $q = 1$ 时，$S_n = na_1$，从而

$$S_n S_{n+2} - S_{n+1}^2 = na_1(n+2)a_1 - (n+1)^2 a_1^2 = -a_1^2 < 0.$$

② 当 $q \neq 1$ 时，$S_n = \dfrac{a_1(1-q^n)}{1-q}$，从而

$$S_n S_{n+2} - S_{n+1}^2 = \dfrac{a_1^2(1-q^n)(1-q^{n+2})}{(1-q)^2} - \dfrac{a_1^2(1-q^{n+1})^2}{(1-q)^2} = -a_1^2 q^n < 0.$$

由 ①，② 得

$$S_n S_{n+2} < S_{n+1}^2.$$

依对数函数的单调性，得

$$\log_{0.5} S_n S_{n+2} > \log_{0.5} S_{n+1}^2,$$

即
$$\dfrac{\log_{0.5} S_n + \log_{0.5} S_{n+2}}{2} > \log_{0.5} S_{n+1}.$$

（6）数列与极限的综合.

例 6（1997 年全国理科卷） 已知数列 $\{a_n\},\{b_n\}$ 都是由正数组成的等比数列，公比分别为 p,q，其中 $p>q$，且 $p \neq 1$，$q \neq 1$，设 $c_n = a_n + b_n$，S_n 为数列 $\{c_n\}$ 的前 n 项和，求 $\lim\limits_{n \to \infty} \dfrac{S_{n+1}}{S_n}$.

解 因为 $S_n = \dfrac{a_1(p^n-1)}{p-1} + \dfrac{b_1(q^n-1)}{q-1}$，所以

$$\frac{S_{n+1}}{S_n} = \frac{a_1(q-1)(p^{n+1}-1) + b_1(p-1)(q^{n+1}-1)}{a_1(q-1)(p^n-1) + b_1(q^n-1)}.$$

下面分两种情况讨论：

① 当 $p>1$ 时，因为 $p>q>0$，$0 < \dfrac{q}{p} < 1$，所以

$$\lim_{n \to \infty} \frac{S_{n+1}}{S_n} = \lim_{n \to \infty} \frac{p^{n+1}\left[a_1(q-1)\left(1-\dfrac{1}{p^{n+1}}\right) + b_1(p-1)\left(\dfrac{q^{n+1}}{p^{n+1}} - \dfrac{1}{p^{n+1}}\right)\right]}{p^n\left[a_1(q-1)\left(1-\dfrac{1}{p^n}\right) + b_1(p-1)\left(\dfrac{q^n}{p^n} - \dfrac{1}{p^n}\right)\right]}$$

$$= p \lim_{n \to \infty} \frac{a_1(q-1)\left(1-\dfrac{1}{p^{n+1}}\right) + b_1(p-1)\left[\left(\dfrac{q}{p}\right)^{n+1} - \dfrac{1}{p^{n+1}}\right]}{a_1(q-1)\left(1-\dfrac{1}{p^n}\right) + b_1(p-1)\left[\left(\dfrac{q}{p}\right)^n - \dfrac{1}{p^n}\right]}$$

$$= p \frac{a_1(q-1)}{a_1(q-1)} = p.$$

② 当 $p<1$ 时，因为 $0 < q < p < 1$，所以

$$\lim_{n \to \infty} \frac{S_{n+1}}{S_n} = \lim_{n \to \infty} \frac{a_1(q-1)(p^{n+1}-1) + b_1(p-1)(q^{n+1}-1)}{a_1(q-1)(p^n-1) + b_1(p-1)(q^n-1)}$$

$$= \frac{-a_1(q-1) - b_1(p-1)}{-a_1(q-1) - b_1(p-1)} = 1.$$

（7）数列与反证法的综合.

例 7（1995 年全国理科卷） 设 $\{a_n\}$ 是由正数组成的等比数列，S_n 是其前 n 项和，则

（i）证明：$\dfrac{\lg S_n + \lg S_{n+2}}{2} < \lg S_{n+1}$.

（ⅱ）是否存在常数 $c>0$，使得

$$\frac{\lg(S_n-c)+\lg(S_{n+2}-c)}{2}=\lg(S_{n+1}-c)$$

成立？并证明你的结论.

证明 （ⅰ）方法同例 9.

（ⅱ）用反证法. 假设存在常数 $c>0$，使得

$$\frac{\lg(S_n-c)+\lg(S_{n+2}-c)}{2}=\lg(S_{n+1}-c)$$

成立，则有

$$\begin{cases} S_n-c>0, & ① \\ S_{n+1}-c>0, & ② \\ S_{n+2}-c>0, & ③ \\ (S_n-c)(S_{n+2}-c)=(S_{n+1}-c)^2. & ④ \end{cases}$$

由④式，得

$$S_n S_{n+2}-2S_{n+1}^2=c(S_n+S_{n+2}-2S_{n+1}). \quad ⑤$$

根据平均值不等式及①，②，③，④式知

$$S_n+S_{n+2}-2S_{n+1}=(S_n-c)+(S_{n+2}-c)-2(S_{n+1}-c)$$
$$\geq 2\sqrt{(S_n-c)(S_{n+2}-c)}-2(S_{n+1}-c)=0.$$

因为 $c>0$，故⑤式右端非负，而由①的证明知⑤式左端小于零，矛盾. 故不存在常数 $c>0$，使得

$$\frac{\lg(S_n-c)+\lg(S_{n+2}-c)}{2}=\lg(S_{n+1}-c)$$

成立.

（8）数列与数学归纳法的综合.

例 8 是否存在常数 a,b,c 使得等式

$$1\times 2^2+2\times 3^2+\cdots+n\times(n+1)^2=\frac{n(n+1)}{12}(an^2+bn+c)$$

对一切自然数 n 都成立？并证明你的结论（1989 年全国理科卷）.

解 假设存在 a,b,c 使题设的等式成立，这时分别令 $n=1,2,3$，整理得

$$\begin{cases} a+b+c=24, \\ 4a+2b+c=44, \\ 9a+3b+c=70. \end{cases}$$

解得 $a=3, b=11, c=10$. 于是对 $n=1,2,3$ 时，等式

$$1\times 2^2+2\times 3^2+\cdots+n\times(n+1)^2=\frac{n(n+1)}{12}(an^2+bn+c)$$

成立.

记 $S_n=1\times 2^2+2\times 3^2+\cdots+n\times(n+1)^2$，设 $n=k$ 时上式成立，即

$$S_k=\frac{k(k+1)}{12}(3k^2+11k+10),$$

那么

$$\begin{aligned}S_{k+1}&=S_k+(k+1)(k+2)^2\\&=\frac{k(k+1)}{12}(3k^2+11k+10)+(k+1)(k+2)^2\\&=\frac{k(k+1)}{12}(k+2)(3k+5)+(k+1)(k+2)^2\\&=\frac{(k+1)(k+2)}{12}(3k^2+17k+24)\\&=\frac{(k+1)(k+2)}{12}[3(k+1)^2+11(k+1)+10]\end{aligned}$$

也就是说，等对 $n=k+1$ 也成立.

综上所述，当 $a=3, b=11, c=10$ 时，题设的等式对一切自然数 n 成立.

综上所述，在数列学习中，应掌握好以下要点：

（1）理解数列的概念、通项、前项和公式的意义，掌握给出解以及给出解的方法.

（2）等差（比）数列是重点，要正确、灵活地运用其概念、公式解决有关的计算和证明问题.

（3）数列极限是难点，在理解的基础上，会运用极限的四则运算法则、无穷等比数列各项和公式，求常见数列的极限.

（4）数学归纳法是中学数学解题的基本方法，要认真掌握，同时还要学会"列举—归纳—猜想—证明"这种创造发明的思想和科学研究的方法.

情感教育在中学教育中的研究与实践

一、情感教育中板书的要求与魅力

二、普通话在情感教育中的作用

三、情感教育中,实践探索"创新学习"的新理论

四、在情感教育中,应依照思维规律,设计数学新课导入

五、在情感教育中如何教会学生解决问题

六、在情感教育中怎样教会学生超前学习

七、在情感教育中,应注意数学教学、重视非语言艺术

八、在情感教育中优化孩子的家庭教育

九、我们的情感教育应注意宽容学生的策略

十、情感教育中提高师德修养,塑造教师形象

十一、情感教育在转化后进生中的应用

十二、情感教育如何从心理角度开展学生思想教育

十三、情感教育中的爱心加耐心的个别教育

十四、在情感教育中,应注意优等生的心理教育

十五、在情感教育中赏析数学美

一、情感教育中板书的要求与魅力

板书技能是教师运用黑板以语言文字和图表等手段传递教学信息的一种教学行为方式，它在情感教育中发挥着独特的作用．独具匠心的板书和板图，既有利于教师传授知识，又能使学生养成良好的学习习惯；既能激发学生学习的兴趣，又能启迪学生的智慧．教学中，板书的运用应做到如下几点：

1. 书写规范，为学生树立学习榜样

教师的板书要求工整，务必做到书写规范．也就是说，板书中要把握汉字的基本笔画和笔顺，字要写得方方正正，不倒插笔，不写自造简化字．书写规范，最根本的是不写错字和别字．字的大小以最后排学生看清楚为宜．之所以这样，是因为教师的板书除了传授知识外，还有一个引导和训练学生养成良好的书写习惯的重要任务．

2. 语言准确，便于学生掌握科学知识

虽然在教学上板书是间断地出现的，但是在讲课的最后时刻还要形成一个整体．只有这样，学生才能看得懂，才能形成对知识的科学理解和掌握，否则，将不利于学生掌握科学知识．因此，教师板书的用词一定要恰当，造句要准确、图表要规范、线条要整齐，这是板书设计中不容忽视的一个方面．

3. 层次分明，培养学生的逻辑思维能力

我们十分清楚地知道，各学科的教学内容都有较强的层次性、逻辑性、顺序性和连贯性，所以，板书也要层次分明、有条理．在教学过程中，无论是先写后讲，还是先讲后写，或者是边讲边写，都要求教师必须做到层次清楚、条理分明、主线清晰、枝蔓有序，通过板书进一步培养学生的逻辑思维品质．

4. 重点突出，帮助学生理解巩固知识

教学中，教师如果能够重视使用板书，而且板书使用得很好，则可以引导学生把握教学重点，突破教学难点，全面而又系统地理解教学内容，深入持久地巩固所学知识. 所以，教师的板书必须重点突出、详略得当，在有限的课堂时间内，恰到好处地处理教材、表现教材，并给学生以清晰的印象.

5. 合理布置，给学生以美的充分享受

教师在教学过程中，如果能够把讲授的内容迅速而利落、合理而清晰、规范而准确地分布在黑板上，那么就可以使学生跟上讲课节拍，正确理解讲课内容，同时，还可以使学生一目了然，受到美的陶冶. 这就要求教师要依据教学内容，从实际出发，进行周密的计划和精心的设计，做到内容、格式和位置的合理布局.

6. 形式多样，激发学生的学习兴趣

形式多样，充满情趣的板书设计，就像是一幅摆在学生面前的美丽图画，它在给学生以美的充分享受的同时，又能更进一步地拨动他们的心弦，激发他们强烈的学习热情，引起他们浓厚的学习兴趣. 所以，课堂教学中，教师应该根据教学内容的具体要求和学生思维的具体特点，或提纲，或表格，或图示，使得板书更加丰富有趣.

二、普通话在情感教育中的作用

所谓普通话，是指以北京语音为标准音，以北方话为基础的方言，以典范的现代白话文著作为语法规范的现代汉民族共同语. 作为教师，理应维护普通话的正规、纯洁和神圣. 下面谈谈普通话在课堂教学中七个方面的作用.

1. 用普通话教学有利于校正汉字语音

作为教师，只有对学生长期进行普通话训练，才会使他们在汉字读音、会话、阅读上准确应用．普通话是以汉语拼音方案来记录语音的，因此，普通话就是学生语音训练最正规、最标准的范例．

2. 用普通话阅读有利于加深理解课文内容，是直达教学目标的最佳途径

阅读是依据作者的书面语言，分解文章的段落构成、归纳文章旨意、领会作者的感情、找出线索及提出问题并思考答案的过程．阅读对于辨析文体、写作风格、表达技巧以及理解公理、定理、定义、概念、定律、公式、命题甚至领悟解题的思路、方法、技巧，也很重要．教师标准的普通话适用于范读、领读、精读，这对于学生达到上述目标有相当关键的引导作用．

3. 用普通话教学是德育渗透的重要途径

普通话可以激发学生热爱祖国的语言，热爱祖国，同时，还能培养学生的语言美、心灵美，净化学生的精神世界，对于实现以德治国的方略具有潜在的价值．普通话训练是精神文明建设的一项重要内容．

4. 用普通话教学有利于陶冶学生的情操

音调和谐、节奏明快、韵律优美的普通话，用以朗读、讲课，可以给学生营造一种富有音乐色彩的美妙意境．在课堂上，用普通话阅读，可以读出作者的情感，体会主人公的思想境界．在美文的熏陶中使学生的崇高理想得以加深，文学修养得以提高，审美体验得以加强，课堂兴趣更加浓厚．

5. 用普通话教学能够培养学生的听说能力和社交会话能力

人际关系的好坏，在很大程度上取决于一个人的会话能力．抑扬顿挫的普通话可使学生在长期的强化训练中潜移默化地形成语感．用普通话表情达意，以情动人，以理服人，不仅言之有物，还可给人以悦耳可亲之感．在会话中，学生的语言分辨力也会相应得到提高．总之，普通话是我们交际中的一种有力工具．

6. 用普通话教学有利于提高全民素质

"讲好普通话，走遍天下都不怕". 普通话不仅仅是作为一种语言而存在，讲好普通话还是一项过硬的本领，对求职谋生，塑造形象，训练气质都有重要作用. 同时，讲好普通话也是一个人综合素质的集中体现.

7. 改革开放以来，我国对外文化交流迅速发展

在我国的对外文化交流活动中，普通话教学显示了前瞻性、建设性的作用，普通话作为向外国友人介绍中国文化的语言载体，为中华文化走向世界发挥了重要作用. 另外，随着汉文在计算机上的输入速度超过英文，可使其在互联网上捷足先登；让国际友人正确而熟练地掌握普通话，对于各国文化的交流，对于外国人了解中华民族五千年文化的博大精深，意义重大.

三、情感教育中，实践探索"创新学习"的新理论

通过教育教学改革，加速创新人才的培养，培育学生的创新意识和创造能力，已成为学校教育的一个重要课题. 我们在教学中可从以下几个方面进行探索.

1. 贴近实际引发学生的创新意识

在学校里，学生是学习活动的主体，他们的生活、学习也各有特色，有的爱说爱笑，有的沉默寡言，有的调皮好动，有的文弱典雅. 对这些可爱的学生，教师应怎样唤起他们的创新意识？怎样引发他们的创新动力？带着这些问题，我们可以通过学习国内外的现代教育理论，深入到学生中去发现他们的个性与乐趣，了解他们最喜欢做的是什么，从而找出一些有规律性的问题. 然而不管他们是什么性格特点，都愿意当个好学生，争做学习成绩优秀的学生. 若都有这么好的动机和学习目的，还愁他们学习不好吗？因此，教师在平日的教学中要千方百计地去发现他们的闪光点，去鼓励他们、激发他们，并且与他们交朋友，

谈知心话，完全放下架子，把自己融入学生中. 通过这些努力再来看看学生的学习，课堂上会出现教师出示新知识内容，学生争先抢答，并且各抒己见，分析得头头是道的新风貌.

2. 分组学习是提高教学质量的有效途径

分组实验学习，能达到全员参与的目的. 对问题的认知，有的学生说得多一点，有的说得深一些，这样学生对知识的理解就有了互补性，从而避免了以前的尖子生独占课堂的局面，也避免了一些中小学生只听不说或只看不做的局面. 分组实验学习法，能使学生动脑动口动手，有的问题说不明白，通过动手就清楚了，它能使学生全身心地投入到学习中，能学深学牢.

3. 教给学生引导参与

教师在教学的同时，必须让学生会学，也就是说，教师应该让学生掌握一定的学习方法，使之成为学习的主人. 教师应当重视学法的研究和指导，让学生学会使用多种感官参与学习，学会操作，学会思考，学会自学，学会提问题. 学生若能利用课后时间自觉地复习，那么他的学习成绩就好.

四、在情感教育中，应依照思维规律，设计数学新课导入

数学教学的过程是数学思想活动的展开过程. 在教学中，教师必须讲究数学思维教育方式，以优化学生的数学思维品质，使学生不断受到思维方法的具体熏陶、感应和体验. 如何设置导语导入新课，是激发学生求知欲和学习兴趣的重要环节，也是增强学生思维能力的一个重要途径. 优秀的新课导入，能充分激发学生的积极思维，使学生在愉快而亢奋的氛围中，轻松自然地进入新课. 这对提高课堂效率，提高教学质量将大有帮助.

导入新课，我们可用以下几种思路，效果较为理想：

1. 设"陷"导入

有些内容，若只靠老师的讲解，常常达不到理想的效果．如果能适当地构思设计一些易使初学者"上当受骗"的"陷阱"，常常能出奇制胜，因为这既辨清了与原有相近知识的异同，同时也使新授的知识很快印在脑子里，为灵活应用打下了基础．

如讲授"零指数"时，应先说"n 个 a 相乘的积就是 a^n，那么 a^0 是不是 0 个 a 相乘的积呢？"稍作停顿，"今天我们来一起研究，零指数……"．此时学生的求知欲被充分激发起来了，达到了"愤""悱"的地步，再进一步点拨……，从而取得了理想的效果．

2. 兴"趣"导入

心理学表明：人，对所从事活动的直接的结果常常没有兴趣，但是对于活动的最后结果却有很大的兴趣．这种关于终端结果的兴趣，几乎存在于每一种自觉进行的活动中．因此，有时可以亮出终端结果而使学生对此产生新奇感，从而产生强烈的兴趣．

如讲授"对数"时，可手拿一张报纸一角，向学生展开，同时问："若把这张报纸对折，再对折，对折三十次，那么该有多厚？"学生们猜测不已．此时可告诉学生其厚度超过世界屋脊——珠穆朗玛峰的高度，这时，全班同学肯定会有一片惊叹声．紧接着，又说："要知道这一结果从何而来，学习了对数后，就会茅塞顿开了……"．这样，学生就在一种十分感兴趣的氛围中进入了新课的学习，效果较好．

3. 动"手"导入

初中学生的心理认知特点向我们展示了培养学生学习兴趣的有效途径．即使在数学教学中，也要努力实现智力操作和动手操作的有机结合．如初学平面几何，一开始就要接触很多概念，若单纯地讲授新课，大多是枯燥的说教，这样，学生的学习兴趣会荡然无存，注意力也难于集中．假使能创造机会多让学生动动手，即量一量、剪一剪、折一折、比一比，效果则大为好转．如讲"三角形内角和"时，每个学生用纸片剪一个三角形后，撕下三只角，拼接起来，观察这三只角之和，猜测大概有什么结果，从而不仅得到了"三角形三个内角的和为 $180°$"

这一结论，而且也为证明这一定理，如何添辅助线埋下了伏笔．有时不便每个学生都做，教师可以在一定程度上演示有关的实验，来导入新课，如直线与圆的位置关系、圆与圆的位置关系等内容，就可以用一直钢丝表示直线，圆纸硬片表示圆来演示，以导入新课．

4. 激"情"导入

数学教学中，要千方百计地激发起学生"求知若渴"的情感，避免教师讲课兴致甚高，学生听课"死水一潭"、无动于衷的局面．因此，讲课前，一定要先使学生产生激情，这样才能使其在心境愉悦、亢奋状态中进入新课的学习．

如讲授"加法交换律和结合律"时，可先说："今天，先来一次有奖速算比赛，奖第一名，题目是：$1+3+5+\cdots+99$"，全体学生马上士气高昂，产生了不少解法，这些解法中，也不乏简便方法，这样就使学生自己发现了规律，教师再点拨一下，学生马上豁然开朗了．

5. 设"疑"导入

一上课，就巧妙地设置问题，让学生在思想上产生悬念，以调动学生的思维，这也不失为一种好的新课导入思想．如教"有理数加法"时，一开始就说："小学里，甲数加上乙数，其和不会比甲数小，但到初中里，甲数加上一个乙数，和就有可能比甲数还小．""怎么加上一个数反而比原数小呢？"学生头脑中马上产生疑云．随着教师娓娓道来，加上学生的积极思维，学生头脑中的疑云渐渐地就云开日出了！

6. 类比导入

根据学生已有的知识，紧扣新课与旧知识的联系，导入新课，使知识迁移，将会使学生感到自然亲切．如新"立方表"，其查法以及底数的小数点与其立方数的小数点的移动规律，可以由平方表中的有关内容类比导入．这样就会水到渠成，顺理成章，达到事半功倍的效果．

综上所述，新课导入至关重要，其优劣将会影响该节课乃至整章的教学效果．因此要全面了解学生的认识水平及知识现状，熟悉教材，灵活多样地构思设计符合学生认识事物规律的新课导入，才能提高课堂效率，提高教育质量．

五、在情感教育中如何教会学生解决问题

青少年是 21 世纪的建设者，要把他们培养成有用之才，就必须教会他们怎样解决问题. 那么他们应该如何解决问题呢？

1. 掌握四个阶段

（1）提出问题.

提出问题就是发现矛盾. 矛盾具有普遍性，不以个人的好恶进行转移. 青少年有强烈的好奇心，遇事总要寻根究底，容易提出问题. 好奇心强、勤于思考的人，容易发现较复杂的问题；有知识经验的人容易看出别人不易察觉的问题. 能否发现问题，提出问题是解决问题的开始.

（2）明确问题.

明确问题就是要从众多的矛盾中指出主要问题，从复杂的矛盾中找出核心问题. 在中国经济建设问题中，邓小平把马列主义同中国具体实践相结合，提出了建设中国特色的社会主义，为中国的政治、经济发展提出了核心问题和科学的理论依据.

（3）提出假设.

假设的提出是分析问题的开始，是科学研究经常使用的手段，是从已知到未知的桥梁. 假设的价值就在于：解决问题以它为基础，使工作有条不紊地展开.

（4）检验假设.

解决问题的最后阶段是检验假设. 检验假设最有效的方式是实践. 实践成功，肯定假设；实践失败，推翻假设. 如果客观条件不允许实践检验假设，可采取逻辑推理的方法，预测结果.

在我们的教学中，常常会碰到许多复杂的问题，可以根据这四个阶段的进程，学会具体问题具体分析，遇事多问个为什么和怎么办，同时注重资料、信息的收集和整理，发扬"攻城不怕坚"的精神，百折不挠，再难的问题也会得到解决.

2. 掌握六种方法

（1）疑问探索法.

打开一切科学的钥匙，毫无疑义的是疑问. 有疑，就是发现矛盾；释疑就是探索解决矛盾的途径. 创造常常发端于疑问，正确地提出问题是解决问题、探索解决问题方案的前提和条件.

（2）网络联想法.

任何两个概念均可经过四五个步骤就能建立起联想的联系，而每一个概念至少可以直接与十个概念相连，这样，每一概念的第四步就是一万个概念. 这四步联想的概念有着许多交叉和重复，构成一个网络，使得联想呈现丰富的层次和脉络. 这样，就会使我们解决问题时灵感如泉，新的创见和设想就会滚滚而出.

（3）经验迁移法.

解决一个问题的经验可以迁移到另一个问题上. 鲁班通过带刺的茅草割破手指和衣服而受到启示，发明了锯子；苏格兰医生邓禄普从浇花的橡皮水管富有弹性得到启示，用充水的橡皮管镶在自行车车轮外缘，成了充气车胎的"祖宗"，他们就是运用这种方法得到解决问题的结果的.

（4）反思求异法.

如果说经验迁移是对陌生的事物用熟悉的眼光来看的话，那么，反思求异法则要求对熟悉的事物用陌生的眼光来看. 这是因为，人们的思维常常囿于既成的"思维定势"，跳不出常规的框子，束缚了思路. 所以，在解决问题的过程中，应提倡学生"反过来想一想".

（5）发散收敛法.

从一个中心向四周发散开去的思维方式称为发散思维，它流行于国外的"头脑风暴法"，让与会者充分发散思路，提出种种思想，让这些思想的"高速粒子"互相撞击，并在碰撞中闪现火花. 但发散思维不能最终解决问题，形成成果还需要收敛思维，即将发散开来的思路再聚拢到解决问题的条件上来. 这个过程，正是分析和综合的过程.

（6）系统信息法.

对于多因素、动态、复杂的问题，传统的解决问题的方法已经远远不适应. 系统论、信息论、控制论的出现，为我们今天解决各领域、各层次、各类型的问题提供了帮助. 系统信息法，是运用信息的观点，把系统看作借助于信息的获取、传递、加工、处理而实现其目的性运动的一种解决问题的方法. 把系统的有目的的运动抽象为一个信息转换过程，通过信息的正常流动，尤其是反馈信息的流动，使系统得到控制，问题得到解决.

综上所述，要学会解决问题，就必须解放思想，勤于思考，注重实干，激流勇进，百折不挠. 具体问题要具体分析，要在调查、研究的基础上，运用恰当的方法，实干、苦干加巧干. 只有这样，我们的学生解决问题的能力和水平才会逐步提高，才能为实现预期的目标创造条件.

六、在情感教育中怎样教会学生超前学习

超前学习作为一种激进的学习方法，存在于各个年龄阶段、各个层次之中. 当前的中小学，也有不少的学生按老师的进度会感到"吃不饱"，自定学习步子往前赶. 事实上，超前学习存在于青少年的求学成才过程中，研究它、认识它的特点，掌握它的方法，将有利于青少年成才.

1. 超前学习的特点

现在的学习方式，几乎是教师按教师和学生的"双边活动"来进行的. 现在虽然提倡启发式为指导思想，但可以说仍没有全面地体现学生的主体性，不利于学生"放开手脚"去探索、研究、解决问题，有适应性、维持性的一面，仍然是传统的学习方法. 超前学习则不然，它是面向未来的，是学习主体积极能动地从强烈的索取愿望出发，一种为达到目的而进行的学习方式. 它与传统学习相比较，有明显不同的特点.

（1）强烈的动机和明确的目的.

超前学习是一种从个体的主观愿望出发的自主学习方式. 它不受外部的统筹安排地去学习，而是把外部的要求转化为主体学习的动机，在自己已有的知识水平和自身学习特点的基础上，为解决自身存在的问题和将来进一步的研究而积极、能动地学习. 其目的不仅是机械地接受现存的知识成果，更主要的是探索别人没有事先安排出的知识领域，冒险性、进攻性地去参与其中，对未来的要求相对超前，以提前猎获知识.

（2）学习形式灵活性强.

传统学习是按循序渐进的原则，以"螺旋式"的方式进行，而超前学习则不然. 首先，它的难度较传统学习大，且跳跃性也大. 它以快节奏的学习进度和"跨大步"的方法来完成某种学习. 其次，超前学习对于知识不过于注重量的积累，而重视质的精炼，反对死板地重复的练习. 再次，超前学习灵活性强，它并不要求对某些东西一开始就要弄个清清楚楚，明明白白，而是允许有一些模糊；它不求知识的系统连贯，而是尝试性地进攻，广泛地涉猎，然后摒去次要的例证材料，把主要的进行浓缩，然后把握，必要的时候再分解、消化.

（3）多元化的思维和最佳的学习心理.

超前学习是一种立体式的复合思维形式，它采取多元化、多层次的思考，偏重形象、灵感思维等，利用主体已有的基础进行大胆的揣测，展开丰富的联想，充分利用诸方面的兴趣，进行潜意识的活动. 由于超前学习的巨大力量是主体内产生的动机，不存在外在的压迫感，有利于形成最佳的学习心理，其反馈和强化来自学习过程和结果的所有的创造发现的性质，因而不存在心理上负担过重的问题.

2. 优等生超前学习的方法

（1）根据学习者的实际，有明确的目的.

这里是指学习者要根据个人的知识水准和学习能力，要有一定的目标. 考虑能否超前，在哪些方面和哪些阶段超前，超前进度多少，应采取什么方法，这些都要因人而异，决不能盲目而动，千篇一律，轻易效仿. 这是因为超前学习是以学习者本身的知识结构为基础，并在这样的基础上发展，且以这种发展的程度作为学习阶段，在这个阶段中超前的幅度可以大些，知识的分量可以重一些，学习的比重也可以逐步提高. 另外，决定能否超前，除上面所讲的以外，还要考虑超前学科知识的结构特点. 对于那些独立性较大，自身较易理解的材料，有可能也可以超前，但有些学科的知识链接十分紧密，并且又很重要，就只能逐章逐节地细心钻研，决不要强行"跳跃"超前.

学生应在充分认识自己的实情及超前学科知识结构的基础上，再确定超前学习的目的. 目的不同超前学习的范围、方式也不同. 有些学生为了一个远大的目标超前；有些学生为了超级而超前；还有些为了考少年大学而超前，等等. 总的说来，超前学习目的要明确，要有的放矢，否则，弊大于益.

（2）以教材为中心，选好参考书.

超前学习的目的明确了，就要选好必要的参考书，以开阔视野，补教材之未及. 一方面，选参考书不能脱离教材，这是由基础教育而决定的. 另一方面，也要根据自己的实际，不可能什么书都看，这在时间和精力上都不允许. 拿到书后，要先看一下"提要"和前言，了解书中梗概，用几本同类的书互相比较后，再选适合自己的.

（3）知识要精、透、懂.

选好了参考书，就要精读它. 把内容吃透，并且要搞懂. 特别要对关键的字、词、句进行推敲、揣摩，在精读的基础上，还要把知识的关键点抓住. 我们这时就应把知识间的关系搞清楚，把相同点和不同点对比起来掌握，多动脑动手.

（4）多记、多问.

根据超前学习的特点，要多作笔记，主要是把学习中不懂之处和有创造性的地方记下来，以便讨论和请教.

超前学习的特点说明，超前学习是以自学为主，对于知识的重、难点无人告诉你，你应该在精读之后找准它、抓住它. 一般不懂的情况有两个：一是综合性、分析性的问题. 遇到这种情况时，自己先尽可能地从多渠道去解决，若不得解就再隔一段时间，实在做不出就去问别人，不必花过多的时间和精力. 二是属于偏、怪的问题. 冥思而不得其解，不必费神，反而还可以活跃思路.

在自学中，还有比较重要的一点是，自己把问题弄明白后，还应和别人商讨及请教教师，以巩固自己的理解，做到举一反三. 以上所述，对于我们提高学生超前学习的效率是至关重要的.

七、在情感教育中，应注意数学教学、重视非语言艺术

教学中的非语言因素是指教师在教学中为了达到教学目的而有意做出的表情、动作和姿势的总和. 也有人把非语言因素称为体态语或体势语. 教学非语言因素是相对教学语言而言的. 教学非语言艺术是教师灵活巧妙地运用非语言表情达意，达到教学目标的一种创造性的行为. 据心理学家研究发现，非语言因素

传达的信息占人的信息交流的 60% 以上. 教学是师生信息交流的活动，数学教学也是如此. 可见，数学教学必须十分重视在教学中学会运用非语言艺术，以优化数学教学过程.

1. 恰当运用非语言因素，激励学生乐学情感

非语言因素在数学教学中起动力的作用. 以情感人，充满情感的教学，能使学生乐学不倦. 课堂上数学教师的激励行为指教师的语言、面部表情和体态，对学生有激励作用. 教师除善于使用激励的语言之外，还要富有激励的情感，通过赞许地点头，期望、称赞的目光、眼神，赞美的手势，会心的微笑，增强情感的感染力，使学生愉快地学习数学.

2. 恰当运用非语言因素，辅助教学语言表达的效果

非语言因素一般不能单独表达意义，教学非语言因素伴随并辅助于教学语言，即语言艺术在非语言艺术的辅助下，可以收到"言语不多道理深"的教学效果. 数学教学常从学生熟悉的事物，从具体形象入手，再引导学生进行抽象概括，经历从感性到理性的过程. 在这一过程中，教师有机地把表情、动作、姿态与语言表达结合起来，可以增强教学效果.

3. 恰当运用非语言因素，促进学生内部言语的发展

著名的教育家布鲁纳指出："一旦儿童能使言语内化为认识工具，就比以前更能用有效而灵活的方式将经验的规律表现出来，并加以系统的转换."内部言语是一种特殊形式的盲语活动，是人们在思维活动中所伴随的一种不出声的言语. 内部言语的形成是学生头脑里认知同化的过程，是实现知识内化的思维方式. 数学教学恰当地运用非语言因素给学生以适时的暗示、启发，能有效地引导学生的思维进入合乎逻辑的轨道. 近代国内外一些小学采用"无声教授法"，把教学例题编成"小步子"的程序，利用电化教学媒体，教师从学生的思维反馈信息中及时地运用动作、表情、姿势等非语言手段，让学生参与和暴露思维过程，使枯燥的数学教学艺术吸引了全班学生，个个聚精会神，引颈而望，学生的计算能力、思维能力得到发展，令许多教师称赞其有"此时无声胜有声"的教学特色.

总之，数学教师必须创造和运用非语言艺术，遵循"一法为主、多法相辅"的教学方法优化原则，使语言艺术与非语言艺术得到完美的结合，使非语言因素与多种教学媒体、教学手段有机组合、协调运用，那么，数学课堂教学艺术将展示它新的风华.

八、在情感教育中优化孩子的家庭教育

家庭是学生的第一课堂，父母是孩子真正的启蒙老师. 孩子能否健康的成长，家庭教育至关重要. 如何对孩子进行家庭教育，促进孩子健康成长，已成为家庭与学校共同探讨的新课题.

1. 家庭教育中的通常弊端

现实生活中，每个学生的家庭情况都不一样，因而导致形形色色的家庭教育模式.

（1）刺激式：很多家长把"经济"手段引入到家庭教育中，常用奖励金钱的方法刺激孩子，把孩子听话与否，学习成绩好坏都与金钱挂钩. 拜金主义、一切向钱看的思想在孩子幼小的心灵就根深蒂固，从而导致孩子贪财自私的心理逐渐形成.

（2）高压式：大多数家长都迫切地望子成龙、望女成凤，从而普遍忽视了未成年人心理及生理特征. 对孩子的不良行为，其教育方法简单粗暴，多压制、少引导，常责备、少鼓励，甚至以打骂来惩罚孩子，从而导致孩子脾气粗暴或性格内向.

（3）溺爱式：一部分家长认为树大自然直，过分相信孩子的直觉性，甚至认为教育孩子完全是学校的事，不注意对孩子的不良行为进行规范约束，采取熟视无睹、放任自流的态度. 这样的孩子大都容易误入歧途，走上歪门邪道.

（4）楷模式：一部分家长把对子女的教育模式化，对孩子的期望值太高. 孩子一生下来，就将其定位为专家学者、英雄领袖. 如孩子成长错位，就会对孩子失去信心，认为孩子是朽木不可雕，使孩子丧失了个性的发展，错过了成才机会.

2. 优化家庭教育的思考

家庭是社会的细胞,社会是由千万个家庭组合而成的. 社会的精神文明也取决于家庭文明,对孩子家庭教育的好坏将直接影响到人才的培养及人口素质的高低. 优化家庭教育已成为迫在眉睫的课题,如何优化家庭教育,可从以下几点做起:

(1)家长对子女要付出真爱:爱护子女,这是天下父母心,关键是如何去爱. 实践表明,把孩子视为"宝贝",含在口里怕融化,捧在怀里怕摔坏,百依百顺,忽视正面教育,不让孩子接受艰苦磨炼,把孩子禁锢在家庭"安乐窝"中,久而久之,孩子的独立生活能力自然会低下,反而无形中贻害了子女. 真正的爱就应该培养孩子吃苦耐劳的精神,养成敢于奋斗、自强不息的品质,让孩子经风雨、见世面、历严寒、抗酷暑,磨炼出孩子一副强壮的体魄,培养他们爱劳动、勤创业的情操.

(2)培养孩子的道德情操:培养孩子的道德情操是社会主义精神文明建设的需要. 要使自己的孩子成为社会主义建设的栋梁之材,没有文化知识不行,没有高尚道德情操更不行. 因此,在家庭教育中,一是要求孩子遵循社会主义道德标准,学会做人. 在家中做到家庭成员之间人格平等,互相尊重,互相帮助,团结友爱,讲民主,家长不专制. 二是要求子女目光远大,有较高的人生目标,遇到生活琐事、暂时的困难及家庭纠纷不悲观,不无所适从. 培养孩子沉着应变复杂事物的能力.

(3)营造良好的家庭教育环境:良好的家庭环境对孩子能起到潜移默化的作用. 造就良好的育人环境,家长要做有心人,家庭布置要做到整洁、美观、大方. 购置有利于孩子健康成长的书籍、玩具及家具,开展健康有益的文化娱乐活动. 引导孩子选择电视节目,指导孩子看书读报,培养孩子习书法、修美术、赏音乐的情操,培养孩子广泛的兴趣爱好.

(4)要特别注重孩子的智力投资:目前,我国还处于社会主义初级阶段,经济还不发达,主要表现在:一是农民支付子女接受高等教育的能力还不强,以致造成失学甚至是考上大学却上不起大学的现象时有发生. 二是部分家长小农意识浓厚,不愿把钱花在子女的教育上,不等子女完成九年义务教育就把孩子推进打工赚钱的人潮之中,以致我国人口素质整体水平不高. 竞争靠人才,人才靠教育. 要想国富民强,人才是第一位. 国家提出科教兴国是一项重大的战略决策. 作为家长,要望子成龙应首先送孩子读书接受教育,对子女的文化教育及智力培养要舍得投入,家庭富裕要送子女读书,家庭贫穷更要送子女读书. 一个文盲充斥的家庭只会更贫穷.

优化孩子的家庭教育既是一个老话题，同时又是一个新课题．人才的培养，国民素质的高低与这一课题息息相关．预防青少年犯罪，降低青少年犯罪率与这一课题息息相关．我们应呼吁全社会每一个家庭都要十分重视孩子的家庭教育，都要去研究探讨如何优化对孩子的家庭教育．我国是当今世界第一人口大国，若国民素质低下，这巨量人口将成为我国的沉重包袱．而整个国民素质提高以后，这巨量人口则成为我国的巨大智力资源．

九、我们的情感教育应讲究宽容学生策略

1. 宽之有严

宽之有严是指教师既容纳学生的错误，又严格要求学生认真改正错误．严格要求学生是宽容学生的基础，是宽容这种教育方法收到良好效果的保证．教师应该做到原则问题不让步，是非面前不糊涂，评价学生看主流，胸怀爱心看发展．宽容与严格是矛盾的统一体，宽容并不排斥严格，宽容是另一种意义上的严格．宽容既不是宽纵放任，也不是主张取消必要的纪律处罚，任何时候对学生的严格要求都是正当的、必要的．

2. 宽之有爱

宽之有爱指教师宽容学生是因为热爱学生．热爱学生是宽容学生的前提．宽之有爱主要表现在两个方面：一是宽容学生的目的是让学生改正错误．此时，教师要体现出更多的关心和爱护．二是既宽容学生，又教育学生．宽容的本意是爱而不是去应付，善待学生是以心对心地去滋润学生的心田，去包容学生的过失，去化解学生的不良情绪．因此，教师的责任不是禁止学生犯错误，而是对犯错误的学生动之以情、晓之以理、导之以行，及时做好他们的思想转化工作．

3. 宽之有理

宽之有理是指教师宽容学生要有理有据，宽容学生时要晓之以理．首先，教

师宽容学生的错误要合理,要宽之有据.教师对犯错误的学生宽容时,要讲清楚为什么要宽容.其次,教师宽容学生的时候要讲道理,要对学生进行教育,及时指出错误,帮助学生分析原因.教师应加强正反两方面的教育和引导,促使学生改正错误,提高学生的自控能力.

4. 宽之有度

宽之有度是指教师宽容学生时不能超过一定的界限."海纳百川,有容乃大."作为一名教师应该有这样的胸怀,能容下学生的错误.但这个"容"不是漫无边际,而是有度的,这个度就是法律.学生不论是一般违法还是严重违法(即犯罪)都不能宽容.所以,教师对学生要注意防微杜渐,防患于未然,宽容学生要有一个度.

5. 宽之有方

宽之有方是指教师在运用宽容这种教育方法时,应根据犯错误学生的个性、思想认识等选择适当的时机、方式、场合对其进行批评教育.即宽容学生要做到具体问题具体分析,要讲究策略.一是先宽容后教育;二是先教育后宽容.学生犯错误时,教师要及时、耐心地教育,让学生口服心服,然后视情况从轻处理.

这五个方面是相辅相成的."严"是保证,"爱"是前提,"理"是依据,"度"是界限,"方"是策略.只有这样的宽容才是一种智慧,才是真正的宽容,才真正有利于学生的健康成长.

十、情感教育中提高师德修养,塑造教师形象

教师,作为一种社会职业,他不仅要教书,更要育人,要以自己的模范品行来教育和影响学生.因此,塑造良好的教师形象,将直接影响教师威信的建立和教师影响力的提高,从而关系到教育教学工作的效果.

21世纪的中国，正进行着一场全面深刻的教育改革，为了培养适应21世纪发展需要的新人，今天的人民教师更应该提高自身的师德修养，塑造良好的教师形象.

关于提高师德修养，塑造教师的良好形象，应具有以下几方面的要求：

1. 教师应具有素雅端庄的仪表风度

仪表风度是一个人的外在形态，或者说它是给人的"第一印象". 在人际交往中，人们是很看重"第一印象"的，而教师在学生面前的"第一印象"就更为重要. 因为作为受教育者，学生正在生长期，成长还未定型，这时候他们往往从周围的生活环境中寻找自己崇拜的人. 而教师往往是受崇拜对象的首选. 因此，教师是孩子们心中最完美的偶像. 当教师走进课堂时，学生的目光都集中在教师身上，这时，教师的发型、服饰、姿态、表情都会吸引学生的注意力，并在讲课过程中，教师的一言一行、一举一动，也都深深地印在学生的脑海中. 总之，教师的素雅、端庄、言行举止文明，是塑造教师形象的基础.

2. 教师应有为人师表的职业道德

我国现代教育家叶圣陶先生指出：教育者的全部工作就是为人师表. 这既是教师为人处世的重要的道德规范，也是塑造教师良好形象的重要保证.

为人师表是教师道德的核心，也是教师道德的突出特征. 它要求教师既要才能卓越，更要品德高尚；既要"言传"，更重"身教"，既要用自己的学识教人，更要用自己的品格育人. 我国古代教育宗师孔子认为："其身正，不令而行；其身不正，虽令不从". 他还说："不能正其身，如正人何？"汉代思想家董仲舒认为，教师，要学问渊博，道德高尚，以身作则，这样，学生就能自然地受其感化. 韩愈又指出：教师必须"以身立教"，他认为，只有这样，教师才会"其身亡而教存". 教师只有以身作则，言行一致，为人师表，才能有效地影响学生，完成造就人才的光荣任务. 苏联教育家苏霍姆林斯基曾说过：要散布阳光到别人的心里，先得自己心里有阳光. 今天，作为一名人民教师，为人师表更是做好教书育人工作的根本规范，是学生在漫长而曲折的人生道路上百折不回，勇往直前的精神榜样.

3. 要塑造良好的教师形象，还应具有博学好思的文化修养

教师只有具备渊博的知识，良好的思想品德，才能满足学生强烈的好奇心和旺盛的求知欲，上课时才能高瞻远瞩，启迪学生．如"庖丁解牛，游刃有余"．否则，面对学生广泛而浓厚的求知兴趣，教师的教学只有招架之功，而无还手之力．教育实践证明，并非所有的教师在学生心目中都有良好形象，而是那些学识渊博，知识广阔又富有较强的教学能力的教师，才能给学生树立一个饱满挺拔的良好形象，从而赢得学生的信服和尊敬．许多事例证明，学生往往能够谅解教师在教育活动中的诸多过错和失误，却最不能原谅那些学识贫乏、思想肤浅、能力缺乏、孤陋寡闻的教师，这样的教师在学生心目中的形象是虚无的，是苍白无力的．

作为人类文化传递者的教师，首先要具备较之受教育者更多更广的知识基础，这正如俗话所说的：要给学生一碗水，教师须有一桶水．教师在教学生时要让其知其然，更要知其所以然，这就是所谓的不仅"授人以鱼"，更要"授人以渔"的道理．这对教师的文化知识提出更高的要求．如果只是教给学生一些肤浅的、零乱的陈旧的知识，学生的思想就会僵化，这样只能让学生成为缺乏创造力和实践能力的"书呆子"，应该说，这样的教学是不成功的，这样的教师也是不称职的．

当前，由于科学技术的飞速发展，人类社会进入了知识激增的时代．知识更新得越来越快，教师要跟上时代的步伐，就得学习学习再学习，不断吸收新知识，接受新信息，以充实自己．这样学识渊博、良好的教师形象才能永远地树立在学生的心目中．

4. 要塑造良好的教师形象，还应有甘为人梯的奉献精神

教师是人类文化遗产的传递者，是塑造新一代灵魂的工程师．教师这个职业是崇高伟大而艰苦的，忠诚于人民的教育事业应是每个教师的信念．教师应具有献身精神，勤勤恳恳，兢兢业业，把全部心血化为春雨，浇灌祖国的幼苗和花朵；教师还应具有崇高的思想境界，教书育人，为新人的成长甘为人梯；教师还应具有像春蚕吐丝，像蜡烛燃烧的精神，用自己生命的潜能去启发学生思想的阀门，点燃学生智慧的火花．作为当代教师还应具有不图名、不图利，能甘于艰苦，安于清贫，默默奉献，有"甘为人梯"的精神，有"诲人不倦"的境界，面对滚滚而来的金钱和物质诱惑而不动心．

教师的形象是在教育教学中逐渐形成的，已形成的教师形象又无形地影

响着教育教学过程的进行和效果.因此,每个教师都要加强自身的师德修养,在学生的心目中塑造良好的形象,并在教学实践中不断维护,完善和提高这一形象的感召力.

十一、情感教育在转化后进生中的应用

新课程改革要求学生"人人学好必要的知识,人人学会有用的知识,不同的人学习不同的知识".新课标坚持"三个面向"的原则,突出"以人为本"的思想,强调学生的发展,这充分说明后进生的转化工作应该是教学工作的重点,当然也是难点.在教学中利用情感教育指导后进生的转化,可从以下几方面努力:

1. 避免晕轮效应,全面准确地了解后进生才能"对症下药"

晕轮效应指当我们看到他人有某项品质特别优秀时,就会不自觉地认为他一切都是优秀的;反之,如果看到他人有某项特别坏的品质时,也会不自觉地认为他还有一系列的坏品质.以这种特别好或特别坏的品质为核心,向四周弥漫、扩散,如同月亮形成的晕轮一样,故称为"晕轮效应"或称"光环效应".

受晕轮效应的影响,一般的教师很难全面准确地深入了解后进生的情感世界,很难对后进生进行客观公正的评价,更难于对后进生给予必要的爱和温暖,这样就进一步加剧了后进生的倒退.因此,要转化后进生,必须克服工作中的晕轮效应,不能以偏概全,其首要任务就是了解清楚学生成为后进生的原因,并做好详细档案记录.

后进生形成的原因很多,大多数学生学习目的明确,态度也端正,也希望学习好,但是屡考屡败,使其逐渐丧失了学习信心,渐渐形成了消极心理情绪,如果长期得不到教师和家长的温暖,缺少周围人的关心和称赞,就容易自暴自弃成为后进生.只有情况清楚了,才好"对症下药".经观察总结,后进生形成的原因大致可以分为如下几种:

(1) 学校和教师的原因.

因应试教育中的"精英教育"思想作怪,学校和教师往往易忽视应遵守的

"大众教育"观念，一些学校认为"学生基础差，师资力量弱，设施设备差，想要出人才就必须从初一开始变相分快慢班，抓重点."一些教师认为只有抓尖子，提高重点高中升学人数，才能突出自己的水平，因而会变相地歧视后进生，没有处理好"培优"、促中、补"差"的关系，导致后进生越来越多.

（2）学生的原因.

一是智力差成为后进生．这部分学生思维缓慢，反应迟钝，虽然很努力，但成绩提高困难．二是智力正常，贪玩好耍成为中等生．他们的可塑性极强，但学习不自觉，只要引导得法，一旦走上勤奋之路，成绩就会上升．三是有的学生以前成绩好，因某一特殊原因成为后进生．因为知识是连贯的，只要及时补上就会赶上来，否则，就会越来越差．四是成绩差，又缺乏教师的指导，一般会成为双差生.

（3）家庭的原因.

有的家长的观点是：子女学习成绩好就给钱，学习成绩差就回家种地、经商、做工；家里穷，学习成绩差不上学还可减轻家庭负担．有的学生农忙要回家帮工，有的平时要帮家里经商，有的家里电视放到深夜，有的父母麻将搓到天亮，没有给子女提供一个好的学习环境.

2. 根据马太效应，平等对待每一个学生，让后进生感受到教师的"温暖"

马太效应指对学习好的学生给予充分的教育和越来越多的照顾；对学习差的学生给予不足的教育或很少的照顾．教师本不能以成绩好差区分优劣并偏爱或歧视学生，以免学习好的学生产生优越感，导致其自尊心畸形发展，心理耐挫力下降；学习差的学生产生自卑或逆反心理，对教师甚至学习好的同学产生怨恨，导致过激行为．因此，教师要给学生创造一个公平合理的教育环境．有的后进生对某些定义、公式记不住，可是对电视情节记忆深刻，还念念不忘，这说明他并非智力差，多数是非智力因素造成的，是由于平时遇到困难不能及时克服，导致知识"欠帐"太多形成的恶性循环．早发现早帮助是转化这类后进生的关键．只要准确掌握了这类后进生的智力情况和知识基础，改变传统教学中的一本书、一把尺、一刀切、一锅煮的教学方式，真正做到因材施教，后进生的转化效果会非常明显.

没有爱就没有教育，只有爱才能转化后进生，这是转化后进生的基础．教师对后进生要满腔热情、态度和蔼、耐心帮助，使他们感到温暖、愉悦．因为自卑、自暴、自弃往往是后进生的共同心理，教师要理解他们的苦衷，关心他们的进步，尊重他们的人格，不歧视他们.

让后进生树立"自信"是后进生进步的前提. 教师可用熟悉的例子来鼓励他们. 如：数学家华罗庚、张广厚等人，在念初中时成绩也不好；日本著名心理学家多湖辉、大发明家爱迪生、牛顿等曾经因为成绩差而被勒令退学或降级. 让后进生重新认识自己，并树立奋进目标，将使他们脱胎换骨，迸发出无限的潜能，形成"多米诺骨牌"效应，收效甚佳.

培养后进生的学习兴趣，让其从成功中体会愉悦，这是转化后进生的根本. 结合学生的基础，注意新旧知识的联系，低起点、多层次地帮助他们，使其实现读、议、讲、练、评各环节的最佳结合. 要在学法上多引导，在教法上下功夫，变"要我学为我要学"，变"授人以鱼"为"授人以渔".

3. 利用霍桑效应，充分肯定学生的成绩，促进后进生的全面进步

霍桑的研究表明：物质条件并非导致生产量增长的有利因素；而管理方法的改良却可以使生产人员态度改变，产量提高. 这就提示我们：教师对学生的思想品德、行为表现或某一方面的成绩要经常肯定，从情感上调动他的积极性；对学生的成长要提供有利条件，使他的情感不断产生需求，奋发向上. 当然，对学生的肯定要符合实际，泛泛地肯定或错误地肯定容易引起误导.

后进生不爱动脑筋，但又怕出错被同学嘲笑，被老师、家长批评，因此抄作业，考试做假的心态十分严重. 学习上受他人心理因素影响大，情绪变化快，起伏波动大. 教师和家长的适时鼓励，恰当表扬是非常必要的，要贵在"坚持抓后进生的反复，反复抓后进生的坚持".

4. 利用木棍效应，鼓励学生充分发挥自己的长处促进学生成才

管理学上有一个木桶原理：一堆木板做成水桶，装水的多少取决于最短的那一块，而不是最长的那一块. 而木棍效应是说：用一堆木棍来打树上的果子，收获的多少取决于最长的那根木棍.

传统教育中，教师评价学生多用木桶原理；新课程改革中，要求教师评价学生要多用木棍原理. 坚持鼓励后进生充分发挥自己的长处是有利于他们成长的. 大千世界丰富多彩，"行行出状元，行行出人才."只要对社会进步有贡献，就是有用之人. 多一把评价学生的尺子就会多一批好学生，就会在中国土地上产生比尔·盖茨和爱迪生式的人物. 放眼世界，纵横古今，多少伟人豪杰均产生于

充分发挥了自己的长处.

5. 加强对后进生成绩和学习方法的评价过程中心理因素的调控

对后进生进行评价时，由于他们对教师的评价非常敏感，心理因素的变化很大，所以教师要善于调节和控制后进生的心理因素，这样才有利于后进生的成长.

（1）逆反心理.

后进生受各种观念的影响，对教师的评价方法不够理解，对评价的意义过于在意，会产生一些抵触情绪. 把必要的纪律和评价手段视为对他们的"管、卡、压"，对评价中不合心意或不合理部分无限扩大，百般挑剔，产生逆反心理，在行动上不合作. 这就要求教师的评价要公正、公平、恰当，持发展的观点，尽可能地使用鼓励语言和行动，让爱和温暖沁入学生的心田.

（2）计较心理.

它是指后进生过分计较个人考分的高低、名次的前后、教师的评价是否满意的心理表现. 他们往往强调失误或错误的客观原因，甚至怀疑教师在打击报复，对别人宽了，对自己严了. 要引导学生透过现象看本质，看自己的不足，看自己的进步，找到今后自己努力的方向.

（3）嫉妒心理.

主要表现在后进生对得分很高或名次在前的人不公正的心理表现. 不是虚心向他们学习，相反心里不服气，或贬低，或非难，或诬蔑，或告状等，造成同学间不团结，干群间、师生间有矛盾. 我们应该引导后进生看到现在的社会是竞争的时代，优胜劣汰的年代，只有奋发向上的人才会成为社会需要的人，善于超越别人的学生，才是真正的好学生.

（4）失落心理.

在教师的评价中，经常处于后面的人，或是虽然经过努力，也没有多大进步的人，最容易产生失落心理. 他们表现为情绪低沉，怨天尤人，自暴自弃. 教师要引导他们分析失败原因，看到希望，寻找新的闪光点，坚决防止他们滑向后进生的行列.

研究后进生的形成原因，分析后进生的心理特征，寻找转化后进生的措施，是新课程改革赋予教师的重要任务，更是全面提高学校教育质量的重点和难点. 后进生的转化工作不是一朝一夕之事，是综合治理的过程，在转变过程中还会出现反复，只要大家一齐抓就会成功，就会有收效.

十二、情感教育如何从心理角度开展学生思想教育

  作为一名普教战线工作者，担负着培养社会主义祖国未来的建设者和接班人的重任，要坚持教书育人，并把育人放在首位．首先，必须加强自身学习，不断完善自我，并具有良好的心理品质．在处理每一件事时，都要从心理学的角度去分析、思考，用真心、诚心去对待每一个人、每一件事．因为中小学阶段的学生正处于个性品质形成的关键期，因此，在教育学生时，要特别注意方式方法，要保护学生的自尊心，运用心理学、教育学理论做好学生的思想工作，坚持正面教育以启发开导学生；要反复抓、抓反复，给犯错误的学生以改正的机会，要用耐心、真心、爱心来唤醒他们，用真情去感化他们的心灵，让他们鼓足勇气、克服缺点、改正错误，找回失落的童心，争做一个好学上进、诚实守信、认真学习的好学生．

  其次，学校要担负起家校联系，同社会（社区）联系的桥梁作用．学校要开设家长学校，指导家长进行家庭教育．有条件的学校要开设心理健康教育课，并开展心理咨询．建立家校联系制，建议家长多关心自己的孩子，常与孩子沟通，了解孩子所思所想，了解孩子需要什么，尽可能地满足孩子的一些合理欲望，给孩子一定的自由空间，使孩子在比较温暖、愉悦的家庭环境中生活、学习．

  最后，学校要充分发挥桥梁作用和育人功能，组织家庭、学校、社会各种力量形成合力，尽可能地净化环境，为孩子成长提供良好的自上而下的空间，为孩子创设和谐的学习生活环境．组织学生学习中小学生日常行为规范、公民道德法规，进行一些法律宣传讲座，以让学生从小学法、知法、懂法，做一个遵纪守法的小公民．

十三、情感教育中的爱心加耐心的个别教育

  集体教育是班主任对学生教育的基本形式，但要实现特定的目标，并落实到每一个学生身上，成为他们自觉的行动，还必须进行个别指导教育．所谓个别教育，是指以个别接触的方式进行的教育．

1. 树立正确的人才观

教育面对的是人，后进生虽然学习差，但他们当中绝大多数的智力是正常的，同其他学生一样有很大的发展潜能。像爱因斯坦这样一个小时候存在严重学习障碍的人，经过教育者的个别指导和他自身的努力，最终取得了事业上的辉煌成就，我们难道还没有信心去教育和转化这些学生吗？每位教师也都有责任和义务帮助这些学生，告诫他们要树立正确的世界观。

2. 欲施术先探源

后进生的学习差或品德差是有原因的，而且也是有一个过程的。作为教师，只有爱自己的学生、关心自己的学生，才能使后进生向你敞开心扉，也才能使自己真正了解他们学习差或品德差的原因，才能从根本上做好他们的思想工作，解决转化难题。后进生的形成来源于学校、家庭、社会和自身等几个因素。如：受应试教育的影响，教师的评价给他们的自信心以沉重的打击，这是造成后进生一差再差的主要原因；其次，一部分学生因为受到社会的影响，认为知识无用，对知识的价值产生了怀疑。像这样没有学习兴趣和动力，不思进取，且总处于下风的学生，怎么能保持正常的心态去努力学习呢？这就需要我们教师要摸清原因，对症下药，做好后进生的转化工作。

3. 给后进生以成功的体验

作为学生，自我意识正处于萌芽和逐渐提高阶段，不能全面地、深刻地、客观地进行自我评价。其次，当前学生中的绝大多数都是独生子女，他们从小处于家庭的核心地位，再加上家长不适当的溺爱，逐渐使其养成了唯我独尊的不良个性。所以，教师不能对某个学生说："你废了"，或者说："某科成绩多少分以下就是后进生"，这种否定的评价会大大刺伤学生的自尊心，使他们掉进绝望的深渊。因此，作为教师，应当保护学生的自尊心，让他们树立信心。

关于后进生个别教育的问题，教师要对他们抱有满腔的爱心，树立正确的教育观念，要摸清他们学习差的根本原因，相信，只要对他们热情耐心，鼓励帮助、持之以恒，就一定会把他们培养成合格的建设者，甚至出现像"爱迪生""爱因斯坦"一样的杰出人物。

十四、在情感教育中，应注意优等生的心理教育

所谓优等生，习惯是指表现突出、成绩优秀的学生．优是相对差而言的，在教学中，"优生"与"后进生"也是相对客观存在的．近年来，一些教育工作者和教师对后进生的形成原因、心理特点以及教育转化等进行了比较深刻的研究探讨，第一线的教师做了大量艰苦细致的工作，收到了较好的效果．相比而言，优等生大多天资聪颖，学习成绩突出，教师由于晕轮效应，往往主观上认为他们在其他方面亦然．而这种认识上的偏差，又会造成只重视优等生学业上的提高，而忽视其思想品德教育与健康心理的培养．这样就使优等生在学校、家庭和社会都处于一种优越的地位，得到的是过分的关心和爱护、赞扬和荣誉．我们知道，任何事物都是一分为二的，作为成长、发展中的优等生来说，在他们身上也潜藏着各种消极心理因素，主要表现为以下几个方面：

一是优越心理．优等生在班级中有一种优越的心理，享有较高的威信，他们喜欢在同学中发号施令，喜欢在同学中过分表现自己，在严格要求别人的同时，放松了对自己的要求．

二是妒忌心理．优等生大多在学习和各项活动中表现得比其他学生突出，得到的表扬和荣誉也就多，然而一旦别人在某些方面超过自己，而自己又不能正确对待时，就会产生妒忌心理．

三是自倨心理．优等生天资较高，成绩优良，因而会凭借自己的天赋和某些方面的成绩而感到自我满足，常常表现为不合群，不喜欢参加集体劳动，有的妄自尊大、自命不凡，加之学校和外界环境的宠爱，就会使其唯我独尊，从而形成自视清高的心理．

所有引起这些变化的因素，给我们提出了一个不容忽视的问题，即为了把优等生培养成有健全人格的社会主义接班人，必须加强他们的心理健康教育，且应从小抓起．

第一，教师应该正确认识和培养优等生，要把对他们的真诚爱护和严格要求结合起来．不少优等生容易得到教师们的偏爱，他们中有的人在协助教师工作时，不免暴露出一些缺点，如骄傲自满、自私、对人严对己宽等．面对这些情况，教师在充分肯定优等生成绩、放手让他们工作的同时，也要一针见血地指出他

们的问题,这样才能避免其滋生不良心理. 教师只有把对优等生的爱融入对他们的严格要求之中,才能防止教育的片面性,才能真正培养出品学兼优的学生.

第二,教师要经常教育优等生要正确认识自己身上的优点和特长,了解自己的弱点和不足,教育他们从同学身上寻找值得自己学习的优点,以人之长,补己之短. 学生们容易看到自己的优点,不太容易看到自己的缺点,而对别人却恰恰相反. 教师必须根据这个特点,对学生采取相应的教育措施,积极培养他们客观、全面地评价自己和别人的能力.

第三,实行干部轮换制,是克服优等生内心深处盲目自满情绪的一种必要手段. 实行小干部轮换制,让那些愿意为大家服务,热心的同学都来参加小干部竞选,这样对同学们都有益处.

第四,根据学生具有求知欲强、富于幻想、善于幻想、可塑性大的特点,教师要充分利用榜样示范的力量,对优等生进行健康心理培养. 首先教师必须加强自身的榜样示范作用,力求做到以身示教. 其次要以领袖、伟人、科学家和英雄人物为榜样,引导学生进行创造性模仿. 学生大都喜欢看电视和文艺作品,且往往把其中的某些人物的典型特征作为效仿目标,易受他们的思想、品质的影响. 因此,有目的地指导学生阅读、评价欣赏文学艺术作品对培养其心理素质也是十分重要的.

第五,某些优等生的不良心理因素也来自家庭的影响,因此,学校教育与家庭教育应当紧密结合,教师应与家长达成共识,共同为学生创造一种良好的教育环境.

十五、在情感教育中赏析数学美

数学在我们的基础教育中占有很大的分量,是我们的文化中极为重要的组成部分. 它不但有智育的功能,也有美育的功能. 数学美深深地感染着人们的心灵,激起人们对它的欣赏. 下面从三个方面来欣赏数学美.

1. 简洁美

物理学家爱因斯坦说过:"美,本质上是研究简单性." 他还认为,只有借助数学,才能达到简单性的美学准则. 爱因斯坦的这种美学理论,在数学界也被多数人所认同，朴素、简单是其外在形式，只有既朴实清秀，又底蕴深厚，才称得上至美．

欧拉给出的公式：$V-E+F=2$，可称"简单美"的典范．世间的多面体有多少？没有人能说清楚，但它们的顶点数 V、棱数 E、面数 F，都要服从欧拉给出的公式．一个如此简单的公式，概括了无数种多面体的共同特性，能不令人惊叹不已！

在数学中像欧拉公式这样形式简洁、内容深刻、作用很大的定理还有许多．比如：圆的周长公式：$C=2\pi R$；勾股定理：直角三角形两直角边的平方和等于斜边的平方．

数学的这种简洁美，用几个定理是不足以说清的，数学在历史中的每一次进步都会使已有的问题变得更简洁．

2. 和谐美

数论大师赛尔伯格曾经说，他喜欢数学的一个动机就是公式：

$$\frac{\pi}{4}=1-\frac{1}{3}+\frac{1}{5}-\cdots.$$

此公式实在美极了，奇数 $1,3,5,\cdots$ 这样的组合可以给出 π．对于一个数学家来说，此公式正如一幅美丽图画或风景．

和谐美，在数学中多得不可胜数．如著名的黄金分割比：$\lambda=\frac{\sqrt{5}-1}{2}$，即 $0.61803398\cdots$．在正五边形中，边长与对角线长的比即黄金分割比．

又如，数学中有一个很著名的菲波那契数列 $\{a_n\}$，定义如下：

$a_1=1$，

$a_2=1$，

当 $n\geqslant 3$ 时，$a_n=a_{n-1}+a_{n-2}$．

可以证明，当 $n\to\infty$ 时，$\frac{a_n}{a_{n-1}}$ 的极限是 $\lambda=\frac{\sqrt{5}-1}{2}$．

再如，维纳斯的美被人们所公认，那是因为他的身材比恰恰也是黄金分割比．黄金分割比在许多艺术作品以及建筑设计中都有广泛的应用．达·芬奇称黄金分割比 $\frac{\sqrt{5}-1}{2}$ 为"神圣比例"，他认为美感完全建立在各部分之间神圣的比例关系上．

3. 奇异、突变美

行星、彗星等由于运动速度的不同，其轨道可能是椭圆、双曲线或抛物线，这几种曲线的定义如下：

到定点距离与它到定直线的距离之比是常数 e 的点的轨迹.

（1）当 $e<1$ 时，形成的是椭圆；

（2）当 $e>1$ 时，形成的是双曲线；

（3）当 $e=1$ 时，形成的是抛物线.

常数 e 由 0.999 变为 1，再变为 0.001，相差很小，形成的却是形状、性质完全不同的曲线，而这种曲线又完全可看作不同的平面截圆锥所得到的截线，这就是数学带来的奇异、突变的美感.

作者荣誉称号

一、出版学术著作（27部）

二、发表文章（268篇）

三、参加学术团体

四、获荣誉称号

五、主持公开课

六、专题讲座

七、主持和参与科研课题

八、论文、专著获奖情况

一、出版学术著作（27 部）

1. 专著 6 部：

（1）《极值与变分法》，编著，（四川省）电子科技大学出版社，1994 年 3 月出版；

（2）《教育实践与探索》，著，（北京市）中国环境科学出版社，2005 年 3 月出版；

（3）《趣味数学天天谈》，著，（北京市）中国戏剧出版社，2005 年 12 月出版；

（4）《数学趣味史话》，编著，（四川省）西南交通大学出版社，2006 年 12 月出版；

（5）《今天如何教学生》，著，（四川省）西南交通大学出版社，2007 年 11 月出版；

（6）《今天如何当教师》，著，（四川省）西南交通大学出版社，2009 年 1 月出版．

2. 主编 10 部：

（1）《中学优化命题研究数学分册》，主编，（北京市）中国广播电视出版社，1990 年 9 月出版；

（2）《中学优化命题研究高中数学分册》，主编，（北京市）中国广播电视出版社，1990 年 9 月出版；

（3）《高中数学优化教与学》，主编，（重庆市）西南大学出版社，1993 年 10 月出版；

（4）《中国当代教育名家能人传》，主编，（重庆市）西南大学出版社，1993 年 10 月出版；

（5）《电脑应用基础》，主编，（重庆市）西南大学出版社，1994 年 9 月出版；

（6）《电脑应用基础》（再版），主编，（重庆市）西南大学出版社，1995 年 9 月出版；

（7）《高考数学强化训练》，主编，（重庆市）西南大学出版社，1994 年 9 月出版；

（8）《中国当代教育名人传》，主编，（重庆市）西南大学出版社，1994 年 12 月出版；

（9）《数学方法论在数学教育中的应用》（33.7 万字），主编，（四川省）西南交通大学出版社，2010 年 5 月出版；

（10）《新课改下提高课堂教学质量的策略研究》（99 万字），主编，（四川省）西南交通大学出版社，2011 年 12 月出版.

3. 参编 5 部：

（1）《中学优化命题研究物理分册》，编委，（北京市）中国广播电视出版社，1990 年 9 月出版；

（2）《84—91 高考数学试题分类解析与跟踪训练》，编委，（北京市）海洋出版社，1992 年 10 月出版；

（3）《数学应试强化教与练》，编委，（北京市）中国物资出版社，1993 年 11 月出版；

（4）《新解新序六书字例》，编委，（北京）华艺出版社出版，2010 年 4 月.

（5）《数学教师教之意蕴》，编委，科学出版社，2017 年 4 月.

4. 副总编 6 部：

（1）《中学优化命题研究高中化学分册》，副总编，（北京市）中国广播电视出版社，1990 年 9 月出版；

（2）《中学优化命题研究高中英语分册》，副总编，（北京市）中国广播电视出版社，1990 年 9 月出版；

（3）《中学优化命题研究高中语文分册》，副总编，（北京市）中国广播电视出版社，1990 年 9 月出版；

（4）《中学优化命题研究高中政治分册》，副总编，（北京市）中国广播电视出版社，1990 年 9 月出版；

（5）《中学优化命题研究初中政治分册》，副总编，（北京市）中国广播电视出版社，1990 年 9 月出版；

（6）《中学优化命题研究高中生物分册》，副总编，（北京市）中国广播电视出版社，1990 年 9 月出版.

二、发表文章（268 篇）

（发表地：北京市、天津市、重庆市、四川省、江苏省、山西省、江西省、浙江省、湖北省、海南省、河南省、陕西省、山东省、黑龙江省、甘肃省、辽宁省、广西壮族自治区等 17 个省市）

1. 非扩张映象的迭代收敛性，载四川省《四川师范大学学报》1992 年 12 月第 13 卷；

2. 对一道高考题的分析与评价，载重庆市《重庆师专学报》1993 年 6 月第 2 期；

3. 构造图形与解题方法，载重庆市《渝州教育学院院刊》1994 年 3 月第 3 期；

4. 以书为本，提高高三数学复习的效益，载重庆市《渝州教育学院学报》1995 年 12 月第 4 期；

5. 风采多姿，奇妙无比——例谈四点共圆及其应用，载黑龙江省《数理化学习》1996 年 2 月第 2 期；

6. 教材与高考数学试题，载四川省《数学爱好者》1996 年 7 月第 13 期；

7. 选择题的解法，载四川省《数学爱好者》1996 年 12 月第 23 期；

8. 直线和圆，载四川省《数学爱好者》1996 年 12 月第 23 期；

8. 立体几何解题策略与应试技巧，载海南省《考试报》1997 年 1 月第 1 版；

9. 用相似三角形性质证明勾股定理，载四川省《教与学报》1997 年 2 月第 1 期；

10. 常见异面直线距离的求法，载重庆市《渝西学院学报》（社会科学版）1997 年 2 月第 2 期；

11. 用根与系数的关系解题的切入点，载四川省《教与学报》1997 年 3 月第 2 期；

12. 应用非负数解题，载四川省《教与学报》1997 年 3 月第 3 期；

13. 无理方程的解法探析，载四川省《教与学报》1997 年 3 月第 4 期；

14. 一道课本习题的解法与探讨，载四川省《教与学报》1997 年 4 月第 6 期；

16. 高考三角试题特点及复习对策，载四川省《数学爱好者》1997 年 5 月第 11 期；

17. 怎样在数学教学中指导学生"三读书"，载重庆市《渝州教育学院学报》1997 年 6 月第 2 期；

18. To Solve a Problem by Constructive Method，载北京《中学生数学》1997 年 6 月第 6 期；

19. 利用函数思想解题，载四川省《天府数学》1997 年 7 月第 7 期；

20. 例谈构图法证明不等式，载四川省《四川教学研究》1997 年 8 月第 4 期；

21. 斜率的巧用，载江苏省《中学数学教与学》1997 年 9 月第 9 期；

22. 中学生的解题心理，载四川省《数学爱好者》1997 年 9 月第 17 期；

23. 例谈特值法，载黑龙江省《数理化学习》1997 年 9 月第 18 期；

24. 用特值法解选择题例，载河南省《数学教师》1997 年 10 月第 10 期；

25. 一组复数问题的错误解答——错在哪里？，载湖北省《数学通讯》1997 年 10 月第 10 期；

26. 二次函数，载四川省《教与学报》1997 年 10 月第 14 期；

27. 判别式与韦达定理的应用，载四川省《教与学报》1997 年 10 月第 15 期；

28. 常见无理方程的八种解法，载四川省《教与学报》1997 年 11 月第 17 期；

29. 直线与圆，载四川省《数学爱好者》1997 年 11 月第 22 期；

30. 第四周：直线和圆，载四川省《数学爱好者》1997 年 11 月第 22 期；

31. 谈倒数解题，载四川省《教与学报》1997 年 12 月第 20 期；

32. 谈数学研究的对象和特点，载四川省《数学爱好者》1997 年 12 月第 24 期；

33. 二次根式练习，载四川省《数学爱好者》1997 年 12 月第 24 期；

34. 趣味数学，载四川省《数学爱好者》1997 年 12 月第 24 期；

35. 一元二次方程练习，载四川省《数学爱好者》1997 年 12 月第 24 期；

36. 相似形练习，载四川省《数学爱好者》1997 年 12 月第 24 期；

37. 例谈数列的求和，载浙江省《中学教研》（数学）1998 年 1 月第 1—2 期；

38. 浅论数学方法的作用和意义，载甘肃省《数学教学研究》1998 年 2 月第 1 期；

39. 论教学中的语言、行为、仪表美，载重庆市《渝州教育学院学报》1998 年 3 月第 1 期；

40. Who Is Marching At The Head，载海南省《中学英语指导》1998 年 4 月第 4 期；

41. 面积问题与面积方法，载四川省《教与学报》1998年4月第6期；

42. 可交换随机序列和的中心极限定理的收敛速度，载四川省《西南交通大学学报》1998年6月第3期；

43. 现代科学的数学化趋势浅议，载四川省《高等工程教育》1998年6月第2期；

44. 倒数法的巧用，载江苏省《初中生数学学习》1998年6月第6期；

45. 常见无理方程的解法，载北京市《数理天地》1998年6月第6期；

46. 浅论现代科学的数学化趋势与数学教育的改革，载山西省《教育与学习研究》1998年6月第2期；

47. 例说反证法及其应用，载山东省《中学数学杂志》1998年7月增刊；

48. 论对优生的培养和对差生的帮助，载江苏省《铁道师院学报》1998年8月第4期；

49. 巧用判别式，妙解竞赛题，载江苏省《中学数学教与学》1998年8月第8期；

50. 线性规划在经济数学中的应用，载四川省《成都教育学院学报》1998年9月第3期；

51. 复合函数的应用，载四川省《理科爱好者》1998年9月第17期；

52. n维随机变量独立性的一个充要条件，载四川省《西南交通大学学报》1998年10月第5期；

53. 高考中的数列问题及其解答，载重庆市《物理教学探讨》1998年10月第4期；

54. 间接法在解代数题中的应用，载江西省《中学数学研究》1998年10月第10期；

55. 如何变直接引语为间接引语，载四川省《教与学报》1998年10月第15期；

56. 小议 Understand,See,know，载四川省《教与学报》1998年11月第17期；

57. 多面体和旋转体教与学，载四川省《理科爱好者》1998年11月第22期；

58. 多面体与旋转体目标测试（A），载四川省《理科爱好者》1998年11月第22期；

59. 多面体与旋转体目标测试（B），载四川省《理科爱好者》1998年11月第22期；

60. 第三周：多面体与旋转体，载四川省《理科爱好者》1998年11月第22期；

61. Banach 不动点原理的应用，载四川省《成都教育学院学报》1998 年 12 月第 4 期；

62. 例解动词及物和不及物的用法，载四川省《教与学报》1998 年 12 月第 21 期；

63. 用根系关系解中考题的几种类型，载四川省《教与学报》1998 年 12 月第 21 期；

64. 关于数学教学中德育渗透的几点体会，载四川省《四川教育学院学报》1998 年 10 月第 4 期；

65. 试论教育对自然科学发展的作用，载重庆市《渝州教育学院学报》1998 年 12 月第 4 期；

66. 无理方程的增、减根，载北京市《数理天地》1999 年 1 月第 1 期；

67. 增元后如何消元，载江苏省《初中数学教与学》1999 年 2 月第 2 期；

68. 浅论数学学习的感知和理解，载天津市《数学教育学报》1999 年 2 月第 1 期；

69. 例谈不合逻辑的句子，载海南省《中学英语指导》1999 年 3 月第 3 期；

70. 再谈数学美与美育，载重庆市《渝州教育学院学报》1999 年 3 月第 1 期；

71. 直线与平面一级导学（单元跟踪、简单变式），载四川省《理科爱好者》1999 年 3 月第 4-5 期；

72. 直线与平面二级导学（单元整合、综合应用），载四川省《理科爱好者》1999 年 3 月第 4-5 期；

73. 直线与平面检测题，载四川省《理科爱好者》1999 年 3 月第 4-5 期；

74. 第四周：直线和平面（二），载四川省《理科爱好者》1999 年 3 月第 4-5 期；

75. 高考中的应用问题及其对策，载重庆市《物理教学探讨》1999 年 4 月第 2 期；

76. 妙用逆定理，巧证不等式，载江苏省《中学数学教与学》1999 年 4 月第 4 期；

77. 小议 had better，载山西省《学英语报》1999 年 5 月高三合订本；

78. 情态动词用法例解，载四川省《教与学报》1999 年 5 月第 8 期；

79. 活用"十字相乘法"，载四川省《教与学报》1999 年 5 月第 8 期；

80. 用特殊法解"希望杯"赛题，载北京市《数理天地》1999 年 5 月第 5 期；

81. 解决问题的策略思想——等价与非等价转化，载四川省《成都教育学院学报》1999 年 6 月第 1 期；

82. 巧解一次方程组，载四川省《天府数学》1999年6月第6期；

83. 解决问题的策略思想——移植与杂交，载重庆市《渝州教育学院学报》1999年6月第2期；

84. 关于周期函数的几个问题，载广西壮族自治区《玉林师专学报》1999年9月第3期；

85. 如何巧取主字母进行因式分解，载首都师范大学《中学生数学》1999年9月第9期；

86. 辅助值在某些根式运算中的妙用，载四川省《教与学报》1999年9月第13期；

87. 巧取主字母进行因式分解，载四川省《教与学报》1999年9月第14期；

88. 构造方程解平几题，载重庆市《数学教学通讯》1999年10月第5期；

89. 与青年教师谈如何撰写教研论文，载四川省《金牛教育》1999年10月第5期；

90. "用"什么，载四川省《教与学报》1999年10月第15期；

91. 例谈"代入法"，载四川省《教与学报》1999年10月第16期；

92. 排列中的"排队"问题，载四川省《招生考试报》1999年11月第3期；

93. 分解因式的几种招式（一），载四川省《教与学报》1999年11月第19期；

94. 分解因式的几种招式（二），载四川省《教与学报》1999年11月第20期；

95. 巧构图，妙解题，载四川省《教与学报》1999年12月第23期；

96. 数列通项公式的母函数法，载重庆市《渝州教育学院学报》1999年12月第4期；

97. 巧用运算律，妙解竞赛题，载北京市《中学生数学》2000年1月第1期；

98. 辅助函数在解不等式中的应用，载四川省《成都教育学院学报》2000年2月第2期；

99. 数学思维的映像观点，载重庆市《渝州教育学院学报》2000年3月第1期；

100. 巧用参数法，妙解竞赛题，载四川省《教与学报》2000年5月第8期；

101. 关于立体几何中的问题延伸，载浙江省《中学教研》（数学）2000年5月第5期；

102. 巧用辅助圆，妙解几何题（一），载四川省《教与学报》2000年5月第1期；

103. 巧用辅助圆，妙解几何题（二），载四川省《教与学报》2000年6月第2期；

104. 怎样解答高考试卷中的陷阱题，载四川省《金牛教育》2000年6月第

3 期；

  105. 巧用辅助圆，妙解几何题，载广西壮族自治区《中学生理科月刊》2000年9月增刊；

  106. 代数问题中的代数代换，载江西省《中学数学研究》2000年9月第9期；

  107. 解条件求值题的方法与技巧（一），载四川省《教与学报》2000年11月第19期；

  108. 解条件求值（二），载四川省《教与学报》2000年11月第20期；

  109. 解条件求值题的方法与技巧（三），载四川省《教与学报》2000年11月第21期；

  110. 建造讨论蓄势，注重讨论引导，载四川省《天府数学》2000年12月第12期；

  111. 中考中的二次根式（一），载四川省《教与学报》2000年12月第22期；

  112. 一组函数问题的错误解答——错在何处，载四川省《招生考试报》2000年12月第5期；

  113. 中考中的二次根式（二），载四川省《教与学报》2000年12月第23期；

  114. 用根系关系解中考题的几种类型（一），载四川省《教与学报》2000年12月第23期；

  115. 用根系关系解中考题的几种类型（二），载四川省《教与学报》2000年12月第24期；

  116. Lipschitz严格伪收缩映像的迭代逼近，载江苏省《徐州教育学院学报》2000年12月第1期；

  117. 弦长、范围及参数讨论，载四川省《天府数学》2001年1月第1期；

  118. 如何解中考数学选择题（一），载四川省《教与学报》2001年2月第2期；

  119. 如何解中考数学选择题（二），载四川省《教与学报》2001年3月第3期；

  120. 直线与圆教与学，载四川省《理科爱好者》2001年6月第5期；

  121. 直线与圆目标检测（A），载四川省《理科爱好者》2001年6月第5期；

  122. 直线与圆目标检测（B），载四川省《理科爱好者》2001年6月第5期；

  123. 与中学生谈听课与数学学习，载四川省《金牛教育》2001年6月第3期；

  124. 再证一道 MO 试题，载重庆市《数学教学通讯》2001年8月第8期；

  125. 巧用韦达定理逆定理，载四川省《教与学报》2001年9月第13期；

  126. 参数方程、极坐标教与学，载四川省《理科爱好者》2001年10月第

10 期；

　　127. 参数方程、极坐标目标检测题（A），载四川省《理科爱好者》2001年 10 月第 10 期；

　　128. 参数方程、极坐标目标检测题（B），载四川省《理科爱好者》2001年 10 月第 10 期；

　　129. 参数方程、极坐标目标检测题（C），载四川省《理科爱好者》2001年 10 月第 10 期；

　　130. 高二下期综合测试试题（A），载四川省《理科爱好者》2001 年 10 月第 10 期；

　　131. 高二下期综合测试试题（B），载四川省《理科爱好者》2001 年 10 月第 10 期；

　　132. 应用多解与变式培养创造性思维（上），载四川省《招生考试报》2001年 11 月第 3 期；

　　133. 应用多解与变式培养创造性思维（下），载四川省《招生考试报》2001年 11 月第 4 期；

　　134. 用换元法解方程应注意的问题（上），载四川省《教与学报》2001 年 11 月第 20 期；

　　135. 用换元法解方程应注意的问题（下），载四川省《教与学报》2001 年 11 月第 21 期；

　　136. 数学课堂教学中如何落实素质教育，载重庆市《渝州教育学院学报》2001 年 12 月第 4 期；

　　137. 变式课本习题，培养创新能力，载四川省《天府数学》2001 年 12 月增刊；

　　138. 中考中的因式分解（一），载四川省《教与学报》2002 年 2 月第 24 期；

　　139. 中考中的因式分解（二），载四川省《教与学报》2002 年 3 月第 2 期；

　　140. 常见反证法解题的几种类型，载浙江省《中学教研》（数学）2002 年 3 月第 3 期；

　　141. 数学课堂教学中应注意的板书问题，载北京市《中国教育教学研究》2002 年 6 月第 1 期；

　　142. 方程理论中的几何问题，载四川省《教与学报》2002 年 6 月第 11 期；

　　143. 条件探索性问题，载四川省《教与学报》2002 年 6 月第 12 期；

　　144. 新时期课堂的教态艺术，载四川省《教与学报》2002 年 6 月第 12 期；

　　145. 没有 no 或 not 的否定，载四川省《教与学报》2002 年 6 月第 12 期；

146. 21世纪总务主任素质初探，载山西省《教育与学习研究》2002年6月第2期；

147. 圆锥曲线的方程教与学，载四川省《理科爱好者》2002年8月第5期；

148. 圆锥曲线的知识整合与能力培养，载四川省《理科爱好者》2002年8月第5期；

149. 直线与圆的方程学习回顾，载四川省《理科爱好者》2002年8月第5期；

150. 圆锥曲线目标检测（A），载四川省《理科爱好者》2002年8月第5期；

151. 圆锥曲线目标检测（B），载四川省《理科爱好者》2002年8月第5期；

152. 圆锥曲线目标检测（C），载四川省《理科爱好者》2002年8月第5期；

153. 换元法常用的代换形式，载甘肃省《数学教学研究》2002年8月第1期；

154. 方法探索性问题，载四川省《教与学报》2002年9月第13期；

155. 中考中方程（组）的应用问题（一），载四川省《教与学报》2002年9月第14期；

156. 中考中方程（组）的应用问题（二），载四川省《教与学报》2002年9月第15期；

157. 试论课堂教学艺术美，载山西省《中国城市经济》2002年9月第9期；

158. 英语中表示工厂的词，载四川省《教与学报》2002年10月第17期；

159. 怎样才能制造矛盾，载北京市《中国教育教学研究》2002年11月第5期；

160. 用方程（组）解几何题，载四川省《教与学报》2002年11月第19期；

161. 用不等式解几何题，载四川省《教与学报》2002年11月第20期；

162. 如何提高运算能力，载四川省《招生考试报》2002年12月第9期；

163. 直线、平面、简单几何体，载四川省《理科爱好者》2002年10月第10期；

164. 圆柱与圆锥，载四川省《理科爱好者》2002年10月第10期；

165. 直线、平面、简单几何体目标检测A，载四川省《理科爱好者》2002年10月第10期；

166. 直线、平面、简单几何体知识整合与能力培养，载四川省《理科爱好者》2002年10月第10期；

167. 直线、平面、简单几何体目标检测B，载四川省《理科爱好者》2002年10月第10期；

168. 直线、平面、简单几何体目标检测C，载四川省《理科爱好者》2002年10月第10期；

169. 巧用图表，妙解应用题，载四川省《教与学报》2002年12月第21期；

170. 三角形面积定理的应用，载四川省《教与学报》2002年12月第22期；

171. 构造立体图，妙解不等式，载北京市《中学生数学》2002年12月上期；

172. 立体几何教学使用多媒体应注意的两点，载陕西省《中学数学教学参考》2003年1月第1-2期；

173. 巧用图表解应用题，载江苏省《初中数学教与学》2003年2月第2期；

174. 由方程的根出发，研究系数的特征，载四川省《教与学报》2003年2月第1期；

175. 立体几何教学使用多媒体应注意的两点，载四川省《金牛教育》2003年2月总第25期；

176. 几何计算中的综合应用，载四川省《教与学报》2003年3月第2期；

177. 用换元法分解因式，载四川省《教与学报》2003年3月第3期；

178. 含字母系数方程的讨论，载四川省《教与学报》2003年4月第7期；

179. 由方程系数研究方程根的特征，载四川省《教与学报》2003年5月第11期；

180. 利用对称性，证明几何不等式，载四川省《教与学报》2003年11月第19期；

181. 建立方程，求解未知量，载四川省《教与学报》2003年11月第20期；

182. 如何解中考数学应用问题（一），载四川省《教与学报》2003年12月第22期；

183. 用"以新带旧"的方式进行高三数学复习，载四川省《理科爱好者》2003年12月第24期；

184. 如何解中考数学应用问题（二），载四川省《教与学报》2004年2月总第270期；

185. 利用直角三角形，妙解中考应用题，载四川省《教与学报》2004年2月总第271期；

186. 浅论中学校长在学校管理中的地位，载四川省《成都教育学院学报》2004年3月第3期；

187. 利用对称变换，寻找解题途径（一），载四川省《教与学报》2004年3月总第272期；

188. 利用对称变换，寻找解题途径（二），载四川省《教与学报》2004年3月总第273期；

189. 利用直角三角形，妙解中考应用题，载四川省《招生考试报》2004

年 4 月总第 1614 期；

190. 构造全等三角形，证明线段、角相等，载四川省《教与学报》2004 年 4 月总第 274 期；

191. 用待定系数法求二次函数的解析式，载四川省《教与学报》2004 年 4 月总第 275 期；

192. 解选择题的直接思路，载四川省《教与学报》2004 年 4 月总第 276 期；

193. 解选择题的间接思路，载四川省《教与学报》2004 年 5 月总第 277 期；

194. 反证法在几何中的应用，载北京市《中国教育教学研究》2004 年 5 月第 5 期；

195. 解选择题的常用技巧法，载四川省《教与学报》2004 年 5 月总第 278 期；

196. 列方程（组）解中考应用题（一），载四川省《教与学报》2004 年 5 月总第 279 期；

197. 列方程（组）解中考应用题（二），载四川省《教与学报》2004 年 5 月总第 280 期；

198. 数形结合法在解题中的应用，载四川省《理科爱好者》2004 年 5 月第 10 期；

199. 利用对称性证明几何不等式，载江苏省《初中生数学学习》2004 年 5 月总第 332 期；

200. 利用旋转变换，寻求求解正方形的解题途径，载甘肃省《数学教学研究》2004 年 5 月第 5 期；

201. 平移正方体，妙解立几题，载海南省《考试报》2004 年 6 月总第 930 期；

202. 中考几何题的漏解失误分析，载四川省《教与学报》2004 年 6 月总第 281 期；

203. 例谈解不等式中常见的错误与辨析，载海南省《考试报》2004 年 8 月总第 940 期；

204. 比较大小常用的十种方法，载海南省《考试报》2004 年 8 月总第 942 期；

205. 一组直线问题的错解与辨析，载海南省《考试报》2004 年 9 月总第 954 期；

206. 分解因式常用的五种基本方法，载海南省《考试报》2004 年 9 月总第 954 期；

207. 二次根式的化简与求值，载四川省《教与学报》2004 年 9 月总第 282 期；

208. 巧构图形妙求值，载海南省《考试报》2004 年 9 月总第 952 期；

209. 公式 $\sqrt{a^2} = \begin{cases} a(a \geqslant 0), \\ -a(a<0) \end{cases}$ 的应用，载四川省《教与学报》2004 年 10 月总第 283 期；

210. 数学中的诡证问题，载四川省《教与学报》2004 年 10 月总第 284 期；

211. 三角形的应用，载海南省《考试报》2004 年 10 月总第 958 期；

212. 在新教材教学中培养学生的阅读能力，载北京市《中国育人杂志》2004.10.第 1 卷第 2 期；

213. 例谈数学中的诡证问题，载江苏省《初中生数学学习》2004 年 10 月总第 348 期；

214. 利用几何图形，寻求解题思路，载浙江省《中学教研》（数学）2004 年 11 月总第 285 期；

215. 计算机辅助教学中应注意的问题，载四川省《理科爱好者》2004 年 11 月第 22 期；

216. 换元法在二次根式中的应用，载四川省《教与学报》2004 年 11 月总第 285 期；

217. 一元二次方程的三种解法，载四川省《教与学报》2004 年 11 月总第 286 期；

218. 例谈解分式方程，载四川省《教与学报》2004 年 11 月总第 287 期；

219. 一次函数的解析式、性质和图像的应用，载四川省《教与学报》2004 年 11 月总第 288 期；

220. 解析几何中常见错误剖析，载海南省《考试报》2004 年 11 月总第 966 期；

221. 平行四边形性质的应用，载海南省《考试报》2004 年 11 月总第 964 期；

222. 矩形、菱形性质的应用，载海南省《考试报》2004 年 11 月总第 964 期；

223. 正反比例函数式、性质及图像的应用，载四川省《教与学报》2004 年 12 月总第 289 期；

224. 列不等式（组）解中考应用题，载海南省《考试报》2004 年 12 月总第 972 期；

225. 相似三角形在中考中的应用，载海南省《考试报》2004 年 12 月总第 974 期；

226. 不等式性质的应用，载海南省《考试报》2004 年 12 月总第 974 期；

227. 平行线分线段成比例定理的应用，载海南省《考试报》2004 年 12 月总第 974 期；

228. 相似形在直角三角形中的应用，载海南省《考试报》2004 年 12 月总第 976 期；

229. 利用旋转变换，寻找解题途径，载辽宁省《初中生学习指导》2004 年 12 月第 12 期；

230. 圆与三角形、四边形的应用，载四川省《教与学报》2004 年 12 月总第 290 期；

231. 圆与切线的应用，载四川省《教与学报》2004 年 12 月总第 291 期

232. 数形结合在代数问题中的应用，载海南省《考试报》2004 年 12 月总第 976 期

233. 例谈解分式方程，载四川省《教与学报》2005 年 1 月总第 292 期；

234. 圆与角及有关比例线段的应用，载四川省《教与学报》2005 年 1 月总第 293 期；

235. 元素周期表之歌，载海南省《考试报》2005 年 2 月总第 157 期；

236. 用一元二次方程解应用题，载四川省《教与学报》2005 年 3 月总第 294 期；

237. 例谈圆的综合运用，载四川省《教与学报》2005 年 3 月总第 295 期；

238. 利用变换思想，寻找解题途径，载陕西省《中学数学教学参考》2005 年 3 月总第 293 期；

239. 求函数自变量的取值范围，载四川省《教与学报》2005 年 4 月总第 296 期；

240. 如何对"文字命题"的证明，载四川省《教与学报》2005 年 4 月总第 296 期；

241. 奇偶性在竞赛中的应用（一），载四川省《教与学报》2005 年 4 月总第 297 期；

242. 怎样解中考数学计算题（一），载四川省《教与学报》2005 年 4 月总第 298 期；

243. 怎样解中考数学计算题（二），载四川省《教与学报》2005 年 4 月总第 299 期；

244. 例谈圆的综合题，载北京市《中学生数学》2005 年 5 月总第 274 期；

245. 奇偶性在竞赛中的应用（二），载四川省《教与学报》2005 年 5 月总第 300 期；

246. 例谈中考函数综合题，载四川省《教与学报》2005 年 5 月总第 300 期；

247. 二次函数在代数、几何中的应用，载四川省《教与学报》2005 年 5 月总第 301 期；

248. 怎样解数学中考选择题，载四川省《教与学报》2005 年 5 月总第 300 期；

249. 怎样解数学中考填空题，载四川省《教与学报》2005 年 5 月总第 301 期；

250. 排列组合问题的分类与分步方法，载海南省《考试报》2005 年 6 月总第 1022 期；

251. 三角形分类讨论的应用，载四川省《教与学报》2005 年 10 月总第 303 期；

252. 正方形及其性质的应用，载海南省《考试报》2005 年 10 月总第 1056 期；

253. 用方程组解几何题，载海南省《考试报》2005 年 10 月总第 1058 期；

254. 例谈特殊四边形（一），载四川省《教与学报》2005 年 11 月总第 306 期；

255. 例谈特殊四边形（二），载四川省《教与学报》2005 年 11 月总第 307 期；

256. 二元一次方程组的应用，载海南省《考试报》2006 年 3 月总第 1096 期；

257. 通过解方程提升官吏，载四川省《天府数学》2006 年 9 月第 18 期；

258. 曹冲称象，载四川省《天府数学》2006 年 9 月第 18 期；

259. 数学教师应注意教学中的语言、行为、仪表美，载北京市《新课程理论与实践》（人民教育出版社）2007 年 3 月；

260. 读局长"批文"之感受，载四川省《金牛教育》2008 年 2 月；

261. 中学数学教学中的科学方法教育探究，载四川省《新课改背景下的教师教育发展研究》（电子科技大学出版社）2008 年 10 月；

262. 新课改下注意培养学生的阅读能力，载《中学数学阅读课堂教学的教学策略研究》成果集 2008 年 11 月；

263. 让阅读在数学教学中闪光，载《中学数学阅读课堂教学的教学策略研究》成果集 2008 年 11 月；

264. 如何激发学生对数学课的学习兴趣，载《数学方法论在数学教育中的应用》（西南交通大学出版社）2009 年 5 月；

265. 巧用字母妙解题，载四川省《理科爱好者》2009 年 4 月第 11 期；

266. 元素周期表之歌，载北京市《中国教育教学研究》2009 年 12 月第 12 期；

267. 元素周期表之歌，载四川省《理科爱好者究》2009 年 7 月第 21-22 期；

268. 非参数 Bootsrap 法估计的研究，西南交通大学学报，1998 年增刊，82-87；

三、参加学术团体

1. 中国数学学会会员；
2. 成都市教育学会会员；
3. 成都市金牛区中学数学专业委员会常务理事；
4. 成都市金牛区中学数学学科中心组成员；
5. 全国中学教育科研联合体理事会理事；
6. 全国中学教育科研联合体学术委员会副主任委员；
7. 全国数学方法论研究交流中心理事.

四、获荣誉称号

1. 2014 年获成都市金牛区第四届教育专家.
2. 2006 年 9 月评为成都市金牛区第六批有突出贡献优秀专家.
3. 2001 年 12 月评为四川省先进民革党员.
4. 2012 年四川省普通高中新课程数学学科骨干教师.
5. 2003 年 4 月评为成都市金牛区第三届教学学科带头人.
6. 1999 年 5 月评为成都市金牛区第二届中青年教学、科研骨干教师.
7. 2001 年评为全国知名中学科研联合体全国重点科研课题先进工作者.
8. 2009 年 7 月评为教育部重点课题研究先进工作者和教科室主任.
9. 2009 年 7 月其领衔的教科室评为教育部重点课题组中学优秀教科室.
10. 2009 年 7 月评为教育部重点课题研究先进工作者核心成员.
11. 2010 年 12 月，作为《全国教育科学"十一五"规划教育部规划课题〈提高课堂教学实效性的教学策略研究〉》负责人，结题后获总课题组颁发一等奖.
12. 1985 年 3 月获四川省永川区 1984 年度教育战线先进个人.

13. 1992年1月获四川省永川区1991年教育战线先进个人.
14. 2008年获成都市第九届哲学社科三等奖（成都市人民政府奖）.

五、主持公开课

1. 1999年12月为成都市高二年级上了一节研究课——"椭圆及其标准方程".
2. 2001年10月，聘为2001年成都市金牛区中学课程教学赛课数学科评委.
3. 2008年1月，聘为（上海）全国教育科学"十一五"教育部规划课题第一阶段成果交流研讨会现场研究课评审委员会主评委（地点：上海进才中学、华东师范大学第一附属中学）.
4. 2008年9月，在西南交通大学参与《全国第九届数学方法论与数学教育学术研讨会》，主持并点评了20多节全国公开课.
5. 2009年1月在全国教育科学"十一五"教育部规划课题"提高课堂教学实效性的教学策略研究"北京会上，聘为全国精品课现场观摩评委会主任（地点：北京第四中学、北京第八十中学）.
6. 2009年7月在全国教育科学"十一五"教育部规划课题"提高课堂教学实效性的教学策略研究"青海会上，组织了30堂全国精品课的赛课活动，任总评委（地点：西宁第四中学、青海师范大学附属中学）.
7. 2011年7月在四川省中学数学教学专业委员会学术年会上专题讲座了"优化教学过程，提高数学课堂教学质量与效益".
8. 2012年7月在全国教育科学"十二五"教育部规划课题"基础教育未来发展的新特征研究"长沙会上专题讲座了"新课改下提高课堂教学质量的学案研究".
9. 2013年1月，在教育部课题交流成果共享暨全国知名中学教育科研联合体第21届北京年会期间做了主题发言"如何深入新课程改革，加强素质教育的推进".
10. 2014年，在教育部课题交流成果共享暨全国中学教育科研联合体2014届北京年会期间，于北京人大附中、北京十二中举行的全国精品课展示研讨活动中，聘为评审委员会副主任评委.

六、专题讲座

1. 2004 年 3 月，在成都市金牛区名师献课及高中数学教研活动中，专题讲座《如何撰写教研论文》.

2. 2009 年 9 月在（江苏无锡）全国第 10 届数学科学方法论与数学教育学术研讨会上专题讲座研究报告"传统教学与现代教学方式的区别和联系".

3. 2011 年 7 月在四川省中学数学教学专业委员会学术年会上专题讲座"优化教学过程，提高数学课堂教学质量与效益".

4. 2012 年 7 月在全国教育科学"十二五"教育部规划课题"基础教育未来发展的新特征研究"长沙会上专题讲座"新课改下提高课堂教学质量的学案研究".

5. 2013 年 1 月，在教育部课题交流成果共享暨全国知名中学教育科研联合体第 21 届北京年会期间做了主题发言"如何深入新课程改革，加强素质教育的推进".

6. 2013 年 8 月 20-29 日，在"宁夏回族自治区中小学骨干教师高级研修班"中担任《新课程背景下通过研究学生学案有效提高课堂效率》课程教学，评为优秀讲师.

7. 2014 年 6 月 15-24 日，在"宁夏回族自治区高中教师高级研修班"中担任《新课程下提高课堂教学质量的策略及方法》课程教学，评为优秀讲师.

8. 2014 年 8 月 3-9 日，在"宁夏回族自治区青铜峡市 2014 年中小学校长能力提升培训"中担任《课程改革的实践、反思与研究》《今天如何当教师》教学，评为优秀讲师.

9. 2014 年 10 月在重庆市"荣昌区 2014 年秋新教师岗前培训"中，做《今天怎样做教师》讲座.

10. 2014 年 11 月在四川师范大学"2014 国培计划——西藏自治区中小学骨干教师初中数学班"做了题为《今天如何当教师》的讲座.

11. 2015 年 3 月在成都师范学院 "2015 年四川省民族地区骨干教师培训"中，特邀为指导教师，并为研修学员做了《今天如何当教师》专题讲座.

12. 2016年11月在成都师范学院"国培计划"（2015初中数学教师培训团队置换研修第二年度）培训中，担任数学学科专家，做了《情感教育在数学教学中的作用》专题报告讲座.

13. 2017年8月在成都市成飞中学给全体教师做了《优秀教师成长的思考》专题讲座.

14. 2017年12月在重庆市荣昌区大成中学给全体教师做了《今天如何做优秀教师》专题讲座.

15. 2018年4月在马尔康地区给全体初中教师做了《怎样做优秀教师》专题讲座.

七、主持和参与科研课题

1. 参研《四川省中学数学教学评估》课题，2001年9月结题.
2. 主研参与成都市"九五"教育科研课题《初中学生人文素质教育研究》，2002年3月结题.
3. 主持主研四川省总课题《中学数学阅读教学实验研究》的子课题《中学数学课堂阅读教学的教学策略研究》，2008年11月结题.
4. 指导四川省成都市金牛区课题《研究近几年高考化学实验试题指导实验教学》，2009年5月结题.
5. 指导四川省成都市金牛区课题《初中历史活动课研究》，2009年5月结题.
6. 指导四川省成都市金牛区课题《初中英语任务型教学模式实验研究》，2009年5月结题.
7. 指导四川省成都市金牛区课题《初中数学课堂探究性学习内容特点及教学策略研究》，2009年5月结题.
8. 主持、主研教育部"十一五"规划子课题《新课改下提高课堂教学质量的策略研究》，2010年12月结题.

八、论文、专著获奖情况

政府部门奖 25 项：

1. 四川省级一等奖 1 项：

课题《中学数学阅读课堂教学的教学策略研究》，研究报告获四川省 2009 年中学数学论文评选一等奖.

2. 四川省级二等奖 2 项：

（1）论文《浅论现代科学的数学化趋势与数学教育的改革》获四川省教育厅颁发的 2002 年"四川省第三届优秀教育论文"评选二等奖；

（2）论文《新课改下注意培养学生的阅读能力》获四川省 2009 年中学数学论文评选二等奖.

3. 四川省级三等奖 1 项：

论文《论教学中的语言、行为、仪表美》获四川省教育厅颁发的 2002 年"四川省第三届优秀教育论文"评选三等奖.

4. 成都市人民政府三等奖 1 项：

专著《今天如何教学生》获 2008 年成都市第九次哲学社会科学优秀成果三等奖.

5. 成都市人事局、科委三等奖 1 项：

论文《风采多姿，奇妙无比——例谈四点共圆及其应用》获 1994—1997 年成都市第五届优秀科技论文三等奖.

6. 成都市教育局二等奖 1 项：

论文《提高三角函数复习效益的思考》获成都市教育学会中学数学教学专业委员会颁发的二等奖.

7. 成都市教育局三等奖 5 项：

（1）专著《今天如何当教师》获成都市 2010 年第十三届基础教育优秀教育科研成果三等奖；

（2）论文《建造讨论蓄势，注重讨论引导》获成都市 2000 年优秀论文评比

- 339 -

三等奖；

（3）论文《关于立体几何中的问题延伸》获成都市2000年优秀论文评比三等奖；

（4）论文《在数学教学中注意培养学生的阅读能力》获2006年度成都市教育改革与研究论文评选三等奖；

（5）论文《关于数学教学中德育渗透的一些体会》获2006年度成都市教育改革与研究论文评选三等奖.

8. 成都市教育局优秀奖1项：

专著《今天如何教学生》获成都市2008年第十二届基础教育优秀教育科研成果优秀奖.

9. 成都市金牛区教育局一等奖4项：

（1）《论教学中的语言、行为、仪表美》获1996-1998年金牛区第四届教育科研优秀成果一等奖；

（2）《浅论现代科学的数学化趋势与数学教育的改革》获1998年金牛区第四届教育科研优秀成果一等奖；

（3）《解决问题的策略思想——移植与杂交》获1999—2000年金牛区第五届教育科研优秀成果一等奖；

（4）论文《21世纪科学数学化趋势与数学教育改革》获2004年全国第七届数学方法论与数学教育改革学术研讨会论文评选一等奖.

10. 成都市金牛区教育局二等奖3项：

（1）论文《关于数学教学中德育渗透的几点体会》获1996—1998年金牛区第四届教育科研优秀成果二等奖；

（2）论文《解决问题的策略思想——等价与非等价转化》获1999—2000年金牛区第五届教育科研优秀成果二等奖；

（3）论文《数学教学中的语言、行为、仪表美》获成都市金牛区（2006—2007年度）基础教育优秀教育科研成果二等奖.

11. 成都市金牛区教育局三等奖5项：

（1）论文《数列通项公式的母函数法》获1999—2000年成都市金牛区第五届教育科研优秀成果三等奖；

（2）论文《如何提高运算能力》获2001年7月至2002年12月金牛区第七届教育科研优秀成果三等奖；

（3）论文《21世纪总务主任素质初探》获2001年7月至2002年12月成都市金牛区第七届教育科研优秀成果三等奖；

（4）论文《试论课堂教学艺术美》获 2001 年 7 月至 2002 年 12 月金牛区第七届教育科研优秀成果三等奖；

（5）论文《数学课堂教学中应注意的板书问题》获 2001 年 7 月至 2002 年 12 月成都市金牛区第七届教育科研优秀成果三等奖.

学术团体奖 17 项：

1．一等奖 14 项：

（1）教育部"十一五"规划子课题《新课改下提高课堂教学质量的策略研究》获 2011 年教育部总课题组颁一等奖；

（2）主编《中学优化命题研究高中数学分册》获 1993 年中国广播电视出版社颁发的优秀著作一等奖；

（3）《例说反证法及其应用》获 1997—1998 年山东省"素质教育与教学改革"优秀论文一等奖；

（4）《巧用运算律，妙解竞赛题》获北京市第四届"中国新世纪精华论文集代表作"优秀论文一等奖；

（5）《妙用逆定理，巧证不等式》获 2001 年"重庆新人文经济与中国西部大发展研讨会"论文评比一等奖；

（6）《在新教材教学中培养学生的阅读能力》获 2004 年度全国基础教育优秀论文评比一等奖；

（7）《注意逻辑推理，寻求解题思路》获 2004 年全国第七届数学方法论与数学教育改革学术研讨会论文评选一等奖；

（8）《立体几何教学中使用多媒体应注意的两点》获 2004 年全国第七届数学方法论与数学教育改革学术研讨会论文评选一等奖；

（9）《在新教材教学中培养学生的阅读能力》获 2004 年全国第七届数学方法论与数学教育改革学术研讨会论文评选一等奖；

（10）《基础数学教学中的科学方法教育探究》获 2008 年 9 月全国第九届数学方法论与数学教育学术研讨会论文评选一等奖；

（11）《利用"互动式"教学法，提高课堂教学效果》获全国中学教育科研联合体 2009 北京年会优秀论文评选一等奖；

（12）《更新教学观念，提高数学质量》获全国教育科学"十一五"规划教育部课题《提高课堂教学实效性的教学策略研究》中期检查交流汇报会暨全国中学教育科研联合体 2009 北京年会优秀论文评选一等奖；

（13）《数学教育科研课题研究方案的设计》获全国教育科学"十一五"规划教育部课题《提高课堂教学实效性的教学策略研究》中期检查交流汇报会暨全国中学教育科研联合体 2009 北京年会优秀论文评选一等奖；

（14）论文《新课改下提高课堂教学质量的策略研究实验方案》在全国教育科学"十一五"教育部规划课题（提高课堂教学实效性的教学策略研究）中后期检查交流汇报会暨全国中学教育科研 2009 青海会议期间，评为一等奖.

2. 二等奖 3 项：

（1）论文《浅论数学方法的作用和意义》获 1998 年甘肃省高等师范学院校数学优秀论文评比二等奖；

（2）论文《利用变换思想，寻找解题途径》获 2004 年全国第七届数学方法论与数学教育改革学术研讨会论文评选二等奖；

（3）论文《在数学教学中注意培养学生的阅读能力》获 2008 年度 9 月全国第九届数学方法论与数学教育学术研讨会论文评选二等奖.

参考文献

[1] 何志龙，等. 新课改背景下的教师教育发展研究. 成都：电子科技大学出版社，2008.10.
[2] 阳红. 新课程理论与实践. 北京：人民教育出版社，2007.3.
[3] 李兴贵，等. 数学教师"教"之"意蕴". 北京：科学出版社，2017.1.
[4] 江涛，等. 中国专家大辞典. 北京：中国人事出版社，1999.
[5] 陈历功. 中国当代数学家与数学英才大辞典. 海口：海南出版社，1999.
[6] 武汉教育学院等. 教育学简明教程. 武汉：湖北教育出版社，1987.
[7] 叶澜，等. 新编教育学教程. 上海：华东师范大学出版社，1991.
[8] 赵正铭. 求学成才之友. 重庆：重庆大学出版社，1992.
[9] 任勇. 中学数学学习法. 西安：西北工业大学出版社，1995.
[10] 阎承利. 教学最优化艺术. 北京：教育科学出版社，1995.
[11] 柳斌. 学校教育科研全书（上，下）. 北京：九州图书出版社，人民日报出版社，1998.
[12] 迟双明. 学校教师继续教育全书（上，下）. 北京：人民中国出版社，1998.
[13] 严先元. 新课程的课堂教学是什么样子. 长春：东北师范大学出版社，2004.
[14] 严先元. 怎样引导学生习得新的学习方式. 长春：东北师范大学出版社，2004.
[15] 裴娣娜. 现代教学论. 北京：人民教育出版社，2005.
[16] 叶禹卿. 新时期校本管理操作指导与案例解析. 北京：中央民族大学出版社，2006.
[17] 覃川. 今天怎样做教师. 北京：中国轻工业出版社，2006.
[18] 杳有梁. 给教师的20把钥匙. 成都：四川教育出版社，2007.
[19] 朱利安·泰普林（美）. 给教师的18个工具. 成都：四川教育出版社，2007.

后 记

作为一位光荣的中学教师,我曾在合川云门中学、永川第九中学、永川北山中学、成都市第十八中学当过高中数学教师,也教过中学英语和电大高等数学、计算机课程等. 后来在职进修读过本科、研究生.

多年来的教书育人,特别是调入西南交通大学附属中学后,使我越来越深刻地感受到我国目前的中学教师不好当、学生不好教. 我曾经也出版过《今天如何教学生》《今天如何当教师》两本专著,以期尽自己的一点微薄之力为基础教育做点儿贡献.

中国共产党第十九次全国代表大会召开后,习近平总书记非常重视基础教育,把教育放在首要发展的位置,使我在迷茫中看了教育的希望,并且认识到,教师是当今提高教育教学质量的关键. 要想提高教育教学质量,必须提高教师素质,只有高素质的教师,才能培养出高素质的学生,这也是一个值得教育工作者们深思的问题.

通过出版《中学教育教学研究与实践》一书,期望能把自己的一些点滴体会与读者们研究、讨论、交流,力图带来一些有价值的东西.

该书的出版,得到了西南交通大学文科建设处、附属中学和出版社的大力支持,在此表示感谢!

由于水平有限,书中难免有一些不足之处,敬请各位同行不吝赐教.

赵利
2018 年 4 月 10 日